FREIZEITFÜHRER
... MIT KINDERN
Vor die Haustür, fertig – los!

☀ **pmv**
1. Auflage 2010, Frankfurt am Main
PETER MEYER VERLAG

SAARLAND MIT KINDERN

*400 spannende Ausflüge und
Aktivitäten rund ums Jahr*

VON CAROLA SCHULZ

INHALT

HALLO KINDER!

Mit diesem Buch möchte ich euch ermutigen, Neues zu entdecken, Erfahrungen zu sammeln und Grenzen zu überwinden: Das Saarland und die angrenzenden Länder Luxemburg und Frankreich besitzen die gleichen kulturellen Wurzeln. Gallo-römische Siedlungen und mittelalterliche Burganlagen, die ihr ungehindert besichtigen könnt, zeugen von der gemeinsamen Vergangenheit. In der Antike und im Mittelalter lebten die Bewohner in einer Provinz, einem Reich oder einem Herzogtum. Sie sprachen die gleiche Sprache und pflegten ähnliche Gewohnheiten. Leider wurden in den vielen Kriegen die Grenzen der einzelnen Regionen immer wieder neu festgelegt, und die Menschen entfremdeten sich langsam. Grenzkontrollen gibt es aber zum Glück heute nicht mehr.

Kohle und Stahl lockten einst Arbeiter und Ingenieure ins Saarland, doch heute liegt der größte Reichtum in der Natur. Naturforscher und Fledermauskenner sind im Naturpark Saar-Hunsrück, im Großherzogtum Luxemburg, im Biosphärenreservat Bliesgau, im Warndt-Wald und im Urwald vor den Toren Saarbrückens unterwegs, um euch tolle Dinge zu zeigen. Große Flächen des Saarlands sind mit Wald bedeckt. Auf den vielen Wanderwegen und kinderfreundlichen Radtouren findet ihr immer etwas Spannendes am Wegesrand. Meine Söhne Leon, Alexander und David erlebten viele tolle Überraschungen auf unseren zahlreichen Touren und konnten ihre ersten Französischkenntnisse bei unseren Nachbarn anwenden. Doch Saarländisch, Lothringisch und Luxemburgisch sind sich so ähnlich, dass Sprachbarrieren schnell überwunden werden können.

Seid ihr neugierig geworden? Dann nichts wie los und geht mit euren Eltern, Oma und Opa, Geschwistern, Freunden oder Schulklassen auf Entdeckungstour!

Viel Spaß dabei wünscht euch
Carola Schulz

Über die Autorin

Carola Schulz, geboren 1971 in Frankfurt a.M., lernte während ihres Geografie-Studiums in Trier auf zahlreichen Exkursionen den natürlichen und kulturellen Reichtum der Region SaarLorLux kennen. Ihre drei Söhne besitzen ihren Entdecker- und Forschergeist. Gemeinsam erkunden sie mit Leidenschaft ihre Umgebung an der Saar.

Danksagung

Besonders meinen Kindern Leon, Alexander und David, zum Zeitpunkt der Recherche 8, 6 und 3 Jahre alt, und meinem Mann Daniel, die mit mir ein Jahr lang unterwegs waren, möchte ich danken. Ihre Ausdauer bei den vielen Museumsbesuchen, Radtouren und Wanderungen, die auch nicht aufhörte, wenn wir uns wieder einmal verlaufen hatten, machten dieses Buch erst möglich. Mein Dank gilt auch meinen Eltern, meiner Schwester Bianca, Jutta und Elke, Sabine, Kathrin, Brigitte, Nadine und Frank, Ute und Nicole und allen, die mit mir durchs Saarland und nach Lothringen gefahren sind oder mich anderweitig tatkräftig unterstützt haben.

Gestatten?

Ich bin Sam, die Wasserratte. Meine Clique und ich begleiten euch mit noch ein paar Freunden auf euren Entdeckertouren durch dieses Buch und as Saarland. Darf ich vorstellen:

Karlinchen, unsere Frischluftfanatikerin,

Zum Aufbau dieses Buches

Euer Buch »Saarland mit Kindern« ist in **8 geografische Griffmarken** eingeteilt: **Saar-Mosel-Land, Hochwald, St. Wendel & Umgebung, Rosenland Neunkirchen, Saarpfalz, Saarbrücken & Umgebung, Saarlouis & Umgebung** und **Lothringen**. Alle befinden sich in der Großregion SaarLorLux und sind immer nach dem gleichen Schema aufgebaut.

▶ **Tipps für Wasseratten** sind Infos zu Schwimmbädern, zu Seen und Flüssen, zu Tretboot- und Schiffsfahrten sowie Kanutouren.

▶ **Natur sportlich** nennt Radtouren, Wanderungen, Tierparks, Planwagen- und Kutschfahrten sowie Abenteuerspielplätze. Für die kalte Jahreszeit findet ihr Schlittschuhbahnen und Rodelhänge.

▶ In der Rubrik **Umwelt erforschen** findet ihr spannende Lehrpfade und Naturerlebniszentren, in denen ihr viel über unsere Umwelt erfahren oder die Natur erforschen könnt. Außergewöhnliche Naturerfahrungen könnt ihr zudem in Höhlen, Bergwerken und Sternwarten machen.

▶ **Handwerk & Geschichte** führt euch zu wichtigen Schauplätzen der Geschichte, z.B. auch im Rah-

Herr Mau, Experte für Handwerk und Geschichte,

und Mockes, der liebt Musik und Action.

men von Kinderstadtführungen, zu Burgen, Schlössern oder Klöstern, zu handwerklichen oder industriellen Betrieben, in Bergwerke oder Museen. Ihr werdet sehen, auch bei schlechtem Wetter gibt es viel zu erleben!

▸ **Bühne, Leinwand & Aktionen** informiert euch über Kindertheater, Mal- und Musikkurse und Feste, die besonders viel Spaß machen.

Korrekturen, Erlebnisse und Ideen helfen, das Buch aktuell zu halten.

Schreibt an:
Peter Meyer Verlag
Schopenhauerstraße 11
60316 Frankfurt a.M.
redaktion@PeterMeyer
Verlag.de,
www.PeterMeyer
Verlag.de

Die Griffmarke **Info & Verkehr** nennt Informationsstellen und -quellen, stellt euch alle wichtigen Orte samt den Anfahrten vor und bietet eine Übersicht zu öffentlichem Nahverkehr und Linienschifffahrt.

Unter **Ferienadressen** findet ihr Familienferiendörfer, kinderfreundliche Hotels und Ferienwohnungen, Bauern- und Reiterhöfe sowie Jugendherbergen, Naturfreundehäuser und Campingplätze.

Der **Kartenatlas** bietet die nötige Orientierung zur Planung eurer Ausflüge. Ihr erhaltet einen Überblick über das im Buch beschriebene Gebiet und die regionale Einteilung.

▸ pmv-Leser sind neugierig und mobil – nicht nur in der Fremde, sondern auch in der eigenen Umgebung. Den Wissensdurst ihres Nachwuchses wollen sie fördern, seinem Tatendrang im Einklang mit der Natur freie Bahn lassen. Daher finden Sie in diesem Ausflugsführer Tipps und Adressen zu allem, was kleine und große Kinder begeistert, und immer möglichst umweltfreundlich. Alle Adressen und Aktivitäten wurden von den Autoren persönlich begutachtet und strikt nach Kinder- und Familienfreundlichkeit ausgewählt. ◂

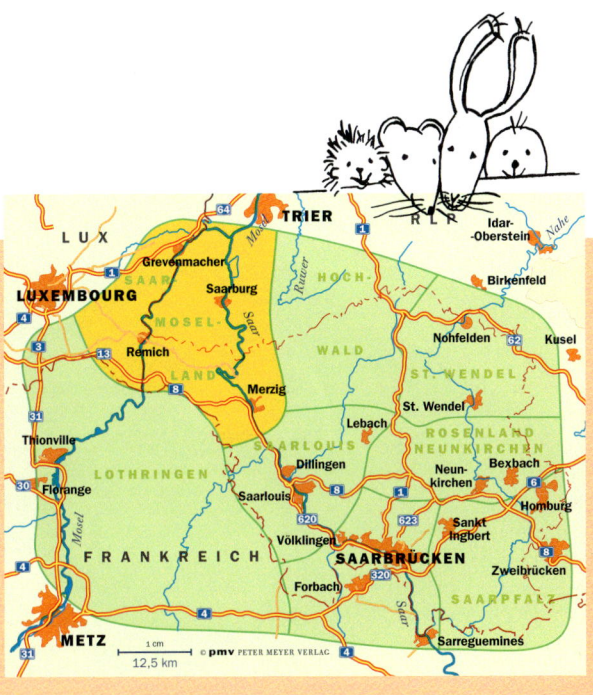

Die Grenzregionen von Deutschland, Frankreich und Luxemburg besinnen sich zunehmend auf gemeinsame historische und kulturelle Wurzeln und bilden zusammen die Großregion SaarLorLux. Grenzgänger sind heute nicht mehr nur Berufspendler und Tanktouristen, sondern auch Familien, die ihre Freizeit gern bei den Nachbarn verbringen. Das milde Klima an der Obermosel wurde schon von den Römern für den Weinanbau genutzt. Der Saargau, Höhenrücken zwischen den Flüssen Mosel und Saar und den Städten Saarburg, Remich und Mettlach, ist von Landwirtschaft und Streuobstwiesen geprägt. Die Saarschleife bei Mettlach ist das Wahrzeichen des Saarlandes.

Im *Unteren* und *Mittleren Saartal* könnt ihr tolle Radtouren unternehmen oder mit dem Kanu den Fluss erkunden. In der Kreisstadt *Merzig* gibt es ein schönes Freizeitbad und einen abenteuerlichen Wolfspark. In *Perl* bietet das rekonstruierte Herrenhaus der Villa Borg Einblick in die römische Vergangenheit. Von der rheinland-pfälzischen Stadt *Saarburg* aus gelangt ihr mit der Seilbahn auf den Warsberg. Ein Greifvogelpark und die Glockengießerei sind weitere tolle Ausflugsziele.

Frei- und Hallenbäder

Freizeit-Hallenbad und Freibad Saarburg

Hecklingstraße 18, 54439 Saarburg. ☎ 06581/98870-0. www.freizeitbaeder-saarburg.de. baeder@saarburg. info. **Bahn/Bus:** ↗ Saarburg, 20 Min Fußweg über die Brücke, durch Altstadt und Friedensaue. **Auto:** ↗ Saarburg, ausgeschildert. **Zeiten:** Hallenbad Okt – April Mo 14 – 20, Di, Fr 8 – 21, Mi 6.30 – 20, Do 8 – 20, Sa, So 9 – 18 Uhr. Mai – Sep Di – Fr 8 – 20, Sa, So 9 – 18 Uhr. Freibad Mai – Sep Mo – Fr 8 – 20 Uhr, Mi ab 6.30 Uhr, Sa, So 9 – 19 Uhr. **Preise:** Hallenbad 4,50 €, Freibad 3 €; Kinder 6 – 17 Jahre 2,20 € bzw. 1,70 €; Schüler, Studenten mit Ausweis wie Kinder.

SAAR-MOSEL-LAND

Wanderkarte mit Radwanderwegen: Mittleres Saartal und Obermosel, 1:25.000. 6,80 €.

TIPPS FÜR WASSER-RATTEN

Gut gerüstet für die Radtour: Mit Helm, wetterfester Jacke und Verpflegung auf dem Rücken

 Im Winterhalbjahr Fr 14 – 18 Uhr Spielnachmittag.

▶ Im Plantschbecken des familienfreundlichen **Hallenbads** gibt es einen künstlichen Bachlauf und viele Spielsachen. Etwas größere Kinder können rutschen, durch den Strömungskanal schwimmen oder sich in einer Felsbucht mit Wasserfall verstecken. Im großzügig angelegten **Freibad** mit Blick auf die Saarburg ist die Riesenrutsche besonders beliebt. Außerdem gibt es ein 50-m-Schwimmbecken, ein Sprungbecken, ein Erlebnisbecken für Nichtschwimmer und ein Babybecken. Am Kiosk könnt ihr euch stärken. Außerhalb des Wassers sorgt ein Beachvolleyballfeld für Abwechslung.

Das Bad

Saarwiesenring 3, 66663 Merzig. ✆ 06861/77073-0, Fax 77073-110. www.das-bad-merzig.de. info@das-bad-merzig.de. **Bahn/Bus:** Ab ↗ Merzig Bhf Bus 210 Richtung Nohn oder Schwemlingen bis Hilbringen Post, 15 Min Fußweg. **Auto:** ↗ Merzig, kurz Richtung City, dann Beschilderung folgen. **Rad:** Saar-Radweg. **Zeiten:** Mo – Sa 10 – 22 Uhr, So, Fei 8 – 20 Uhr, Familiensauna Sa 13.30 – 18.30 Uhr. **Preise:** Freizeitbereich 5,30 € (2 Std), 6,10 € (3 Std), 7,90 € (Tag), So, Fei zzgl. 1 €. Gesundheitsbereich ab 7,20 € (1,5 Std); Kinder unter 6 Jahre 1 €, 6 – 17 Jahre 2,80 € (2 Std), 3,40 € (3 Std), 5,10 € (Tag). Gesundheitsbereich ab 3,90 € (1,5 Std).

▶ **Drinnen** erwarten euch mehrere Wasserwelten. Das Erlebnisbecken ist mit Sprudelliegen, Bodenblubber und Massagedüsen ausgestattet. Ab 6 Jahre dürft ihr die 90-m-Riesenrutsche hinabsausen. Doch Vorsicht, nachdem ihr den Sternenhimmel durchfahren habt, wird es plötzlich stockdunkel! Ein wettkampftaugliches 25-m-Becken, ein 3-m-Sprungturm und eine Babymulde mit Rutsche und Spielecke sind ebenfalls vorhanden. Im **Außenbecken** gibt es einen Strömungskanal. Auf der Liegewiese und dem Beachvolleyballplatz könnt ihr im Sommer toben. Im **Gesundheitsbereich** wird in *Bietzener Heilwasser* Säuglings- und Kleinkinderschwimmen angeboten.

An bestimmten Samstagen finden Baby-Verwöhntage mit Plantschen im Heilwasser, Entspannung in der Bio-Sauna und sanfter Massage statt.

Naturbad im Bürgerpark Heilborn

Bäder GmbH, Kreutzbergstraße, Am Heilborn, 66663 Merzig. ℰ 06861/77073-0, Fax 77073-110. www.freibad-merzig.de. webmaster@freibad-merzig.de. **Bahn/Bus:** ↗ Merzig Bhf, Bus R1 Richtung Wadern bis Torstraße, kurzer Fußweg über Fabrikstraße. **Auto:** ↗ Merzig, kurz Richtung Innenstadt, dann Richtung Losheim. **Zeiten:** Juni – Sep täglich 10 – 20 Uhr, Sommerferien ab 9 Uhr. **Preise:** 3,50 €, 11er-Karte 35 €, Saisonkarte 70 €; Kinder bis 5 Jahre 0,50 €, 11er-Karte 5 €, Saisonkarte 10 €, 6 – 17 Jahre 1,50 €, 11er-Karte 15 €, Saison 30 €; mit Merziger Familienpass Erw 2,80 €, 11er-Karte 28 €, Kinder bis 5 Jahre frei, 6 – 17 Jahre 1,20 €, 11er-Karte 12 €, Familiensaisonkarte 75 €.

▶ Das schön gelegene Freibad von 1934 wurde 2008 vom Schwimmbad mit Chlortechnik zum modernen Naturbad mit Bürgerpark umgestaltet. Ein Eisbär wacht über das Badegeschehen. Größere Kinder vergnügen sich auf der 53 m langen Rutsche oder dem Sprungturm.

Der große Colorado-Westernspielplatz bietet viele Möglichkeiten zur sportlichen Betätigung und ist außerhalb der Badesaison frei zugänglich. Am Kiosk werden neben Getränken auch Pommes angeboten. Wer möchte, kann den kleinen Grillplatz nutzen.

Freibad Mettlach

Britter Straße, 66693 Mettlach. ℰ 06864/7855, 83-0 (Gemeinde), Fax -29. Handy 0160/90538997. www.mettlach.de. tourist@mettlach.de. **Bahn/Bus:** RB Saarbrücken – Trier bis Merzig-Besseringen, ab Kirche Bus 207 Richtung Mettlach bis Britter Straße, 10 Min Fußweg. **Auto:** ↗ Mettlach, Richtung Losheim, Beschilderung folgen. **Zeiten:** Ende Mai – Anfang Sep täglich 9 – 20 Uhr, wetterabhängig. **Preise:** 3,50 €, 10er-Karte

 Fastnachtssamstag: **Kinderfastnachtsumzug** in Merzig.

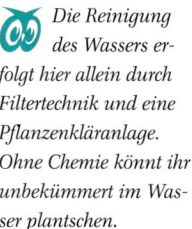 *Die Reinigung des Wassers erfolgt hier allein durch Filtertechnik und eine Pflanzenkläranlage. Ohne Chemie könnt ihr unbekümmert im Wasser plantschen.*

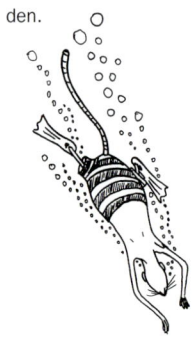

Im Nichtschwimmerbecken ist auch ein Zugang für Rollstuhlfahrer vorhanden.

30 €, Saison 70 €; Kinder 4 – 17 Jahre 1,50 €, 10er-Karte 13 €, Saison 30 €; Familiensaisonkarte 75 €.

▶ Das solarbeheizte Freibad mit separaten Schwimmer-, Nichtschwimmer- und Plantschbecken liegt ruhig etwas außerhalb von Mettlach. Waghalsige Kunststücke könnt ihr am 5-m-Sprungturm üben. Etwas einfacher gelangt ihr über die 60 m lange Rutsche ins Wasser. Die Kleinen können sich in 3 über Rutschen miteinander verbundene Plantschbecken vergnügen. 2 Liegewiesen, ein kleiner Spielplatz in schattiger Lage sowie ein Volleyballnetz lassen keine Langeweile aufkommen. Bei schönem Wetter hat das Eisbistro geöffnet.

In Seen und auf Flüssen

Baggersee in Remerschen

Zone de récréation, L-5441 Schengen-Remerschen. ✆ 00352/266658-10, Fax 266658-11. www.schengen.lu. schengenasbl@pt.lu. **Auto:** A8 Richtung Luxemburg, Ausfahrt 13 Schengen, N10 Remich, bei Schild »Erholungsgebiet« links. **Rad:** Mosel-Radweg. **Zeiten:** Mai – Mitte Sep 10 – 18 Uhr. **Preise:** 3 €, Saisonkarte 37,50 €; Kinder bis 9 Jahre frei, ab 10 Jahre 3 €.

▶ Die ehemalige Kiesgrube wurde zu einem familienfreundlichen Badesee umgewandelt. Kleine Kinder können in einem abgetrennten Bereich mit einer maximalen Wasserhöhe von 80 cm plantschen und im Kies spielen. Im See befindet sich eine Sprungplattform. Die große Spiel- und Liegewiese besitzt extra ausgewiesene Bereiche zum Grillen. Außerdem gibt es Beachvolleyballplätze und einen Spielplatz.

Hunger & Durst

Le Chalet de Remerschen, Zone de récréation. ✆ 00352/266651-91, Di – So 12 – 14, 18 – 22 Uhr. Pizzeria und Café mit Kuchen.

Wasserträger: Am Baggersee in Remerschen

Altarmtour – Kanutour auf dem Wiltinger Saarbogen

Bürgerservice gGmbH, 54441 Schoden. ✆ 06581/92950, Handy 0172/6897187. www.bues-trier.de. kanuverleih@bues-trier.de. **Länge:** Altarmtour 9 km,

So ist's gut: Mama und Papa paddeln, wir genießen die Aussicht

Dauer ca. 3,5 Std. **Bahn/Bus:** RB Trier – Saarbrücken bis Bhf Schoden-Ockfen, 5 Min Fußweg zum Saarufer. **Auto:** Ab ↗ Merzig B51 bis Saarburg, Bahngleise an der Schranke überqueren, links Richtung Schoden. **Rad:** Saar-Radweg. **Zeiten:** Juni – Sep täglich 11 – 19 Uhr, April, Mai Di – So 11 – 18 Uhr, Okt Di – So 14 – 18 Uhr, bei Regen geschlossen. **Preise:** Kanu für die Altarmtour 27 €, Kanu 12 € pro Std, Kajak 10 € pro Std, inkl. Schwimmwesten; Ermäßigung für Gruppen ab 12 Pers.

▶ Eine Kanutour durch das Naturschutzgebiet am *Wiltinger Saarbogen* ist ein besonderes Naturerlebnis. Falls ihr keine eigenen Kanus besitzt, könnt ihr sie vom Kanuverleih am Schodener Saarufer leihen. Der Einstieg befindet sich flußabwärts hinter der Staustufe. Die Tour führt durch einen Seitenarm der Saar an den Orten Wiltingen und Kanzem vorbei. Vom Wasser aus lassen sich die urwüchsige Natur und die vielen Wasservögel und Libellen ungestört beobachten. Fischjäger wie der Graureiher, Kormorane oder sogar Eisvögel warten auf ihre Beute.

An der Schleuse müsst ihr die Kanus aus dem Wasser heben und auf Rollen um die Schleuse schieben. Am Ende heißt es noch einmal kräftig paddeln, denn der Rückweg führt stromaufwärts durch den Saarkanal zurück nach Schoden. Sonnenschutz und Fernglas nicht vergessen!

 Freizeitanlage **Fun Beach** am Schodener Saarufer. Minigolf, Beachvolleyball, Weidentipis und Wasserlauf. Minigolf 2 €, 3 € Pfand, Kaution für Volleyball 10 €.

☀ Fastnachtssonntag: **Schodener Karnevalsumzug.**

Hunger & Durst

Gasthaus Bidinger, Klosterstraße 30, 54441 Schoden. ✆ 06581/9926-0. www.gasthaus-bidinger.de. Di – So 8 – 22 Uhr. Biergarten, faire Preise.

 **Fahrradverleih RadStation an der Seilbahn,** Im Hagen, Saarburg, ✆ 06581/998795. Kinderfahrrad 4,50 €, 8-Gang-Rad 10 €, mit Kindersitz 13,50 €.

Radwanderkarte Radelspaß mit 10 Touren rund um Konz und Saarburg, 3 € in den Tourist-Informationen Konz und Saarburg.

Hunger & Durst

Kiosk am Fun Beach, 54441 Schoden. ✆ 0171/6978769, Ostern – Mitte Okt täglich ab 11, So, Fei ab 10 Uhr (wetterabhängig). Kuchen, Saarblick, Kindergeburtstage.

Radeltouren

Saar-Radweg von Saarburg nach Konz

Bahn/Bus: ↗ Saarburg-Beurig, hinter dem Bahnübergang rechts zum Saarufer. **Auto:** ↗ Saarburg. **Rad:** Saar-Radweg. **Infos:** Radelbus, Service des Saar-Obermosel-Touristik e.V. Ihr lasst euch von Konz oder Saarburg mit dem Kleinbus mit Radanhänger nach Luxemburg, Thionville oder Hermeskeil bringen und radelt zurück. Ab 12 € pro Person. Infos ✆ 06501/6018040.

▶ Zwischen Saarburg und Konz befindet sich ein tolles Radwegenetz, das größtenteils auch für Skater geeignet ist. Die einfache Beschilderung mit Kilometerangaben zur nächsten Ortschaft hilft bei der Orientierung. Je nach Kondition, Lust und Laune könnt ihr beliebig lange Touren unternehmen.

Der Radweg verläuft ohne Steigungen an beiden Seiten der Saar entlang. Da an mehreren Stellen (Schleuse Serrig, Saarburg, Schodener Staustufe, Kanzemer Schleuse und Konz) Brücken über die Saar führen, können Rundwege gefahren werden. Ihr könnt aber auch Hin- oder Rückfahrt mit dem Zug oder Schiff kombinieren.

Einen Halt in **Saarburg** solltet ihr auf eurer Tour unbedingt einplanen. Mitten durch die Stadt fließt der *Leukbach,* am Buttermarkt stürzt sein Wasser 17 m über Felskaskaden in die Tiefe. Ein weiteres lohnendes Ziel ist die Freizeitanlage **Fun Beach** in **Schoden.** An der Kanzemer Schleuse ist es spannend, den großen Frachtern beim Schleusen zuzuschauen. In **Konz** mündet die Saar schließlich in die *Mosel.* Hier hatte der römische *Kaiser Valentinian I.* im 4. Jahrhundert n.Chr. seine Sommerresidenz. Die Ruinen der Villa befinden sich bei der Pfarrkirche St. Nikolaus und sind frei zugänglich.

Natur genießen entlang der Saarschleife

Länge: ca. 20 km, ca. 11 km bei Überfahrt mit der Fähre. **Bahn/Bus:** ↗ Mettlach, über Saaruferstraße links zur Schleuse. **Auto:** ↗ Mettlach, Schleuse. **Infos:** An- oder Abreise mit dem Schiff ↗ Info & Verkehr, Linienschiffe.

▶ Bei der Radtour entlang der Saarschleife handelt es sich ohne Zweifel um eine der schönsten und bekanntesten Fahrradtouren im Saarland. Den größten Teil der Strecke geht es durch uriges Naturschutzgebiet, weit weg vom Straßenverkehr. Die Tour ist gut ausgeschildert und hat keine Steigungen, daher ist sie für euch gut zu schaffen.

Am besten startet ihr in **Mettlach** an der Schleuse und radelt flussaufwärts immer an der *Saar* entlang. Nach ca. 4 km befindet ihr euch im Inneren der Saarschleife. Am gegenüberliegenden Ufer seht ihr die *Cloef,* einen tollen Aussichtspunkt auf das Flusstal. Wenn ihr dort hinaufkraxelt, werdet ihr mit einer tollen Aussicht belohnt.

Nach weiteren 500 m besteht die Möglichkeit, mit der Fähre zum anderen Ufer überzusetzen. Vielleicht könnt ihr jetzt einen Abstecher zum Aussichtspunkt machen. Falls ihr weiterradelt, erreicht ihr nach 3,5 km **Merzig-Besseringen.** Hier müsst ihr ein kurzes Stück auf einer wenig befahrenen Straße entlangfahren. Dann überquert ihr die Saarbrücke und gelangt nach **Schwemlingen.** Nach der Brücke rechts abbiegen und es geht noch einmal 2 km auf einer Straße entlang bis **Dreisbach.** Auch hier ist nur wenig Verkehr, aber manchmal kommen die Autos sehr schnell angerast. Deshalb gut aufpassen und ganz rechts fahren! Hungrige Radler können sich in einer der Ausflugsgaststätten am Dreisbacher Saarufer, z.B. dem **Fährhaus,** stärken. Die letzten 7 km bis Mettlach könnt ihr wieder auf dem Radweg fahren.

Beeindruckendes Naturdenkmal: Die Saarschleife bei Mettlach

3. So im Mai, Merzig – Konz: **Saar Pedal,** unbegrenzter Radelspaß am autofreien Erlebnistag, Spiel- und Mitmachstationen für Kinder.

Hunger & Durst

Fährhaus, Steinbach 3. ℰ 06868/180218. Sommer Mi – Mo ab 10 Uhr (wetterabhängig), Ferien täglich, Winter Mi – So ab 11 Uhr. Biergarten, Eis, kleine Gerichte.

Die Obermosel — Radeln ohne Grenzen

Länge: Rundweg ca. 21 km. **Bahn/Bus:** RB Perl – Trier bis Nennig Bhf, am Kreisverkehr links. **Auto:** A8 Ausfahrt 2 Perl bis Nennig. **Rad:** Mosel-Radweg. **Infos:** Auf www.perl-mosel.de könnt ihr eine Karte der Strecke herunterladen. Für eine Radtour moselaufwärts ↗ Radeln im Dreiländereck, Lothringen. Räder könnt ihr für 10 € pro Tag, Kinder bis 14 Jahre für 5 €, beim Verkehrsverein Perl-Nennig ausleihen, Bübinger Straße 5 (Bahnhof), ✆ 06866/1439.

▶ Der **Mosel-Radweg** ist besonders für kleine Kinder gut geeignet, da es kaum Steigungen gibt und er überwiegend abseits des Straßenverkehrs verläuft. Vom Bahnhof **Nennig** gelangt ihr nach wenigen Minuten auf den Radweg. Dort geht es nach links in Richtung Perl. Nach 5 km passiert ihr die kleine Ortschaft *Besch* und gelangt nach weiteren 4,5 km den **Perler Bahnhof.** Solltet ihr schon müde sein, könnt ihr von dort mit dem Zug zurück nach Nennig fahren.

Echte Radprofis überqueren die Moselbrücke und gelangen so ins luxemburgische **Schengen.** Ihr durchquert den Ort in Richtung Norden. Hier beginnt der luxemburgische Mosel-Radweg, der euch nach Remich bringt. Nach 4 km trifft der Radweg auf die N10 und verläuft ein kurzes Stück direkt neben der Straße. Von hier ist ein kurzer Abstecher zum ↗ **Baggersee von Remerschen** möglich. Der Weg dorthin ist ausgeschildert, doch Vorsicht beim Überqueren der Straße! Sollte kein Badewetter sein, lohnt sich eine kleine Wanderung durch das ↗ *Naturschutzgebiet Haff Réimech* gegenüber dem Baggersee.

Zurück auf dem Mosel-Radweg gelangt ihr nach 4 km zum Weinort **Bech-Kleinmacher.** Das Heimatmuseum ↗ *Possenhaus* ist sehenswert. Von Bech sind es nur noch 2,5 km bis **Remich.** Ihr radelt noch ein kurzes Stück über die Moselpromenade von Remich und gelangt über die Brücke zurück nach **Nennig.**

Römisches Mosaik der Villa Nennig, Römerstraße, 66706 Perl-Nennig. ✆ 06866/1329, www.kulturbesitz.de. April – Sep 8.30 – 12, 13 – 18 Uhr, März, Okt, Nov 9 – 12, 13 – 16.30 Uhr, Mo geschlossen. Erw 1,50 €, Kinder 7 – 18 Jahre 0,75 €, Gruppen ab 10 Pers 1 € pro Pers. Vermutlich das größte römische Mosaik nördlich der Alpen.

Wanderungen & Spaziergänge

Der Felsenweg und die Kasteler Klause

Länge: Rundweg ca. 3,5 km, anspruchsvoll. **Auto:** Ab ↗ Mettlach Richtung Orscholz, dann über Freudenburg nach Kastel bis Parkplatz Klause. **Zeiten:** Feb – Nov Di – So 10 – 13 und 14 – 17 Uhr. **Preise:** 2,10 €; Kinder 6 – 18 Jahre 1 €; Familien 5,10 €, Rentner 1,60 €.

 Geführte Wanderungen April – Okt jeden 2. Mi. Infos bei Herrn Priebe unter ✆ 06582/7122.

▶ Der **Felsenweg** verläuft rund um das Hochplateau des geschichtsträchtigen Ortes Kastel, an dem schon die Kelten, Römer und Franken siedelten. Vom Parkplatz Klause durchquert ihr den Ort Richtung Staadt. Im Tal angelangt biegt ihr rechts ab und wandert durch den Tannenwald. Dann erreicht ihr einen Pfad, der an schroffen und bizarr geformten Buntsandsteinfelsen vorbeiführt. Dieser schönste Teil der Wanderung bietet fantastische Aussichten in das Saartal und führt unterhalb der Klause vorbei. Danach geht es bergauf und ihr erreicht wieder den Parkplatz. Es besteht auch die Möglichkeit, nur ein Teilstück des Felsenweges zu erwandern, indem ihr zu Beginn vor der Klause links den Feldweg wählt. Von dort erreicht ihr den Felsenpfad und folgt ihm nach rechts.

Tolle Aussicht:
Die Kasteler Klause

Nach der Wanderung lohnt es sich, die **Klause von Kastel-Staadt** zu besichtigen. Sie liegt auf der Spitze eines vorspringenden Sandsteinfelsens hoch über dem Saartal. Kaiser *Friedrich Wilhelm* ließ 1833 an der Stelle einer ehemaligen **Einsiedlerklause** von Architekt *Karl Friedrich Schinkel* eine Grabeskirche als Denkmal und letzte Ruhestätte für den böhmischen *König Johann von Luxemburg* bauen. Der König war nämlich trotz seiner Erblindung 1346 mit Frankreich gegen England in die Schlacht gezogen und gefallen. Auf dem Grab könnt ihr seine Königskrone sehen.

Ihr solltet bei dieser Tour möglichst feste Wanderschuhe tragen.

 Eine Einsiedlerklause nennt man die Wohnung eines Eremiten. Ein Eremit führt ein Leben allein und in völliger Abgeschiedenheit.

SAAR-MOSEL-LAND

Panoramaweg Perl

Länge: Gesamt ca. 8,5 km, Rundweg ab Parkplatz Rabüscheck ca. 6 km, Rundweg ab Aussichtspunkt Dreiländereck etwa 2,5 km. **Bahn/Bus:** ↗ Perl, ca. 20 Min Fußweg Richtung Ortsmitte, an der Maimühle rechts, 2. Weg links bergauf zum Aussichtspunkt Dreiländereck. **Auto:** A8 Ausfahrt 3 Perl-Borg, B407 Richtung Perl bis Parkplatz Rabüscheck.

▶ Der **Panoramaweg Perl** besteht aus 2 Schleifen, die auch unabhängig voneinander erwandert werden können. Beide Touren sind wegen ihrer Länge und ihres Erlebnischarakters prima für Kinder geeignet. Der Weg ist mit Rotem P auf grünen Trauben markiert. Die lange Tour lohnt sich vor allem im Herbst, wenn die Walnüsse reif sind. Sie startet am **Parkplatz Rabüscheck** und führt zunächst am Waldrand entlang. Von hier habt ihr fantastische Ausblicke auf das Moseltal. Nach 1,2 km erreicht ihr *Oberperl*, nach weiteren 200 m beginnt auf der linken Seite ein schmaler Pfad. Ihr durchquert einen *Lianenwald*, in dem ihr im Herbst jede Menge Walnüsse finden könnt. Nach 500 m endet der Pfad, ihr folgt einfach weiter dem Wanderzeichen, das euch zu einem Hangweg bringt. Wollt ihr zurück zum Ausgangspunkt, müsst ihr nach links.

Ihr solltet euch den kurzen Abstecher nach rechts zur *Schutzhütte Hammelsberg* mit Blick nach Frankreich aber nicht entgehen lassen. Von dort folgt ihr entweder weiter dem Panoramaweg oder geht den gleichen Weg wieder zurück bis zum Hangweg. Dann braucht ihr nur noch 3 km geradeaus dem Wegweiser bis zum Parkplatz zu folgen.

Die kurze Wanderung beginnt am **Parkplatz am Aussichtspunkt Dreiländereck** und ist besonders schön im Frühsommer, wenn die Orchideen blühen. Ca. 100 m oberhalb des Parkplatzes liegt der Aussichtspunkt, an dem 3 Tafeln über den Weg sowie das *Naturschutzgebiet Hammelsberg* informieren. Ihr folgt dem rechten Pfad und wandert auf französischem

@ Informationen über die Premiumwanderwege, zu denen auch der Panoramaweg Perl gehört, findet ihr unter www.wanderbares-saarland.de.

Boden durch die von seltenen Orchideenarten geprägte Landschaft. Damit diese besonderen Pflanzen geschützt werden, dürft ihr die Pfade nicht verlassen! Nach ca. 600 m führt ein neuer Pfad links bergan. Der Pfad mach eine Linkskurve, doch ihr geht geradeaus die Treppe hinauf.

Oben angekommen dürft ihr euch auf einer Bank ausruhen. Habt ihr bemerkt, dass ihr euch wieder auf deutscher Seite befindet? Der Weg führt links am oberen Hang entlang und biegt später rechts in den Wald ein. Um die Wanderung abzukürzen, folgt ihr nach weiteren 200 m der Beschilderung **Schutzhütte Hammelsberg.** Von dort gelangt ihr über den rechten schmalen Pfad wieder bergab zum Aussichtspunkt Dreiländereck.

Rundfahrten

Mit dem Planwagen im Konzer Tälchen

Winzerhof Hoffmann, Falkensteinstraße 25, 54329 Konz-Niedermennig. ✆ 06501/3508, Fax 3957. www.winzerhof-hoffmann.de. info@winzerhof-hoffmann.de. **Bahn/Bus:** Ab ↗ Konz Bus 204 Richtung Wiltingen. **Auto:** Ab ↗ Konz Richtung Konzer Tälchen, vor dem Fußballplatz in Niedermennig links abbiegen. **Zeiten:** Termin und Preis nach Vereinbarung.

▶ Das idyllische Konzer Tälchen kann wunderbar mit einem Zweigespann befahren werden. Nach Absprache wird ein Grillabend im Anschluss an die lustige Planwagenfahrt organisiert. In Niedermennig an der Ölmühle startet der 5 km lange Mühlenwanderweg.

Hunger & Durst

Winzerhof Hoffmann,
Mo – Sa ab 15 Uhr, Di Ruhetag, So ab 10 Uhr. Kinderkarte, Spielplatz.

Tolle Sicht: Auf dem Rücken der Pferde

Klettern & Toben

Der Altfels – Eine echte Herausforderung

54441 Kastel-Staadt. ℗ 06581/99598-0, Fax -29. www.saar-obermosel.de. info@saar-obermosel.de. **Länge:** Hin- und Rückweg insgesamt 2,6 km. **Auto:** Ab ↗ Mettlach Richtung Orscholz, dann nach Freudenburg, Waldparkplatz zwischen Freudenburg und Kastel auf der rechten Seite. **Info:** Sonnenschutz und Bergstiefel sind ein Muss auf dieser Tour.

Mühsame Kraxelei: Seid ihr erstmal oben angekommen, könnt ihr weit gucken

▶ Vom Waldparkplatz führt ein ca. 1,3 km kurzer, ausgeschilderter Weg durch dichten Wald zum *Altfels.* Auch geübte Kletterer müssen bei der Kraxelei auf den ca. 20 m hohen Felsen vorsichtig sein, da es keine Sicherung gibt! Den einzigen Halt an der Steilwand bilden Fußtritte und Drahtseile zum Festhalten. Ihr solltet bedenken, dass der Abstieg immer schwieriger als der Aufstieg ist.

Da sich mehrere Spalten im Fels befinden, ist es ratsam, nur bis zum hinteren Bereich des Plateaus zu klettern. Auch von dort könnt ihr bereits die grandiose Aussicht genießen.

Achtung!
Absturzgefahr! Es gibt keine Sicherung. Ihr müsst trittsicher und mindestens 1,45 m groß sein. Nur bei trockenem Wetter klettern.

Outdoortraining im Klosterpark

Erlebniswerkstatt Saar, Thomas Feilen, Propstei St. Josef, Kirchstraße 1, 54441 Taben-Rodt. ℗ 06582/9140-44, Fax -27. www.erlebniswerkstatt-saar.de. info@erlebniswerkstatt-saar.de. **Bahn/Bus:** RB Saarbrücken – Trier bis Taben Bhf, Fußmarsch steil den Berg hinauf. **Auto:** Ab ↗ Merzig B51 bis Taben Bhf, über die Schleuse nach Taben-Rodt, an der Kirche parken. **Zeiten:** Nach Absprache. **Preise:** Tagesprogramm (ca.

7 Std) im Hochseilgarten ab 30 € pro Pers (ab 10 Pers); Abenteuerrallye (ca. 6 Std) für Kinder 8 – 12 Jahre ab 19 € pro Kind, Hochseilgarten ab 10 Jahre 30 €, Drachenbootfahrt ab 35 € (ab 12 Pers), Ferienfreizeit mit 2 Ü im Zelt ab 90 €.

▶ Die Erlebniswerkstatt ist eine naturpädagogische Jugendbildungseinrichtung. Gemeinsames Gruppenerlebnis, Stärkung des Gruppengefühls, Vertrauensbildung und Umgang mit Konflikten stehen im Vordergrund der Aktivitäten. Im Klettergarten in der über 1000 Jahre alten Propstei könnt ihr eure eigenen Grenzen testen.

Für Kinder ab dem 2. Schuljahr werden Abenteuerrallyes veranstaltet. Mittels einer Geschichte sollen Gruppenaufgaben gelöst werden. Ein wasserorientiertes Gruppenerlebnis ist die Drachenbootfahrt. Ihr werdet mit Schwimmwesten ausgestattet, trotzdem müsst ihr schon schwimmen können. In den Ferien werden mehrtägige Abenteuerfreizeiten zu verschiedenen Themen, z.B. Bogenbau, angeboten.

Kids-Indoor-Park Trampolini

Saarwiesenring 8, 66663 Merzig. ☎ 06861/939940, www.trampolini.de. info@trampolini.de. **Bahn/Bus:** Ab ⬈ Merzig Bhf Bus 210 Richtung Nohn oder Schwemlingen bis Hilbringen Post, 20 Min Fußweg. **Auto:** ⬈ Merzig, Richtung Merziger Hafen. **Rad:** Saar-Radweg. **Zeiten:** Di – Fr 14 – 19 Uhr, Sa, So, Fei 10 – 19 Uhr, in den Ferien Mo – Fr 12 – 19 Uhr, Sa, So, Fei 10 – 19 Uhr. **Preise:** 3,50 €, Di Väter frei, Mi Eltern frei, Do Mütter frei; Kinder bis 3 Jahre 2,50 €, Kinder 3 – 17 Jahre 8 €, 90 Min vor Schließung 3,50 €; Family Card (2 Erw, 2 Kinder) 19,50 €, Senioren ab 65 Jahre frei. **Infos:** Die Eintrittskarte berechtigt am Kauftag zu beliebig häufigem Kommen und Gehen.

▶ Wenn ihr nach Herzenslust springen, toben und turnen möchtet, wird es euch im Trampolini bestimmt gut gefallen! Auf zwei Etagen könnt ihr in Hüpfburgen springen, Klettertürme erklimmen, von

 Am **Frühlings-Outdoorfest** Ende April bzw. Anfang Mai finden kostenlose Aktionen statt.

Verpflegung für die Tagesprogramme solltet ihr selbst mitbringen!

Happy Birthday! Geburtstagsfeier inkl. Gericht 9,90 € pro Pers, ab 5 Gästen hat das Geburtstagskind freien Eintritt. Kuchen kann mitgebracht werden.

Hunger & Durst **Merziger Brauhaus am Yachthafen,** Saarwiesenring 6. ☎ 06861/ 7916-35. www.saar-fuerst.de. Mo – Sa ab 11, So ab 10, Mittagstisch Mo – Fr 11 – 14.30 Uhr.

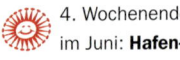 4. Wochenende im Juni: **Hafenfestival** mit Drachenbootrennen.

Riesenrutschen sausen oder Soccer spielen. Im Bistro könnt ihr euch in einer Pause verpflegen lassen.

Saarschleife und Waldspielplatz Blumenfels

66693 Mettlach-Orscholz. ✆ 06865/434. An der Cloef. **Bahn/Bus:** Ab ↗ Mettlach Bus 207 Weiten bis Orscholz. **Auto:** Ab ↗ Mettlach B406 nach Orscholz, links Beschilderung Cloef folgen, gebührenpflichtiger Parkplatz. **Zeiten:** Frei zugänglich. **Infos:** In der Nähe gibt es einen Märchenpark, April – Mitte Okt täglich 11 – 19 Uhr, Erw 3,50 €, Kinder ab 2 Jahre 3 €. Infos ✆ 06865/434, www.maerchenpark-orscholz.de.

▶ Die *Cloef* bietet eine fantastische Aussicht über das Naturdenkmal Saarschleife, das Wahrzeichen des Saarlandes. Ihr erreicht den Aussichtspunkt vom Atrium aus über einen kinderwagengeeigneten Waldweg in 10 Gehminuten. Danach könnt ihr euch auf dem schönen Waldspielplatz Blumenfels austoben. Mehrere Rutschbahnen, Schaukeln und ein Wassertretbecken sind vorhanden und ihr braucht keinen Eintritt zu bezahlen! Das Gelände eignet sich auch sehr gut, um Verstecken und Fangen zu spielen.

UMWELT ERFORSCHEN

Lehrpfade & Umweltzentrum

Naturerlebnispfad am Haff Réimech

Zone de récréation, L-5441 Schengen-Remerschen. ✆ 00352/236640. www.schengen.lu. **Länge:** 2,5 km. **Auto:** A8 Ausfahrt 13 Schengen, N10 Richtung Remich, Schild Erholungsgebiet links. **Rad:** Mosel-Radweg.

▶ Zwischen der *Mosel* und den Weinbergen auf der luxemburgischen Moselseite liegt ein Feuchtgebiet, das unter Naturschutz steht. Das ehemalige Kiesgrubenareal bietet heute mit seinen Schilf- und Flachwasserzonen Lebensraum für zahlreiche Wasservögel, Insekten und bedrohte Vogelarten. Über Pfade und Stege könnt ihr das Schutzgebiet erkunden und an Beobachtungshütten und -türmen, Mitmachstationen und Informationstafeln viel über die heimische Vegetation lernen. Fernglas nicht vergessen!

Was lebt in unseren Wäldern?

Naturschutzzentrum A Wiewesch, 12, Syrdallstrooss, L-6850 Manternach. ℗ 00352/267167-1, Fax -67. www.centresnatureetforet.lu. awiewesch@ef.etat.lu. **Bahn/Bus:** RB Perl – Trier bis Wasserliesch, RB Richtung Luxemburg bis Manternach, 5 Min Fußweg zur Ortsmitte. **Auto:** Ab ↗ Grevenmacher Schule Richtung Wasserbillig, vor dem Kreisel links über die Autobahnbrücke nach Manternach. **Zeiten:** Mo – Fr 8 – 12, 13 – 17 Uhr. **Infos:** Programme für Kindergärten und Schulklassen nach Vereinbarung. Grillen ist am Empfangshaus möglich.

▶ Das Naturschutzzentrum A Wiewesch ist in einem ehemaligen Bauernhof untergebracht. Eine Ausstellung informiert anschaulich über die Pflanzen- und Tierwelt, die Besonderheiten des *Naturschutzgebietes Manternacher Fiels* und über traditionelle Berufe der Region. Für Kindergärten und Schulen werden naturpädagogische Programme veranstaltet. Beliebt sind Themen wie »Bienen«, »Fledermäuse« oder »Lebensräume der Tiere«. Gemeinsam mit dem Förster geht ihr in die Natur und schaut euch das Gelernte genauer an. Immer werden Spiele ins Programm eingebunden.

Zwei **Wandertouren** starten vom Zentrum. Der 7 km lange Rundweg über *Lellig* ist mit einem roten Rechteck markiert. Auf schmalen Pfaden kommt ihr an Viehweiden mit Schafen und Highland-Rindern vorbei, durchquert Streuobstwiesen und das Tal der *Syr*. Der mit einem Grünen Rechteck markierte Pfad ist 6 km lang und führt mitten durch das *Naturschutzgebiet Manternacher Fiels.* Der Schluchtwald, der Auenbereich des Baches und die Felswände des Muschelkalks bilden Lebensraum für seltene Tiere, wie zum Beispiel für Eisvögel.

 Broschüre zum Haff Réimech kostenlos beim Infobüro in Schengen erhältlich.

3. So im Mai: Manternacher **Frühjahrsmarkt.**

Die Pfade sind nur bei schönem Wetter begehbar! Kostenloser Prospekt zu den Wanderwegen gibt es im Naturschutzzentrum.

Handtuch für die Füße nicht vergessen!

Barfußpfad im Kammerforst

Forstamt, Helmut Steuer, Königstraße, 54439 Saarburg-Beurig. ✆ 06581/9263-0, Fax 9263-20. www.saarburg.wald-rlp.de. helmut.steuer@wald-rlp.de. Der Beuriger Kammerforst liegt zwischen Beurig und Serrig, Länge des Rundwegs: 1,3 km. **Bahn/Bus:** ↗ Saarburg-Beurig, Fußweg zur Kirche, rechts halten, über Kammerforststraße und Königstraße, ca. 30 Min. **Auto:** ↗ Saarburg-Beurig, Beschilderung Jugendzeltplatz folgen, nach ca. 400 m auf der linken Seite. **Zeiten:** Zeiten und Preise für Führungen nach Absprache, Buchung im Forstamt.

▶ Eine angenehme und zugleich kostenlose Fußreflexzonenmassage könnt ihr im Saarburger *Kammerforst* genießen. Schuhe und Socken sowie aller Ärger und Sorgen werden auf einem Regal zurückgelassen. Ihr werdet überrascht sein, wie sich unterschiedliche Untergründe aus Sand, Kies, Rindenmulch, Hackschnitzeln, Sägemehl und Holz anfühlen. Das kühle Wasser des Mollersbach ist angenehm erfrischend. Sollte es vorher viel geregnet haben, könnt ihr endlich ohne schlechtes Gewissen durch den Matsch stapfen. Hinterher werden die Füße im klaren Wasser gewaschen und fühlen sich wie neugeboren.

Folgt ihr dem Fußweg rechts der Straße gegenüber vom Barfußpfad, gelangt ihr nach 500 m zum **Salzbrünnchen**. Hier gibt es eine Quelle, eine Wassertretanlage, einen Bach zum Spielen und ein kleines Wildgehege mit Damwild.

Walderlebnispfad Trassem

Forstverwaltung Trassem, Dietmar Schwarz, Sonnenweg 4, 54441 Trassem. ✆ 06581/2681, www.trassem.de. dietmar_schwarz@t-online.de. 2 Parcours, insgesamt 4 km, Symbol Schnecke. **Bahn/Bus:** Ab ↗ Saarburg Bus 203, 205 bis Trassem. **Auto:** A8 Ausfahrt 3 Perl-Borg Richtung Saarburg bis Trassem, links Richtung Portz, am Sportplatz parken. **Infos:** Kindergärten, Schulen und Jugendgruppen können ein individuelles Programm buchen. Preis auf Anfrage.

▶ Es ist nicht immer ganz einfach, die Besonderheiten des Waldes zu entdecken. Vieles könnt ihr mit euren Augen nicht wahrnehmen, sondern müsst auf Geräusche achten und den Waldboden fühlen.

Wald- & Naturrallyes mit GPS oder Erlebnis-Rucksack. Buchbar bei der Forstverwaltung.

An mehreren Stationen des Walderlebnispfades wird euch gezeigt, wie ihr diesen Lebensraum kennen lernen könnt. Durch Beobachtungsrohre werdet ihr auf Besonderheiten aufmerksam gemacht, an Bodenaufschlüssen könnt ihr die Bodenart bestimmen und kleine Lebewesen unter die Lupe nehmen.

In der Nähe des Walderlebniszentrums gibt es einen Lehrbienenstand. Hier erhaltet ihr Einblick in die Arbeit eines Imkers, vielleicht könnt ihr euch sogar ein eigenes Bienenvolk mieten und euch dann zum Imker ausbilden lassen.

Das ganze Jahr über werden Veranstaltungen wie **Waldweihnacht, Waldkonzerte, Ferienwaldwochen** angeboten. Infos bei der Saar-Obermosel-Touristik, ☎ 06581/995980, www.naturpark.org.

Gärten & Tierparks

Kinderprogramm im Garten der Sinne

Gärten ohne Grenzen, Ellerweg/Kreuzberg, 66663 Merzig. ☎ 06861/911068, Fax -23. www.gaerten-ohne-grenzen.de. gog@ceb-merzig.de. **Bahn/Bus:** RB Saarbrücken – Trier bis Merzig-Stadtmitte, 25 Min Fußweg Richtung Kaserne über Trierer Straße und Kapellenstraße bis Ellerweg. **Auto:** A8 Ausfahrt 5 Merzig-Schwemlingen Richtung Besseringen, im Kreisel Beschilderung Wolfspark, später Garten der Sinne folgen. **Zeiten:** Mitte Mai – Mitte Sep Di – So 9 – 19, April – Mitte Mai und Mitte Sep – Ende Okt Di – Fr 9 – 17, Sa, So, Fei 11 – 17 Uhr. **Preise:** 3,70 €, Führung 44 € (1 Std); Kinder 6 – 17 Jahre, Studenten, Behinderte, Zivil- und Wehrdienstleistende 2,70 €, Schulklassen 29 €, Kindergruppen mit Führung 65 € inkl. Eintritt; Familien 9 €, Gruppen 5 – 9 Pers 3,20 € pro Pers, Gruppen ab 10 Pers 2,70 € pro Pers, Jahreskarte für 2 Pers 19 €. **Infos:** Pädagogische Führungen für Kinder möglich.

▶ Der Garten der Sinne ist Teil des Projektes *Gärten ohne Grenzen.* Hier wird Kindern viel geboten, u.a. Klangkunstwerke, die lustige Geräusche machen, Pflanzen zum Ertasten, das Element Wasser, Farbspiele und mehr. Ein origineller Kinderspielgarten bietet eine Spiellandschaft mit Weltenschaukel,

Happy Birthday! Erkundet die Welt der Kräuterhexe, der Zwerge, Gnome oder Elfen! Für Kinder ab 5 Jahre 70 € (max. 10 Kinder), jedes weitere Kind 7 €.

Spiel mit dem Wind: Loreena hilft ein wenig nach

 Mitte Juni und Mitte August:

Gärten im Licht.

Niklas hat ihn entdeckt: Sonnengelber Schmetterling im Grünen

Zieht leichte Kleidung an, da Luftfeuchtigkeit und Temperatur im Pavillon sehr hoch sind!

Am Moselufer gibt es einen Spielplatz mit Riesenrutsche und Spielschiff.

Sandkasten und Wasserbecken. Kleine Naschkatzen dürfen die hier wachsenden Beeren probieren.

Schmetterlingsgarten

Jardin des papillons, Route de Trèves, L-6793 Grevenmacher. ℂ 00352/758539, Fax 758539. www.papillons.lu. bmstm@pt.lu. **Bahn/Bus:** RB Perl – Trier bis Bhf Wellen, 20 Min Fußweg über die Brücke, dann über die Moselpromenade Richtung Wasserbillig. **Auto:** ↗ Grevenmacher, Beschilderung folgen. **Rad:** Mosel-Radweg. **Zeiten:** April – Mitte Okt täglich 9.30 – 17 Uhr. **Preise:** 6,50 €, Gruppe ab 10 Pers 5,50 €, Führungen 10 € zzgl. Eintritt; Kinder 4 – 13 Jahre 3,50 €, Gruppen ab 10 Pers 2,50 €. **Infos:** Führungen (10 – 20 Pers) auf Anfrage möglich.

▶ In dem 600 qm großen Glaspavillon flattern Hunderte exotischer Schmetterlinge zwischen tropischen und subtropischen Pflanzen. Wusstet ihr, dass »papillon« das französische Wort für Schmetterling ist und etwas mit Flattern zu tun hat? Der deutsche Name hingegen kommt vom alten Wort für Rahm oder Schmand, von dessen süßem Geruch die Tiere beim Buttermachen angezogen wurden. Im Schmetterlingsgarten könnt ihr die Verwandlung der bunten Falter von der Eiablage über die Raupenentwicklung und Verpuppung bis zum Schlüpfen beobachten. Während ihr zwischen Bachläufen und Teichen spaziert, gibt es auch noch andere Tiere zu entdecken. Gut getarnt verstecken sich Chamäleons, die ihre Farbe der Umgebung anpassen können, Geckos sowie Insekten auf Blättern und Zweigen. Auch tropische Vögel und Fische leben im Pavillon.

Greifvogelpark

Wolfgang Klotzbücher, Am Engelbach 1, 54439 Saarburg. ℡ 06581/996094. www.greifvogelpark-saarburg.de. info@greifvogelpark-saarburg.de. **Bahn/Bus:** ↗ Saarburg-Beurig, Bus 241, 243 bis Kunoweiher. **Auto:** ↗ Saarburg, am Rathaus Richtung Mannebach. **Zeiten:** Täglich 10 – 18 Uhr, Flugvorführungen April – Okt täglich 11 und 15 Uhr, Nov – März So 15 Uhr. **Preise:** 4,50 €; Kinder 4 – 15 Jahre 3,50 €; Familien 2 Erw, 1 Kind 12 €; 2 Erw, 2 Kinder 15 €; 2 Erw, 3 und mehr Kinder 18 €. Gruppen ab 20 Pers 4 €, Kinder 3 €.

▶ Habt ihr schon mal Bussarde oder andere Greifvögel bei der Jagd beobachtet? Es ist beeindruckend, wie zielsicher sich die Jäger auf ihre Beute stürzen. Im **Greifvogelpark Saarburg** könnt ihr die Jagdtechnik von Adlern, Bussarden und Falken aus nächster Nähe beobachten. Ihr werdet viel über die erstaunlichen Fähigkeiten und Lebensgewohnheiten der Vögel erfahren. Wenn ihr mutig seid, dürft ihr einen Falken auf dem Handschuh halten. Um den liebenswerten Uhu Floh zu streicheln, bedarf es keinen besonderen Mut. Seine Federn fühlen sich weich und zart an. Außer den Greifvögeln leben auch noch ein paar andere Tiere im Park. Besonders beliebt sind die lustigen Waschbären.

Schwarzkäppchen: Damit der Falke nicht nervös wird, trägt er bis zum Flug eine schwarze Augenkappe

Hunger & Durst

Zum Falkental,
℡ 06581/999977.
www.falkental-saarburg.de. Täglich 11 – 21 Uhr. Biergarten mit Spielplatz.

Tierpark am Blätterbornweiher

Blätterbornweg, 66663 Merzig. ℡ 06861/4931, www.merziger-tierpark.de. info@merziger-tierpark.de. **Bahn/Bus:** RB Saarbrücken – Trier bis Merzig Stadtmitte, über Am Viehmarkt und Alten Leinpfad. **Auto:** ↗ Merzig, nach der Brücke links Richtung Mettlach, danach zweimal rechts. **Rad:** Saar-Radweg. **Zeiten:** Ganzjährig frei zugänglich.

▶ Mitten in Merzig befindet sich die Naturoase Merziger Tierpark, in dem rund 40 verschiedene Tierarten leben. Neben Haustieren wie einheimischen Ziegen, südamerikanischen Alpakas und Kamerunschafen sind auch Wildtiere wie Berberaffen, Maras und

Am Parkrand ist ein Spielplatz mit einer Saline zum Einatmen des Bietzener Heilwassers. Es bildet einen Nebel, der gut für Lunge und Bronchien ist. www.bietzener-heilwasser.de.

Hunger & Durst

Restaurant Ellerhof, Merzig. ✆ 06861/2461. www.ellerhof.de. Mi – Fr 11 – 14, 18 – 24, Sa, So, Fei 11 – 24 Uhr. Bürgerliche Küche, Kinderkarte. Spielplatz.

Traut sich: Werner Freund geht mit seinen Arktiswölfen auf Tuchfühlung

Nasenbären vertreten. Maras sehen besonders ulkig aus: wie zu groß geratene Hasen. Man nennt sie auch Pampashasen!

Als außerschulischer Lernort vermittelt der Tierpark zudem Kenntnisse über die bunte Vogelwelt. Hinter den Volieren wurde ein Schaubienenhaus und ein Insektenhotel angelegt. Im angrenzenden Blätterbornweiher tummeln sich die Wasservögel.

Wolfspark Werner Freund

Werner Freund, Kammerforst Merzig, Waldstraße 204, 66663 Merzig. ✆ 06861/911818, www.wolfspark-wernerfreund.de. wolfspark@gmx.net. **Bahn/Bus:** ↗ Merzig Bhf, Bus 203 Richtung Reisberg bis Kammerforst, 20 Min Fußweg. **Auto:** A8 Ausfahrt 5 Merzig-Schwemlingen, Richtung Besseringen, im Kreisel Beschilderung folgen. **Zeiten:** Täglich von Sonnenauf- bis -untergang, kostenlose Führung jeden 1. So im Monat 16 Uhr, Gruppenführungen ab 40 Pers nach Vereinbarung. **Preise:** Frei zugänglich.

▶ Merzig ist weit über die Grenzen Deutschlands hinaus berühmt für seine Wölfe. Verhaltensforscher *Werner Freund* hat gemeinsam mit seiner Frau Erika schon mehr als 70 Wölfe großgezogen. In weitläufigen Freigehegen leben momentan 20 Europäische, Kanadische, Sibirische und Arktische Wölfe. Zwischen Herrn Freund und seinen Tieren besteht eine einzigartige Wolf-Mensch-Beziehung, die ihr bei der kostenlosen Führung erleben könnt. Treffpunkt ist das Gehege der Arktiswölfe. In den letzen Jahren wurde die Anlage von der Stadt Merzig auf 4,5 ha erweitert,

© Michael Schönberger

Gehege wurden umgestaltet und mit 3 Beobachtungstürmen ausgestattet. Dadurch könnt ihr auch außerhalb der Führungszeiten einen guten Einblick in das Leben der Wölfe erhalten.

HANDWERK UND GESCHICHTE

Betriebsbesichtigungen

Hackenberger Mühle

Staden 6, 54439 Saarburg. ℡ 06581/994642, Fax 95670. www.saarburg.de. amueseum@saarburg.de. **Bahn/Bus:** ↗ Saarburg-Beurig, Fußweg über die Brücke, links die Treppe hinunter in die Altstadt. **Auto:** ↗ Saarburg, Richtung Altstadt. **Rad:** Saar-Radweg. **Zeiten:** April – Okt Di – So, Fei 14 – 17 Uhr, Führungen für Gruppen nach Voranmeldung. **Preise:** 2 €, Führungen 35 €; Kinder 6 – 14 Jahre 0,70 €, Führungen für Kindergärten 20 €, Schulklassen 25 €; Familien 4,50 €, Jugendliche bis 18 Jahre, Studenten, Behinderte 1,50 €.

▶ Noch heute drehen sich die Räder der ehemaligen Hackenberger Mühle unterhalb des Saarburger Wasserfalls. Wer mehr über die Antriebstechnik erfahren möchte, sollte das **Mühlenmuseum** im Inneren besuchen. Während einer spannenden Führung werdet ihr Interessantes über die Funktionsweise des Mühlenkomplexes erfahren. In den 3 hintereinander gestaffelten Mühlen wurde bis 1974 Getreide zu Mehl gemahlen.

 Nocturnus Saarburg – eine nächtliche Tour mit dem Saarburger Nachtgesindel, Erw 8, Kinder 4, Familien 20 €. Information und Buchung nach Vereinbarung im Amüseum, ℡ 06581/994642.

Hofgut Serrig

Zweigstelle der Lebenshilfe-Werkstatt Trier gGmbH, Domänensiedlung, 54455 Serrig. ℡ 06581/9145-0, Fax 9145-50. www.hofgut-serrig.de. hofgut@lebenshilfe-werkstatt.de. **Bahn/Bus:** RB Saarbrücken – Trier bis Serrig Bhf, 45 Min Fußweg bergauf. **Auto:** Ab ↗ Merzig B51 bis Serrig, Beschilderung folgen. **Zeiten:** Feldbahn Ostern, Mai – Okt So, Fei 11 – 17 Uhr. **Preise:** Weinbergsbahnfahrt 2,50 €; Kinder 5 – 15 Jahre 1,50 €.

2. So im Mai: **Frühlingsfest.**

4. So im Aug: **Fahrt mit Jim Knopf,** Lukas und der Emma.

1. bzw. 2. So im Nov: **Gänsemarsch.**

Hofladen, ✆ 06581/9145-30, Di – Fr 10 – 12, 15 – 18, Sa 8 – 13 Uhr. Aus eigenem Anbau: Gemüse, Obst, Saft, Eier, Fleisch und Wurst.

Hunger & Durst

MuseumsCafé, ✆ 06864/81-1020. Besuch ist bei einer Museumsbesichtigung möglich, Café im Stil des berühmten Dresdner Milchladens von 1892.

▶ Das Hofgut ist ein landwirtschaftlicher Betrieb mit Viehwirtschaft und Obst- und Gemüseanbau. Hier leben und arbeiten Menschen mit Behinderungen. Auch eine Korbflechterei, Weberei, Töpferei und Schreinerei befinden sich auf dem Gelände der Lebenshilfe. Ihr könnt den Bauernhof mit Schafen, Schweinen, Kühen und Gänsen entweder zu Fuß oder mit der historischen Weinbergsbahn *Feuriger Elias* erkunden. Außerdem gibt es einen Apfelsortenlehrpfad und einen Naturspielplatz. Toll ist das Veranstaltungsprogramm für Kinder. Einmal im Jahr laden Jim Knopf und Lukas der Lokomotivführer Kinder dazu ein, mit Emma auf abenteuerliche Fahrt zu gehen. Auch bei der Kartoffelernte oder beim Gänsemarsch könnt ihr dabei sein.

Wie entsteht Porzellan?

Erlebniszentrum Villeroy & Boch, Alte Abtei, Saaruferstraße, 66693 Mettlach. ✆ 06864/81-1020, -2757, www.villeroy-boch.com. visit@villeroy-boch.de. **Bahn/Bus:** ↗ Mettlach. **Auto:** ↗ Mettlach. **Zeiten:** Mo – Fr 9 – 18 Uhr, Sa, So 9.30 – 18 Uhr, Nov – Feb So 14 – 18 Uhr, Führungen nach Absprache. **Preise:** 3,50 € inkl. Verzehrgutschein im Museumscafé, Wert 1 €; Kinder 6 – 18 Jahre 1 €, Programme für Kindergärten und Schulklassen 35 € (max. 15 Kinder) für ca. 2 Std, 1 Begleitperson frei, Materialkosten 2 € pro Kind; Familien 6 €, Gruppen ab 10 Pers 2,50 € pro Pers.

▶ Sicher schmeckt euch auch das Essen an einem stilvoll, mit hübschem Porzellanservice gedeckten Tisch gleich viel besser. Aber wie entsteht ein Porzellanservice? Bei einer Kinderführung im Keramikmuseum in der ehemaligen Benediktinerabtei werdet ihr das erfahren. Außerdem wird euch die 250-jährige Firmengeschichte von *Villeroy & Boch* anschaulich erklärt. Im Anschluss an die Besichtigung könnt ihr selbst Tassen bemalen oder ein Mosaik basteln und euer Kunstwerk dann mit nach Hause nehmen. Aber auch ohne Führung sind die Ausstellungen sehenswert. Sie sind in die Bereiche Keravision, Erlebniswelt Tischkultur und Keramikmuseum unterteilt. Ihr könnt die Badfliesen bewundern, die einst das Luxusschiff Titanic schmückten, oder während einer Tag-Nacht-Simulation die unterschiedliche Wirkung des Porzellans erleben. Sogar das Waschgeschirr von *König Ludwig* ist hier ausgestellt.

Die **Parkanlage** mit der aus keramischen Puzzleteilen zusammengesetzten Weltkarte von *Stefan Szczesny* ist frei zugänglich.

Burgen

Die Saarburg

54439 Saarburg. ✆ 06581/994642 (Amüseum), Fax 95670. www.saarburg.de. amueseum@saarburg.de.
Bahn/Bus: ↗ Saarburg-Beurig, 15 Min Fußweg über Altstadtbrücke, nach der Unterführung links die Treppe hinauf. **Auto:** ↗ Saarburg. **Rad:** Saar-Radweg. **Zeiten:** Frei zugänglich. **Preise:** Historische Erlebnisführungen Kinder 4 – 12 Jahre 40 €. **Infos:** Erlebnisprogramme sind über das ↗ Amüseum buchbar.

▶ Besonders abends, wenn die Burgruine beleuchtet wird, strahlt sie eine magische Atmosphäre aus. Aber auch tagsüber lohnt ein Besuch. Ein schmaler Fußweg führt an der evangelischen Kirche vorbei zur Burganlage. Die von *Graf Siegfried von Luxemburg* 963 erbaute Burg galt einst als eine der schönsten Höhenburgen Westdeutschlands. Mit ein wenig Kondition gelangt ihr über eine Wendeltreppe auf den Turm und werdet mit einer spektakuläre Aussicht über das Saartal und die mittelalterliche Stadt belohnt. Zählt doch einmal die Stufen!

In historischen Kostümen erzählen Stadtführerinnen euch allerlei über die Ursprünge der Stadt, das mittelalterliche Leben in den Gassen und auf der Burg. Außerdem werden Kinderumzüge bei Geisterlicht angeboten.

 1. Wochenende im Sep: **Sagenhaftes Saarweinfest,** mittelalterliches Spektakel und Kinderturnier.

Einmal im Leben Ritter sein: Beim Saarweinfest

Keine Angst vor Jakobin:
Das Burggespenst ist ganz
freundlich

Hunger & Durst

Burgschenke, Mettlach.
℡ 06864/2242. April –
Okt Di – So 11 – 18,
Nov, Dez, Feb, März
11 – 16 Uhr. Burghof.
Imbisskarte, Tagesge-
richte, So Lunchbuffet.

Die Burg Montclair und ihr Burggespenst Jakobin Clairchen

66693 Mettlach. ℡ 06864/2242, 8334 (Saarschleife-
Touristik), Fax 270420. www.burg-montclair.de. burg-
montclair@aol.com. **Bahn/Bus:** ↗ Mettlach, 5 km Fußweg steil bergauf. **Auto:** Ab ↗ Mettlach B51 Richtung
Merzig-Besseringen, auf der Kuppe rechts zum Waldparkplatz St. Gangolf, 4 km Fußweg vom Waldparkplatz
zur Burg. **Zeiten:** April – Okt Di – So 11 – 18 Uhr, Nov,
Dez, Feb, März 11 – 16 Uhr, April – Okt jeden Sa Ge-
spensterführungen. **Preise:** Turmbesteigung 1 €; Kinder bis 10 Jahre frei, Schulklassen 20 €, Führungen
mit Schlossgespenst, Burgdame oder Ritter 50 €.

▶ Jeden Samstag spukt Jakobin Clairchen auf der
Burg. In den letzten 1000 Jahren hat es einiges erlebt und kann spannende Geschichten erzählen.
Die Burg Alt-Montclair wurde um 1180 auf dem Höhenrücken über der Saarschleife erbaut. Während
der Raubritter *Jakob von Montclair* auf der Burg
herrschte, fanden viele Kämpfe, aber auch festliche
Gelage statt. Schließlich wurde sie von *Balduin von
Trier* eingenommen und zerstört. 1428 erhielt dann
Arnold von Sierck die Erlaubnis, **Neu-Montclair** auf
dem Burgberg zu bauen. Von den trutzigen Türmen
der Burg könnt ihr die herrliche Aussicht über das
Saartal genießen. Für den Fußweg zur Burg solltet ihr
je nach Kondition ungefähr 1,5 Stunden einplanen.

Museen

Das Possenhaus

Folklore und Weinmuseum A Possen, 1, rue Aloyse
Sandt, L-5404 Bech-Kleinmacher. ℡ & Fax 00352/
23697353. www.musee-possen.lu. **Bahn/Bus:** RB
Perl – Trier bis Nennig Bhf, Fußweg über die Moselbrücke nach Remich, Schiff *Princess Marie-Astrid* oder *Mu-
sel* oder Bus Richtung Luxembourg bis Bech-Kleinmacher. **Auto:** A8 Ausfahrt Schengen, N10 Richtung

Remich bis Bech-Kleinmacher. **Rad:** Mosel-Radweg.
Zeiten: Ostern – Okt Di – So 11 – 19 Uhr, Okt – Dez,
März Fr – So, Fei 11 – 19 Uhr, Gruppen auf Anfrage.
Preise: 4 €; Kinder bis 11 Jahre 1,50 €.

▶ Das **Possenhaus** besteht aus einem originalgetreu eingerichteten Winzerhaus und 6 angrenzenden
Häusern. Euer Besuch beginnt mit einer kurzen Dia-
show, die euch 350 Jahre zurück versetzt. Das Herz
des Winzerhauses bildet die Schwarzküche mit offe-
nem Feuer und Rauchkammer. Das alte Luxemburger Mobiliar ist liebevoll zusammengestellt und lässt
erahnen, wie die Menschen hier früher wohnten.
Auch die umfangreiche Spielzeugsammlung ist sehr
beeindruckend, oder?
Ausführlich wird das Thema Weinanbau behandelt.
Schulklassen können verschiedene thematische Führungen buchen.

Druck- und Spielkartenmuseum

Kulturhuef, 54, rue de Trèves, L-6793 Grevenmacher.
☏ 00352/2674-641, Fax -5271. www.kulturhuef.lu.
mail@kulturhuef.lu. **Bahn/Bus:** RB Perl – Trier bis Wellen Bhf, etwa 20 Min Fußweg über die Brücke, entlang
der Moselpromenade Richtung Wasserbillig. **Auto:**
↗ Grevenmacher, kurz vor Ortsausgang rechts Richtung
Wasserbillig. **Rad:** Mosel-Radweg. **Zeiten:** Di – So 14 –
18 Uhr. **Preise:** Eintritt frei.

▶ Der *Kulturhuef* ist ein Kunst- und Kulturzentrum
mit mehreren Bereichen. Das **Druckmuseum** zeich-
net das Druckereiwesen in Luxemburg zwischen
1850 und 1950 nach. Jeden Mittwoch finden Druck-
und Wartungsarbeiten statt, bei denen die alten Maschinen in Gang gesetzt werden. Im **Spielkartenmuseum** seht ihr, wie Spielkarten hergestellt werden. In der **Galerie** finden wechselnde Austellun-
gen statt, die meist einen Zusammenhang zur
historischen Druckkunst oder zum Kartenspiel haben.

*Wegen seiner Be-
wohner, der
Familie Post, erhielt das
Winzerhaus den Namen
Possenhaus.*

SAAR-MOSEL-LAND

Hunger & Durst
Wäistuff im Museum,
☏ 00352/23698233,
Di – So 11 – 23 Uhr. Lu-
xemburger Spezialitä-
ten, gehobenes Preisni-
veau, gemütliche Gast-
stube und Biergarten.

Happy Birthday!
Für Kindergruppen
werden Workshops im
Atelier angeboten. The-
men sind Arbeiten mit
Papier, Druck und Spiel-
karten nach alten oder
neuen Techniken anfer-
tigen, Preise auf Anfra-
ge.

Happy Birthday!

Geburtstag in der historischen Wirtschaft *Sensemichel,* mit Kinderführung, Museumsrallye oder -spielen sowie einem Projekt nach Wahl. 70 € zzgl. Eintritt und Material, Verpflegung könnt ihr selbst mitbringen.

Hunger & Durst

Roscheider Hofschänke, ☎ 06501/600876. Uriger Gastraum, schöner Biergarten mit Blick zum Spielplatz.

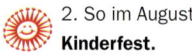 2. So im August: **Kinderfest.**
1./2. Adventswochenende: **Weihnachtsdorf.**

Freilichtmuseum Roscheider Hof

Roscheider Hof 1, 54329 Konz-Roscheid. ☎ 06501/9271-0. www.roscheiderhof.de. info@roscheiderhof.de. **Bahn/Bus:** ↗ Konz, ab Bhf Bus 204 Richtung Roscheid bis Neuer Friedhof, 5 Min Fußweg bergan, am Kreisel links. **Auto:** Ab ↗ Merzig B51 über Saarburg nach Konz-Roscheid, Beschilderung folgen. **Zeiten:** Di – Fr 9 – 18, Sa, So, Fei 10 – 18 Uhr. **Preise:** 4 €; Kinder 6 – 14 Jahre 2 €; Schüler, Behinderte 3 €, Familien 10 €, Gruppen ab 15 Pers 3 € pro Pers. **Infos:** Veranstaltungstermine ↗ Internet. Gruppenführungen bis 25 Pers 25 €.

▶ Wenn ihr wissen wollt, wie eure Urgroßeltern gelebt haben, solltet ihr das stattliche Anwesen des Volkskunde- und Freilichtmuseums Roscheider Hof besuchen. Auf einer Ausstellungsfläche von über 3000 qm lernt ihr, dass sich Schule, Frisörsalon oder Zahnarztpraxis sehr von heute unterschieden. Auf dem großen **Freigelände** werden Themen wie die Verarbeitung des Korns in originalgetreuen Häusern und Gehöften aus dem 19. und frühen 20. Jahrhundert dargestellt. Die Häuser sind entsprechend ihrer früheren Nutzung möbliert und mit Hausrat ausgestattet. Auch ein Wald- und Holzmuseum ist integriert. Besonders schön ist es an den vielen **Veranstaltungstagen** im Jahr, wie z.B. am Kindertag, Keltertag oder im Weihnachtsdorf. Schulklassen, Kindergärten oder Jugendgruppen können sich in verschiedenen Projekten mit früheren Handwerks- und Arbeitstechniken vertraut machen. Die Handpuppe *Oma Kättchen* veranstaltet z.B. mit euch einen Waschtag wie anno dazumal.

Treffpunkt der Generationen in der Glockengießerei Mabilon

Mehrgenerationenhaus (MGH), Jutta Knospe, Staden 130, 54439 Saarburg. ☎ 06581/2336, Fax 7223. www.familienbuendnis-saarburg.de. info@familienbuendnis-saarburg.de. **Bahn/Bus:** ↗ Saarburg-Beurig, 10 Min Fußweg über die Altstadtbrücke. **Auto:** ↗ Saarburg, Glockengießerei ausgeschildert. **Rad:** Saar-Radweg. **Zeiten:** Mo – Fr 9 – 16 Uhr, Sa, So 11 – 16 Uhr. **Preise:** Museum 2 €, Führungen 35 € pro Gruppe, Sa, So 40 €; Kinder 10 – 16 Jahre 1 €, Führungen für Schulklassen 30 €. **Infos:** Jeden 2. So ist Familiensonntag, dann Eintritt Museum frei.

Lautes Gebimmel: Die Glocken erzeugen ganz verschiedene Töne

▶ Die alte Glockengießerei ist nicht nur **Museum,** sondern als Mehrgenerationenhauses auch kulturelle Begegnungsstätte für Kinder und Senioren, Gesunde und Menschen mit Handicap, Einheimische und Touristen. Es wird gespielt, gebastelt, miteinander gesungen und gelacht. Ebenso finden kulturelle Veranstaltungen wie z.B. Kindertheater statt.

Das MGH beherbergt eine **Kinder- und Jugendkunstschule,** die sowohl in der Schulzeit fortlaufende Kurse sowie wöchentliche Kurse als Ferienwerkstätten anbietet.

Das eigentliche Museum ist einmalig in Deutschland. Das traditionsreiche Handwerk des Glockengießers wurde in der Saarburg von der Familie Mabilon 1770 – 2002 ausgeübt. In ihren Werkstätten wird deutlich, warum der große deutsche Dichter Friedrich Schiller so beeindruckt von der Kunst des Glockengießens war, dass er ihr mit dem Lied von der Glocke ein literarisches Denkmal gesetzt hat.

 Lesenacht im MGH: Dort, wo vor nicht allzu langer Zeit Glocken gegossen wurden, könnt ihr es euch gemütlich machen und spannenden Geschichten lauschen. Übernachtet wird auf Feldbetten. Termin nach Vereinbarung, die Räumlichkeiten werden euch kostenlos zur Verfügung gestellt!

Feinmechanisches Museum Fellenbergmühle

Marienstraße 34, 66663 Merzig. ✆ & Fax 06861/ 76813, 2877. www.merzig.de. stadt@merzig.de. **Bahn/Bus:** RB Saarbrücken – Trier bis Merzig-Stadtmitte, Fußweg am Seffersbach entlang bis zur Mühle.

Technik begeistert: Wozu man diese Drehbank nutzen kann, erfährt man hier

 1. Adventswochenende:
Nikolausmarkt.
2. Adventswochenende, Merzig-Schwemlingen:
Kunsthandwerkermarkt am Forsthaus.

Auto: ↗ Merzig, Richtung Stadtmitte, Beschilderung Museen, dann Fellenbergmühle folgen. **Rad:** Saar-Radweg. **Zeiten:** Täglich 14.30 – 17 Uhr und nach Vereinbarung. **Preise:** 2 €, Führung für Gruppen bis 10 Pers 5 € zzgl. Eintritt, ab 10 Pers 0,50 € pro Pers zzgl. Eintritt; Kinder 6 – 16 Jahre 0,80 €; Familien 4 €.

▶ Die Fellenbergmühle am *Seffersbach* ist ein faszinierendes Zeugnis der Industriegeschichte. 1927 wurde die ehemalige Getreidemühle zu einer feinmechanischen Werkstatt umgebaut. Zwei Jahre später hat man das Mühlrad durch eine Turbine ersetzt, um die Maschinen sowie das benötigte elektrische Licht effizienter betreiben zu können. Hergestellt wurden vor allem Werkzeuge für den Uhrmacher- und Juwelierbedarf. Mit der »Prägefix«-Maschine wurden z.B. Trauringe mit Namen graviert. Da die Turbine und die Maschinen heute noch funktionieren und alles genau wie früher eingerichtet ist, könnt ihr sehr schön sehen, wie damals gearbeitet wurde. Der Feinmechaniker und ehemalige Lehrling dieser Werkstatt, Erwin Maull, zeigt euch die Maschinen und erklärt euch ihre Funktionsweise.

Ihr solltet unbedingt auch den ↗ Wolfspark von Werner Freund besuchen.

Expeditionsmuseum Werner Freund

Propsteistraße 12, 66663 Merzig. ✆ 06861/72120, Fax 839679. www.merzig.de. tourist@merzig.de.
Bahn/Bus: RB Saarbrücken – Trier bis Merzig-Stadtmit-

te, Richtung St. Peter Kirche, ausgeschildert. **Auto:** ↗ Merzig, Richtung Innenstadt, Beschilderung Museen folgen. **Rad:** Saar-Radweg. **Zeiten:** So 14 – 18 Uhr und nach Vereinbarung, Termine für öffentliche Führungen bei der Tourist-Info erfragen. **Preise:** 1,50 €; Kinder 6 – 18 Jahre 0,50 €; Gruppen 30 € inkl. Führung (max. 30 Pers).

▶ Von seinen zahlreichen Forschungsreisen in den 1960er und 70er Jahren zu entlegenen Gebieten in Asien, Afrika und Südamerika brachte *Werner Freund* viele Geschenke, Tauschobjekte und Jagdtrophäen mit. Neben Alltagsgegenständen, die viel über die Lebensweisen anderer Völker erzählen, sind auch Kuriositäten wie Schrumpfköpfe aus Papua-Neuguinea, vergiftete Curare-Pfeile oder die Haut einer südamerikanischen Anakonda zu bestaunen. Eine eingerichtete **Jurte** stammt aus der kirgisischen Steppe. Fotos und Kurztexte vermitteln einen packenden Eindruck von Freunds manchmal nicht ganz ungefährlichen Reisen.

Zu Besuch in einer römischen Villa

Römische Villa Borg, Im Meeswald 1, 66706 Perl-Borg. ☏ 06865/9117-0, 06867/1534 (Sklave Jatros alias Günter Wolf), Fax 9117-17. Handy 0171/9379-978. www.villa-borg.de. info@villa-borg.de. **Auto:** A8 Richtung Luxemburg, Ausfahrt 3 Perl-Borg, L407 Richtung Saarburg, Beschilderung folgen. **Zeiten:** April – Okt Di – So, Fei 11 – 18 Uhr, Feb – März und Nov – 23. Dez 11 – 16 Uhr. **Preise:** 4 €; Kinder 6 – 14 Jahre 2 €, Schulklassen bis 30 Pers 35 €; Familien (2 Erw mit Kindern) 8 €, Schüler, Studenten, Behinderte, Wehr- und Zivildienstleistende 3 €, Gruppen ab 20 Pers 3 € pro Pers. **Infos:** Führungen nach Voranmeldung Gruppen ab 20 Pers 46 €, Schulklassen 20 €, Erlebnismodule auf Anfrage.

▶ Der gallo-römische Gutshof wurde auf den römischen Grundmauern aus dem 1. Jahrhundert n.Chr. originalgetreu rekonstruiert, d.h. nachgebaut. Das

Geheimnisvoll: Wo kommt denn dieses Kerlchen her?

Jurte nennt man das Zelt der mongolischen Nomaden. Es ist ein Holzgerüst, dass mit Filz- oder Baumwollstoffen bedeckt wird, es kann ganz schnell auf- und abgebaut werden.

Während der **Römertage** Mitte August schlagen Händler, Handwerker, Legionäre und Gladiatoren auf dem Gelände der Villa Borg ihr Lager auf.

Taverne, 66706 Perl-Borg. ✆ 06865/9117-12, ↗ Villa Borg. Römische Speisen, schöne Terrasse.

BÜHNE, LEINWAND & AKTIONEN

☀ Der Kinderliedermacher *Casi Eisenbarth* kann mit seiner Musik und seinen lustigen Texten Kinder toll in seine Kindertheaterstücke einbeziehen. Termin, Ort und Preis nach Absprache, Info ✆ 06861/89130, www.casiundlolek.de.

konnte man, weil man so viele alte Fundstücke ausgegraben hatte. Die höhere Gesellschaftsschicht gönnte sich damals ein luxuriöses Leben im italienischen Stil.

Während einer Erlebnisführung erzählt euch der Haussklave Jatros viele Geschichten, z.B. vom Leben des Hauslehrers, der gleichzeitig für die ärztliche Versorgung der Familie zuständig war. Anhand von römischen Originalen wie Würfeln, Münzen, Schmuck und Operationsbesteck wird die römische Kultur begreifbar. Kinder werden spielerisch durch das Mahlen von Getreide oder anderen Aufgaben in die Führung eingebunden. Anhand eines Suchspiels könnt ihr die Villa dann auf eigene Faust erkunden. Kindergruppen können außerdem Erlebnisprogramme wie Töpfern von römischen Lampen oder Brotbacken buchen.

Musik & Kunst

Künstlerisches Gestalten mit Fantasie

Malschule Welsch, Bernadette Welsch, Josefstraße 29, 66663 Merzig. ✆ 06861/911552, www.malschule-welsch.de. stadt@merzig.de. **Bahn/Bus:** ↗ Merzig Bhf, 10 Min zu Fuß. **Auto:** In ↗ Merzig Richtung Innenstadt, Probsteistraße wird zur Josefstraße, Nähe Peterskirche am Seversbach. **Rad:** Saar-Radweg. **Zeiten:** Termine nach telefonischer Vereinbarung. **Preise:** Kinder ab 5 Jahre 45 € monatlich (inkl. Materialkosten), 1x wöchentlich 1,5 Std.

▶ In der Malschule Welsch werden Kreativität und künstlerische Fähigkeiten altersgemäß gefördert. Die gestalterische Tätigkeit verbessert die Konzentrationsfähigkeit und stärkt das Selbstvertrauen. Kinder im Vorschul- und Grundschulalter können mit Hilfe verschiedener Materialien und Techniken ihren inneren Bildern und Fantasien Gestalt verleihen. Umgesetzt werden sie mit verschiedenen Zeichenmaterialien oder Drucktechniken.

AUF BERGEN UND SEEN

Im Südwesten des Hunsrücks liegen der Schwarzwälder Hochwald, der Osburger Hochwald und die Dollberge, im Volksmund zusammen kurz Hochwald genannt. Die höchste Erhebung ist der Erbeskopf mit 816 m über NN. Das gesamte Gebiet befindet sich im Naturpark Saar-Hunsrück.

Der *Losheimer Stausee* bietet Möglichkeiten zum Schwimmen, Segeln und Tretbootfahren. Im Hochwald führen abwechslungsreiche Wanderwege auf schmalen Pfaden durch Schluchten, Wälder und zu den Ruinen von Ritterburgen wie die Ruine Dagstuhl oder Burg Grimburg. Der Saar-Hunsrück-Steig ist ein gut ausgebauter Wanderweg, der in mehreren Tagesetappen oder Teilstücken begangen werden kann. Spannendes über die heimische Natur erfahrt ihr in den Informationszentren des Naturparks in Hermeskeil und Weiskirchen.

Naturpark Saar-Hunsrück, Blatt Ost & West, 1:50.000, ISBN 3-89637-306-4. Kartenset 12,90 €, einzeln 8,50 €.

Frei- und Hallenbäder

TIPPS FÜR WASSER-RATTEN

Freibad Hermeskeil

Schulstraße, 54411 Hermeskeil. ✆ 06503/800920, Fax 9819338. www.hermeskeil.de. **Bahn/Bus:** ↗ Hermeskeil Donatusplatz, 10 Min Fußweg. **Auto:** ↗ Hermeskeil Ortsmitte, rechts in Schulstraße. **Rad:** Ruwer-Hochwald-Radweg. **Zeiten:** Mo – Fr 8 – 20 Uhr, Sa, So und in den Ferien 9 – 20 Uhr. **Preise:** 3,10 €, ab 18 Uhr 2,20 €, 10er-Karte 25 €, Saisonkarte 50 €, Kinder 6 – 17 Jahre, Schüler, Studenten, Behinderte 1,90 €, ab 18 Uhr 1,20 €, 10er-Karte 12 €, Saisonkarte 31 €, Kindergruppen 5 – 10 Pers 1,20 € pro Kind, 11 – 25 Pers 1 €, über 25 Pers 0,70 €; Familien 6,50 €, ab 18 Uhr 4,50 €, Familiensaisonkarte 70 €, Schülerferienkarte 15 €, Gruppentarif 5 – 10 Pers 2,40 € pro Pers, 11 – 25 Pers 2,10 €, über 25 Pers 1,90 €.

▶ Besonders beliebt im 2008 umgebauten Freibad ist die 114 m lange Wasserrutsche, die ins Nichtschwimmerbecken mit Massagedüsen, Wasserpilz

Gekonnt: Mit dem Schlepplift auf den Dollberg

43

Im **Hallenbad Hermeskeil**

könnt ihr das Piraten-
schiff erobern oder die
Rutsche hinab sausen!
✆ 06503/809-220, Di –
Fr 14 – 21, Sa 11 – 18,
So, Fei 9 – 18 Uhr, Erw
3,60 €, Kinder 6 – 17
Jahre 1,90 €, Familien
9,50 €.

Ganz ohne Chemie:
In Primstal ist alles Natur

Direkt am Wald-
freibad liegt eine
schöne Grillhütte. Für
37,50 € zzgl. Kaution
könnt ihr diese für private Feiern mieten,
✆ 06876/709-37.

und Wasserspeier führt. Das Schwimmbecken ver-
fügt über 25-m-Bahnen. Mutigen Kindern steht ein
separates Sprungbecken mit 5-m-Turm sowie 1- und
3-m-Brett zur Verfügung. Der Kleinkinderbereich mit
Plantschbecken und Bachlauf ist schön gestaltet.
Außerhalb des Wassers warten ein Spielplatz, ein
Beachvolleyballfeld, eine Streetballanlage sowie die
Cafeteria mit Terrasse auf euch.

Naturfreibad Primstal

Am Schwimmbad, 66620 Nonnweiler-Primstal.
✆ 06875/311, Fax 64171. www.nonnweiler.de. **Bahn/
Bus:** Ab ↗ St. Wendel Bus R2 Richtung Wadern bis
Primstal, 10 Min Fußweg. **Auto:** A1 Ausfahrt 138 Primstal, im Ortskern rechts. **Zeiten:** Mitte Mai – August bei
entsprechender Witterung täglich 10 – 20 Uhr. **Preise:**
2,50 €, 5er-Karte 11 €; Kinder 6 – 18 Jahre 1 €, 5er-
Karte 4 €; Familien 6 €, Schüler, Studenten, Wehr-
dienst- und Zivildienstleistende sowie Schwerbehinderte mit Ausweis 1 €.

▶ Im Naturfreibad wird das Wasser über natürliche
Klärbecken gereinigt. Nichtschwimmer- und Schwimmerbecken sind durch eine Holzbrücke voneinander
getrennt, es gibt ein separates Plantschbecken. Besonders beliebt ist der Matschspielplatz mit Pumpe.
Liege- und Spielwiesen sowie ein Kiosk sind vorhanden. Auf einer benachbarten Wiese findet ihr einen
weiteren Spielplatz und eine Beachvolleyballanlage.

Natur- und Waldfreibad Weiskirchen

Im Hänfert, 66709 Weiskirchen. ✆ 06876/919-561,
709-322 (Gemeinde), Fax 709-18. Handy 0173/6995-
760. www.weiskirchen.de. gemeinde@weiskirchen.de.
Bahn/Bus: ↗ Weiskirchen, 15 Min Fußweg Richtung
Kurzentrum. **Auto:** ↗ Weiskirchen, hinter dem Kurpark.
Zeiten: 15. Mai – Ende Aug täglich 10 – 19 Uhr (wetterabhängig). **Preise:** 2 €; Kinder 6 – 17 Jahre 1 €.

▶ Das Waldfreibad direkt am Waldrand ist ein Naturbad, das mit Quellwasser aus dem *Holzbach* ge-

speist wird. Es gibt ein Kleinkinderbecken und kombiniertes Schwimmer- und Nichtschwimmerbecken mit Rutsche. Auf der großen Spielwiese und auf dem Beachvolleyballfeld ist viel Platz zum Toben. Wenn ihr hungrig seid, könnt ihr euch am Kiosk stärken.

Gesundheitsbad Vitalis

Bäderzentrum Vitalis, Kurparkstraße 2, 66709 Weiskirchen. ✆ 06876/919-561, Fax -569. www.vitalis-weiskirchen.de. info@vitalis-weiskirchen.de. **Bahn/Bus:** ↗ Weiskirchen, 10 Min Fußweg über Burgstraße. **Auto:** ↗ Weiskirchen, Beschilderung folgen. **Zeiten:** Mo – Fr 7 – 22 Uhr, Sa, So, Fei 7 – 20 Uhr. **Preise:** Tageskarte Schwimmbad 3,60 €, Schwimmbad, Thera, Sauna 12,90 €, nur Thera 6,50 € (2 Std); Kinder 6 – 15 Jahre, Kurkarteninhaber Tageskarte 2,60 €, Schwimmbad, Thera, Sauna 11,40 €, nur Thera 5 €; Familien (2 Erw, 3 Kinder) Tageskarte Schwimmbad 8,80 €, Sauna und Thera zzgl. 8,80 € pro Pers, Thera zzgl. 2,30 €.

▶ Mit Balu und Mogli macht das Baden doppelt Spaß: Im großzügigen Kleinkinderbereich ist die Wand mit Szenen aus dem Dschungelbuch bemalt, und in 2 Becken mit Minirutsche und wasserspeiendem Seehund könnt ihr wild toben.

Für Schwimmer gibt es ein 25-m-Becken. Der Erholungsbereich mit Wellnessbecken kann gegen Aufpreis genutzt werden. In der schönen Saunalandschaft werden Programme für Babys und Kleinkinder angeboten.

In **Schillingen** gibt es ein weiteres schönes Freibad, ✆ 06589/1695, Mitte Mai – Aug täglich 8 – 19 Uhr. Erw 3,50 €, Abendkarte 2,50 €; Kinder 6 – 17 Jahre 2 €, abends 1,50 €; Jugendgruppen 1,50 €; Familien 26 € (2 Jahre gültig). Schwimmerbecken mit Sprungbereich, Nichtschwimmerbecken mit Breitrutsche, Kinderbecken. Große Spiel- und Liegewiese, überdachte Terrasse bei der Cafeteria.

Badeseen

Freizeitzentrum Losheimer Stausee

Zum Stausee, 66679 Losheim am See. ✆ 06872/90181-00, Fax -10. www.losheim.de. touristik@losheim.de. **Bahn/Bus:** ↗ Losheim, 30 Min Fußweg durch Losheim. **Auto:** ↗ Losheim, Beschilderung Strandbad, gebührenpflichtiger Parkplatz. **Zeiten:** April – Okt Mo –

Der **Ruder- und Segelclub** bietet kostenloses Schnuppersegeln an. Infos Willi Becker, ✆ 06872/91930.

Fr 8 – 17 Uhr, Sa, So, Fei 10 – 16 Uhr; Nov – März Mo – Fr 8 – 16.30 Uhr, Sa, So, Fei 11 – 15 Uhr. **Preise:** 2,50 €, Saisonkarte 25 €; Kinder 6 – 16 Jahre 1 €, Saisonkarte 10 €; Schüler, Studenten, Zivil- und Wehrdienstleistende 1,50 €, Familiensaisonkarte 30 €.

Buddelei: Am Losheimer Stausee lässt es sich ganz wunderbar matschen

Tretboote, Aqua-Bikes 4 € pro 30 Min, 7 € 1 Std. Private Boote bis 1 m Länge frei, ab 1 m 1,50 €.

▶ Die Wasserqualität am Losheimer Stausee ist gut und wird regelmäßig geprüft. Das Strandbad liegt in einer idyllischen Bucht und besitzt eine DLRG- und DRK-Station. Über die große Rutschbahn könnt ihr ins Wasser sausen oder im Sand des Flachwasserbereiches buddeln, bauen und matschen. Für gute Schwimmer und Springer unter euch gibt es die Sprungplattform. Die große Wiese eignet sich gut zum Ballspielen und einen Kiosk mit Biergarten und Spielplatz gibt es auch.

Freizeitanlage Noswendeler See

Bootshaus, 66687 Wadern-Noswendel. ℰ 06871/ 5244, 507-0. www.wadern.de. **Bahn/Bus:** Ab ↗ Wadern Bus R3 Lebach bis Freizeitzentrum. **Auto:** ↗ Wadern, kurz vor Ortseingang nach Noswendel. **Zeiten:** Mai – Anfang Okt Mo – Sa 14 – 20, So, Fei 10 – 20 Uhr. **Preise:** Tretboote 2,20 € 30 Min, 4,40 € 1Std.

▶ Eine Fahrt mit dem Tretboot auf dem Noswendeler See ist ein Spaß für die ganze Familie. Außerdem führt ein kurzer kinderwagengeeigneter Weg um den Weiher, vorbei an 2 Spielplätzen. Wer eine größere Wanderung plant, kann dem 6 km langen Naturpfad **Noswendeler Bruch** mit der Markierung NoWa 2 folgen. Er beginnt am Bootshaus und führt auf naturbelassenen Wegen durch ein unter Naturschutz stehendes Feuchtgebiet.

Hunger & Durst
Im Sommer jeden So **Kuchenbuffet** der Noswendeler Vereine, am Bootshaus.

Hunger & Durst
Kiosk am Bootshaus, Mai – Anfang Okt Mo – Sa 14 – 20, So, Fei 10 – 20 Uhr. Selbstbedienung, So kleine Gerichte.

Radeltouren & Wanderungen

Radtour durch das Ruwertal
Länge: einfache Strecke 48 km. **Bahn/Bus:** ↗ Hermeskeil. **Auto:** ↗ Hermeskeil, am Bahnhof. **Rad:** Anbindung von Ruwer an den Mosel-Radweg bei Schweich und von Hermeskeil an den Saar-Hunsrück-Radweg bei Züsch.

▶ 1889 – 1997 dampften Züge auf der Strecke von Trier nach Hermeskeil, danach wurde die Bahnverbindung stillgelegt. Seit 2009 verbindet der Ruwertal-Hochwald-Radweg das Moseltal wieder mit dem Hunsrück. Die Strecke auf der ehemaligen Trasse entlang der *Ruwer* steigt stetig leicht bergan, es empfiehlt sich, mit kleinen Kindern einen Teilabschnitt in umgekehrte Richtung, d.h. von Hermeskeil ins Moseltal zu fahren. Häufig werdet ihr den Nebenfluss der Mosel über Brückenbauwerke überqueren. Die Radtour beginnt am Bahnhof in Hermeskeil und verläuft größtenteils abseits des Straßenverkehrs. Trotzdem müsst ihr aufpassen, da ab und zu Querstraßen kreuzen! Nach rund 13 km passiert ihr Kell am See. Von hier geht es 9,5 km durch Wiesenlandschaft und durch das *Naturschutzgebiet Keller Mulde* bis Zerf. Zwischen Zerf und Pluwiger Hammer (11,6 km) fahrt ihr am natürlichsten Teil der Ruwer vorbei, an dem Eisvögeln und Gebirgsstelzen leben. Kurz nach dem Ortsteil **Pluwiger Hammer** befindet sich eine schöne Stelle im Wald, die ihr fürs Picknick nutzen könnt. Der Waldkindergarten hat hier ein Tipi aus Ästen gebaut. Legt hier eine Pause ein, denn mit den Naturmaterialien des Waldes lässt es sich wunderbar spielen und bauen. Von hier sind es nur noch 13,7 km, bis ihr den Weinort Ruwer erreicht.

Stausee-Minitour am Losheimer Stausee
Länge: 2,8 km, nicht kinderwagentauglich. **Bahn/Bus:** ↗ Losheim, 30 Min Fußweg duch Losheim. **Auto:** ↗ Losheim, Beschilderung Tourist-Info, gebührenpflichtiger Parkplatz.

 Fahrradverleih
Hotel Zur Post, Hochwaldstraße 2, 54427 Kell am See, ✆ 06589/91710. 12 € pro Rad, je 1 Kindermountainbike und -anhänger vorhanden, Shuttle-Service 50 €.

Hunger & Durst
Gasthaus Reh, Am Bahnhof 1, 54317 Gusterath-Tal. ✆ 06588/435, www.gasthaus-reh.de. Mo – Mi, Fr, Sa ab 12, So ab 10 Uhr. Direkt am Radweg, Kinderkarte.

 Stausee-Tafeltour, 9,5 km, vom Wander-Infozentrum am Stausee nach Scheiden.

Hunger & Durst

Hochwälder Brauhaus,
Zum Stausee 190,
✆ 06872/505772.
www.hochwaelder-brau-
haus.de. Täglich ab 11
Uhr. Biergarten, Mo – Fr
Mittagstisch, Spielplatz.

 Minigolfanlage, neben dem
Strandbad. Täglich,
Nov – März 11 – 17,
April – Mai, Sep, Okt bis
18, Juni – Aug 10 – 20
Uhr. Erw 2 €, Kinder 6 –
16 Jahre 1 €.

Rechts neben der Scheidener
Kirche befindet sich der
Einstieg in den 13,6 km
langen **Felsenpfad.**

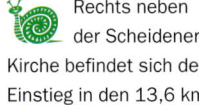 Die kostenlose Broschüre **Saar-Hunsrück-Steig** ist bei der ↗ Tourismus-Zentrale Saarland erhältlich.

▶ Die nur knapp 3 km kurze Stausee-Minitour ist ideal für Familien mit kleinen Kindern. Ihr folgt kurz dem Seerundweg nach rechts und findet den Einstieg in die Tour am Portal hinter dem Seehotel. Nach schönen Ausblicken auf den See schleicht ihr euch auf einem schmalen Pfad durch den abwechslungsreichen Mischwald. Nachdem ihr den Campingplatz passiert habt, überquert ihr den Seerundweg und gelangt auf einen Pfad, der direkt am See entlangführt. Wenn es das Wetter zulässt, könnt ihr euch im Wasser herrlich erfrischen, Badesachen also nicht vergessen! 300 m folgt ihr dem Seerundweg, dann führt ein Pfad links noch einmal in den Wald. Über eine Finnbahn mit Hackschnitzeln als Untergrund gelangt ihr wieder zum Ausgangspunkt.

Wanderung zum Bärenfels

Länge: Rundweg ca. 1,5 km. **Bahn/Bus:** Ab ↗ Losheim Bhf Bus 205 bis Scheiden, Fußweg zum Gasthaus Leinweber, dem Felsenpfad folgen. **Auto:** B268 Ausfahrt Bergen, Richtung Waldhölzbach zum Parkplatz der Wassertretanlage.

▶ Ausgangspunkt der kurzen Wanderung ist das **Wassertretbecken** in Scheiden. Ihr folgt zunächst dem Wanderweg *Felsenpfad* bis zum imposanten **Bärenfels.** Es macht großen Spaß, die steile Felswand hinaufzuklettern. Danach geht ihr noch ein Stück den Felsenpfad entlang bis ihr eine Weggabelung erreicht. Dort haltet ihr euch links und gelangt über den Weg parallel zum Bachtal wieder zurück.

Saar-Hunsrück-Steig zur Hochwaldalm

Länge: Rundweg ca. 6 km. **Auto:** ↗ Hermeskeil, Richtung Wadern, 1,5 km hinter Grimburg rechts, Parkplatz der Gaststätte Grimburger Hof.

▶ Der Einstieg der Wanderung befindet sich vom Parkplatz aus gesehen auf der anderen Seite des Baches *Wadrill.* Ihr geht von hier ca. 400 m an der Straße entlang Richtung Wadern-Wadrill und gelangt an einen Holzsteg mit grünem Geländer. Auf diesem überquert ihr den Bach. Dann folgt ihr rechts dem blauen Wanderzeichen des Saar-Hunsrück-Steigs. Die Wanderung führt überwiegend durch einen Wald oder am Waldrand entlang. Auf einem leicht ansteigen-

Mit allen Sinnen genie-
ßen: Auf der Sinnenbank

den Pfad durchwandert ihr das *Lautenbachtal,* dann kommt ihr an einem Brunnen und an einer alten Eiche vorbei. Nachdem ihr eine Hochebene überquert habt, erreicht ihr nach 3,6 km den oberen Rand der Almwiesen. Von einer **Sinnenbank** könnt ihr die Aussicht auf die einzige Jungvieh-Alm im Saarland genießen. Eine Einkehr auf der 564 m hoch gelegenen **Almhütte** ist ganzjährig möglich. An der Hütte vorbei geht es ein kurzes Stück auf der Straße abwärts. Ihr verlasst den Saar-Hunsrück-Steig und folgt nun links der Kochmützenmarkierung der **Wadrill-Tafeltour.** Der Weg führt euch wieder ins Wadrilltal. Entgegen der Beschilderung überquert ihr nicht die Straße, sondern folgt dem Weg geradeaus an der Wadrill entlang bis ihr wieder die Holzbrücke mit dem grünen Geländer und 400 m weiter den Parkplatz erreicht.

HOCHWALD

Hunger & Durst
Hochwaldalm Wadrill,
☎ 0177/4208443, täglich 11 Uhr – Sonnenuntergang. Hütte mit Ofen, im Sommer Biergarten mit Spielgeräten, regionale Spezialitäten.

Wander- und Wildpark Weiskirchen
Zum Wildpark, 66709 Weiskirchen-Rappweiler. **Bahn/Bus:** ↗ Weiskirchen, 30 Min Fußweg bergauf. **Auto:** ↗ Weiskirchen, bis Waldparkplatz Wildpark. **Zeiten:** 9 Uhr – 1 Std vor Sonnenuntergang. **Preise:** Eintritt frei. **Infos:** Übernachtung im Heuhotel, ↗ Ferienadressen. Didaktische Programme mit Naturpädagogen wie Kurse im Spurensuchen oder Survivaltraining über den Naturpark-Verein, ☎ 06872/921261, buchbar.

Die Grillhütten im Park können über die Hochwald-Touristik gemietet werden, ✆ 06876/709-634. Hütte am Auerochsengehege 20 €, 2. Grillplatz mit Wasser, Toiletten, Strom 50 €, zzgl. Kaution.

Happy Birthday!
Outdoorprogramme mit und ohne Hochseilgarten möglich, Infos ✆ 0160/6910791.

Hunger & Durst
Wallaby's, Sternfelder Weg, 54317 Farschweiler. ✆ 06500/917256, www.outback-grillhuette.de. Di – Fr ab 16, Sa ab 14, So, Fei 11 – 21 Uhr. Australische Spezialitäten, Biergarten, Spielplatz, Kängurus.

▶ In der waldreichen Berglandschaft der Gemeinde Weiskirchen liegt ein Naturerholungspark mit weitläufigen Wildgehegen. Hier könnt ihr euch auf die Pirsch nach Rotwild und Damhirschen, Wisente, Mufflons, Przewalski-Pferden und Auerochsen begeben. In den großen Gehegen leben die Tiere unter artgerechten Bedingungen. Neu im Park sind die lustigen Nasenbären Hardy und Mike. Das ausgedehnte Wegenetz ist kinderwagentauglich. Es gibt einen Gasthof, der leckere Wild- und Grillgerichte serviert.

Klettern & Toben

Hochseilgarten Kell am See
Natur & Freizeit, Peter Görke, 54427 Kell am See. ✆ /Fax 06783/9992800. Handy 0160/6910791. www.hochseilgarten-adventurepark.de. **Bahn/Bus:** ↗ Kell am See, 30 Min Fußweg. **Auto:** ↗ Kell am See, den Ort durchfahren, Beschilderung folgen. **Zeiten:** April – Okt Sa, So 11 – 18 Uhr, in den rheinland-pfälzischen Sommerferien täglich sowie auf Anfrage. **Preise:** 16 €; Kinderparcours ab 5 Jahre 6 €, Kinder 10 – 12 Jahre 10 €, Jugendliche 13 – 17 Jahre 13 €. **Infos:** Outdoorprogramme wie Bogenschießen und GPS-Schatzsuche buchbar.

▶ Für Kinder ab 6 Jahre steht ein Kinderparcours mit 18 Übungen zur Verfügung. Größere Kinder ab 10 Jahre können mit Selbstvertrauen und Mut in 5 – 14 m Höhe von Baum zu Baum balancieren. Nervenkitzel verspricht die 40 m lange Riesenseilbahn. Neben dem Kletterpark werden von der Firma Natur & Freizeit auch andere Outdoorprogramme wie Bogenschießen oder GPS-Schatzsuche angeboten.

Mayas Kinderparadies
Saarbrücker Straße 225, 66679 Losheim am See. ✆ 06872/922-590, Fax 922-591. Handy 0177/6775-212. www.mayas-kinderparadies.de. info@mayas-kin-

derparadies.de. **Bahn/Bus:** ↗ Losheim, 15 Min Fußweg durchs Industriegebiet. **Auto:** ↗ Losheim, Richtung Niederlosheim, ausgeschildert. **Zeiten:** Mo – Fr 14 – 19 Uhr, Sa, So, Fei und in den Ferien 11 – 19 Uhr, Kindergärten und Schulen nach Absprache. **Preise:** 3 €; Krabbelkinder 2 €, ab 2 Jahre 7 €; Gruppen mit 6 Kindern 35 €, Familien (2 Erw, 3 Kinder) 20 €.

▶ Ausgelassen klettern, toben, turnen und hüpfen könnt ihr hier auf einer Fläche von 1800 qm. In dem Indoorspielplatz ist vor allem viel los, wenn es draußen regnet.

Die Halle ist ausgestattet mit Piratenschiff, Ballkanonen, Rollenrutschbahn, Trampolin und vielen weiteren Spiel- und Sportmöglichkeiten. Ein Bistro ist vorhanden, es dürfen aber auch Snacks und eigene Getränke mitgebracht werden!

 Ende Juli/Anfang Aug: Losheimer **Dampflokfest.**

Wintersport

Wintersport am Dollberg
Wintersportzentrum Dollberg, 54422 Neuhütten. ☎ 06503/7223, 3445 (Schneetelefon). www.skiclub-dollberg.de. **Auto:** A62 Ausfahrt 1 Otzenhausen, im Ort Richtung Züsch bis Neuhütten, in der Ortsmitte rechts. **Zeiten:** Liftbetrieb bei geeigneten Schneeverhältnissen Mo – Fr ab 15 Uhr, Sa, So ab 11 Uhr. **Preise:** Skilift 20er-Karte 5 €; Kinder 6 – 17 Jahre 4 €.

▶ Der Dollberg ist ganze 692 m hoch, sodass ihr hier relativ oft gute Schneeverhältnisse vorfindet. Die 300 m lange Skiabfahrt ist ideal auch für Anfänger. Auf einem Rodelhang abseits der Skipiste könnt ihr Schlitten fahren. Rasant geht

HOCHWALD

Gut versteckt: Es macht Spaß, eine Schneehütte zu bauen

es auf der Tubingbahn zu, durch die ihr auf großen Reifen saust. Reifen können in der bewirteten Skihütte kostenlos ausgeliehen werden.

Durch den Betrieb einer **Flutlichtanlage** ist Skialpin sogar in den Abendstunden möglich. Wenn es die Schneeverhältnisse zulassen, wird eine Loipe gespurt.

Natureisbahn

54427 Kell am See. ✆ 06589/1044, 9147-11 (Landal Park Hochwald), www.hochwald-ferienland.de. **Bahn/Bus:** Ab ↗ Hermeskeil Donatusplatz Bus 33 Richtung Trier, 30 Min zu Fuß. **Auto:** ↗ Kell am See, Beschilderung Landal Park folgen, am See parken. **Zeiten:** Witterungsbedingt, frei zugänglich. **Infos:** Schlittschuhverleih beim Landal Park Hochwald 7,50 €/ Tag. Am 4. So im Juli findet das Seefest statt.

▶ Die Natureisbahn in Kell am See eignet sich zum Schlittschuhlaufen und Eishockeyspielen und liegt rechts neben dem See. Das flache Wasser ist recht schnell zugefroren, je nach Witterungsverhältnissen kann das Eis etwas hubbelig sein. Abends sorgt eine Flutlichtanlage für Stimmung. Am Wochenende werden winterliche Getränke wie Glühwein oder heiße Schokolade ausgeschenkt. Bei der Eisfläche gibt es einen kleinen Rodelhang, der auch für kleine Kinder geeignet ist.

Wunderbar romantisch: Sonnenuntergang in Kell am See

UMWELT ERFOR-SCHEN

Lehrpfade & Umweltzentren

Walderlebnispfad Zerf

Forstamt Saar-Hochwald, 54314 Zerf. ✆ 06587/ 991860. www.wald-rlp.de. **Länge:** Rundweg 2,5 km, Einstieg am Parkplatz Hirschfelderhof. **Auto:** Ab ↗ Hermeskeil B407 Richtung Saarburg bis Parkplatz Hirschfelderhof.

▶ Im *Zerfer Hochwald* könnt ihr den Lebensraum Wald durch Riechen, Tasten, Fühlen, Hören und Sehen spielerisch kennen lernen. Nehmt euch genügend Zeit, damit ihr die Rätsel- und Sportspiele der 21 Stationen alle schafft. Eine Holzkonstruktion mit Gartenabfällen, die zu mehreren Stockwerken geschichtet sind, bildet einen **Lebensturm.** Er wird von verschiedenen Kleinstlebewesen wie zum Beispiel Igel, Siebenschläfer, Fledermaus und Eidechse bewohnt. Im **Feuchtbiotop** lassen sich sehr schön Amphibien und Insekten beobachten.

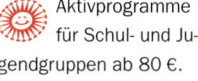 Besitzt ihr zu Hause einen großen Garten, könnt ihr den **Lebensturm** aus Gartenabfällen nachbauen.

Erlebnis Mensch und Landschaft

Naturpark-Informationszentrum Hermeskeil, Trierer Straße 51, 54411 Hermeskeil. ✆ 06503/9214-0, Fax 9214-14. www.naturpark.org. info@naturpark.org. **Bahn/Bus:** ↗ Hermeskeil Donatusplatz, 5 Min Fußweg. **Auto:** ↗ Hermeskeil, Richtung Ortsmitte, Parkplatz am Neuen Markt. **Rad:** Ruwer-Hochwald-Radweg. **Zeiten:** April – Okt Di – Fr 14 – 17 Uhr, für Gruppen ganzjährig nach Voranmeldung. **Preise:** 2,50 €; Kinder 7 – 14 Jahre, Schüler, Studenten, Behinderte 1,50 €; Familien 6 €, Gruppen ab 15 Pers 2 €, Schüler, Auszubildende ab 15 Pers 1 €, Kindergartengruppen kostenlos. **Infos:** Veranstaltungsprogramm/Internet oder erhältlich in den Naturparkinformationszentren.

 Aktivprogramme für Schul- und Jugendgruppen ab 80 €.

▶ Auf eurem Streifzug durch den Naturpark Saar-Hunsrück wird mit Filmen, Drehtafeln und Rätselspielen Interessantes über die Natur, Landschaft, Tier- und Pflanzenwelt multimedial vermittelt. Hier erfahrt ihr, wie der Mensch – ob positiv oder negativ – als Landschaftsbildner auf die Natur einwirkt. Eine interaktive Panoramakarte zeigt euch Sehenswürdigkeiten und Freizeitangebote der Region.
Schulklassen, Kinder- und Jugendgruppen können eine Forscher-Rallye durch das Erlebnismuseum und rund um das Informationszentrum machen. Nach Auswertung eurer Fragebögen werden draußen oder im Labor Wahrnehmungsspiele und Experimente unternommen.

Hunger & Durst

Restaurant Forellenhof, 66679 Losheim-Waldhölzbach. ✆ 06872/4303. Di – So 11 – 1 Uhr. Schöner Biergarten.

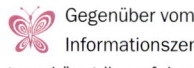 Gegenüber vom Informationszentrum könnt ihr auf dem großen Waldspielplatz toben, rutschen, schaukeln und klettern.

🛷 2 km Rodelbahn am ↗ Wild- und Wanderpark Weiskirchen-Rappweiler, Schneebericht unter ✆ 06872/994545.

Barfuß-Wanderweg in Waldhölzbach

Länge: Rundweg 1,7 km. **Bahn/Bus:** Ab ↗ Losheim Bhf Bus 205 bis Waldhölzbach. **Auto:** B268 Ausfahrt Bergen, über Scheiden nach Waldhölzbach, am Bürgerhaus parken. **Zeiten:** Mai – Okt frei zugänglich.

▸ Im schönen Tal des *Hölzbaches* befindet sich der abwechslungsreiche Barfuß-Wanderweg des Erholungortes Waldhölzbach. Los geht es am **Restaurant Forellenhof** gegenüber der Kirche. Hier könnt ihr in einem Regal eure Schuhe abstellen und die Fußreflexzonenmassage kann beginnen. Größtenteils lauft ihr über weiche Grasböden, aber auch mit Matsch, Steinplatten, Rindenmulch, Sand, Kieselstein und Holz kommen eure Füße in Berührung.

Informationszentrum Weiskirchen

Naturpark Saar-Hunsrück Saarland e.V., Zum Wildpark 2, 66709 Weiskirchen-Rappweiler. ✆ 06872/92126-1, Fax -3. www.naturpark.org. **Bahn/Bus:** ↗ Weiskirchen, 30 Min Fußweg bergauf. **Auto:** ↗ Weiskirchen bis Waldparkplatz Wildpark. **Zeiten:** Di – So 10 – 17 Uhr, Gruppen nach Vereinbarung. **Preise:** Ausstellung kostenlos, Programme für Schulklassen und Gruppen ab 80 €. **Infos:** Veranstaltungsprogramm ↗ Internet oder erhältlich in den Naturparkinformationszentren.

▸ Die Ausstellung im Informationszentrum bringt euch die Besonderheiten der Kulturlandschaft im Naturpark näher und informiert über die Lebensräume Wald und Wasser. Kern des Museums ist der *Sprechende Apfelbaum*. Krabbelt in die Baumhöhle und lernt viel über die Streuobstwiese. Ein anderes großes Thema behandelt das Leben der Waldameise. Der Naturpark-Verein führt spannende Projekte und Aktivprogramme zur Umweltbildung für Schulklassen und Jugendgruppen durch. Unter dem Motto *Junge Naturforscher unterwegs* werden Gewässer, Boden, Tiere und Pflanzen beobachtet und erforscht. Handwerkliches Arbeiten mit Holz findet in der Naturwerkstatt für »Tiere auf Wohnungssuche« statt.

Bahnen, Burgen & Ruinen

Der Roten Brummer

Hochwaldbahn e.V., Bahnhofstraße 14, 54411 Hermeskeil. ℰ 06503/92149-0, Fax -19. www.hochwaldbahn.de. **Bahn/Bus:** ↗ Hermeskeil. **Auto:** ↗ Hermeskeil. **Zeiten:** Fahrplan ↗ Internet. **Preise:** Hin- und Rückfahrt 9 €; Kinder bis 11 Jahre 4,50 €; Familien 22 €. **Infos:** Fahrkarten und Infos über Teilstreckentarife beim Zugbegleiter.

▶ Auf der Strecke Türkismühle – Hermeskeil verkehrt von Mai bis Oktober die Hochwaldbahn. Los gehts am Bahnhof, unterwegs wird an verschiedenen interessanten Stationen angehalten, zum Beispiel in der Nähe der Nahequelle, des Keltischen Ringwalles und am Bostalsee. Der historische Schienenbus von 1956 bzw. 1957 kann für private Fahrten angemietet werden. Eine Bewirtung mit Getränken und Speisen im Zug ist möglich.

HOCHWALD

Burg Grimburg mit Burg- und Hexenmuseum

Hauptstraße 16, 54413 Grimburg. ℰ 06589/919992, Handy 0170/5880921. www.burg-grimburg.de. **Länge:** Fußweg zur Burg ca. 500 m (kinderwagentauglich). **Bahn/Bus:** Ab ↗ Hermeskeil Donatusplatz Bus 33 Richtung Trier bis Grimburg Ortsmitte. **Auto:** A1 Ausfahrt 133 Hermeskeil Richtung Wadern bis Grimburg (Hexenmuseum) bzw. Parkplatz über Burgstraße geradeaus weiter. **Zeiten:** Burg ganzjährig frei zugänglich, Bergfried Ende Mai – Okt, Museum Sa, So 14 – 17 Uhr, Weihnachten – Jan geschlossen. **Preise:** Museum 1,50 €; Kinder 6 – 15 Jahre 1 €; Familien 4 €, Schulklassen 0,50 €, Gruppen ab 15 Pers 1 € pro Pers. **Infos:** Erlebnisführungen für Kinder, Kindergeburtstage, Ritter- und Hexenspiele, Infos unter ℰ 06503/9535-0.

▶ Burg Grimburg liegt auf einem lang gezogenen Bergsporn zwischen Wadrill und Mühlenbach. Sie wurde um 1190 als Landesburg der Trierer Erzbi-

Im späten Mittelalter und in der frühen Neuzeit (16. und 17. Jh) glaubte man, dass Menschen mit »übernatürlichen« Fähigkeiten **Hexen** *seien und in einem Bündnis mit dem Teufel steckten. Die Frauen und Männer wurden häufig zum Tod auf dem Scheiterhaufen verurteilt.*

schöfe errichtet und 1522 von *Franz von Sickingen* eingenommen. Während der schlimmen Zeit des Hexenwahns im Trierer Land im 17. Jahrhundert fanden auf der Grimburg **Hexen**prozesse statt.

Mit der Aufarbeitung dieser traurigen Geschichte, in der 200 Menschen im Hochwaldraum den gewaltsamen Tod in der Brandhütte fanden, beschäftigt sich das Burg- und Hexenmuseum. Kinder sollten vor dem Museumsbesuch auf die Thematik vorbereitet werden. Der übliche Ablauf der Hexenprozesse wird auf 6 bebilderten Tafeln beschrieben. Auch die Gegner der Hexenverbrennung, wie z.B. der Jesuitenpater *Friedrich Spee,* werden an diesem Ort gewürdigt.

Ende Juli/Anfang Aug: **Das sagenhafte Spektakulum.**

Trutzige Ruine:
Burg Dahlstuhl

Mittelalterliche Burgruine Dagstuhl

66687 Wadern-Dagstuhl. ✆ 06871/507-0. www.burgdagstuhl.de. **Bahn/Bus:** Ab ↗ St. Wendel Bus R2 Richtung Wadern bis Rewe Dagstuhl, 5 Min Fußweg. **Auto:** A1 Ausfahrt 138 Primstal Richtung Wadern. **Zeiten:** Ganzjährig frei zugänglich. **Infos:** Kostüm- und Kindererlebnisführungen auf Anfrage bei der Tourist-Info.

▶ Vom Parkplatz am Schlossberg führen kurze Wege und Pfade zur Ruine hinauf. Von der Burg Dagstuhl steht zwar nur noch die Silhouette des Turmes und Überreste der Mauern, trotzdem macht es Spaß, diesen geschichtsträchtigen Ort zu erkunden. Dank Renovierungsarbeiten gelangt ihr wie früher über zwei Brücken, die die beiden Halsgräben überspannen, in die Burganlage. Auf mehreren Informationstafeln wird anschaulich die Baugeschichte und das Leben auf der Burg erläutert. Veranstaltungen und Kostümführungen lassen Geschichte lebendig werden.

Erlebnispfad am Ringwall

66620 Nonnweiler-Otzenhausen. ✆ 06873/669231. www.hochwaldkelten.de. **Länge:** 4,2 km. **Bahn/Bus:** RE, RB Mainz – Saarbrücken bis Türkismühle, Regio-Radler-Bus R200 Richtung Trier bis Otzenhausen, 30

Hier braucht ihr zum Kraxeln gutes Schuhwerk: Am Keltischen Ringwall

Min Fußweg Richtung Züsch. **Auto:** A62 Ausfahrt 1 Otzenhausen, im Ort Richtung Züsch zum Waldparkplatz.

▶ Schon der Aufstieg entlang der von Wäldern und schroffen Felsklippen geprägten Steilhänge des *Dollbergs* hinauf zum **Keltischen Ringwall** ist abenteuerlich. Der parallel zum *Archäologischen Infoweg* verlaufende Kinder-Erlebnispfad startet gegenüber des Waldparkplatzes, am großen Felsen links. Er gibt Einblick in die Welt der Kelten. Auf dem Kelten-Thron könnt ihr eure Fantasiewelt regieren, an der Klangstation verschiedenen Tönen lauschen oder an der Asterix-Tafelrunde neue Pläne schmieden.

Und plötzlich steht ihr vor einer 10 m hohen **Geröllmauer.** Wer schafft es, das gigantische Bauwerk zu bezwingen? Oben angekommen genießt ihr eine fantastische Aussicht. Auf dem Rückweg kommt ihr an einer Rekonstruktion der Mauer vorbei, die veranschaulicht, wie sie früher ausgesehen hat.

Juni, Keltenfest **Celtoi,** in ungeraden Jahren.

Die aus der spätkeltischen Zeit (etwa 150 – 30 v. Chr.) stammende Geröllmauer ist bis zu 10 m hoch und 2,5 km lang. Es sind verfallene Reste eines Umfassungswalls aus Holz, Erde und Steinen.

HOCHWALD

Museen

Alte Bahnen
Eisenbahnmuseum & Museumseisenbahn, Bahnhofstraße, 66679 Losheim am See. ℗ 06872/88478. www.losheim.de. **Bahn/Bus:** ↗ Losheim. **Auto:** ↗ Losheim. **Zeiten:** Ende März – Mitte Okt Di, Do 11 – 16

 Auf der Strecke Merzig – Losheim – Dellborner Mühle fährt ein echter Dampfzug. Ca. 2 Std, Erw 12,50 €, Kinder 4 – 14 Jahre 5 €, Familien 25 €. Fahrkarten im Zug, Fahrräder kostenlos, Fahrplan ↗ Internet.

1. Advent, Sa: **Weihnachtsmarkt** in der Eisenbahnhalle und **Nikolausfahrten** der Museumseisenbahn.

Hier spielt die Musik: Herr Mayer mit einer von vielen Drehorgeln

Uhr sowie an Betriebstagen der Museumsbahn, Gruppen auf Anfrage. **Preise:** 2 €; Kinder 1 €; Familien 5 €, Gruppen ab 10 Pers 1 €, mit Führung zzgl. 25 €, Eintritt frei mit gültiger Fahrkarte der Museumsbahn.

▶ Auf dem ehemaligen Gelände der Merzig-Büschfelder Eisenbahn im Zentrum von Losheim ist heute das Eisenbahnmuseum untergebracht. Zu sehen sind 4 Dampfloks (davon 2 fahrbereit), mehrere Dieselloks sowie zahlreiche Personen- und Gepäckwagen. Außerdem sind Fotos und Dokumente der Merzig-Büschfelder Eisenbahn und der saarländischen Eisenbahngeschichte ausgestellt. Ein Film dokumentiert die Geschichte der Museumsbahn. Die ehemaligen Werkstätten werden heute noch vom Museumseisenbahn-Club Losheim zur Aufarbeitung der alten Wagen genutzt. Hier könnt ihr den Eisenbahn-Liebhabern bei der Arbeit über die Schulter schauen. Auch eine alte Schmiede ist zu besichtigen.

Mechanischer Musiksalon & Drehorgelmuseum

Klaus Meyer, Trierer Straße 6, 66709 Weiskirchen. ✆ 06876/7520. www.mechanischer-musiksalon.de. **Bahn/Bus:** ↗ Weiskirchen, Beschilderung folgen. **Auto:** ↗ Weiskirchen, Ortsmitte. **Zeiten:** Mi, So 15 – 18 Uhr und nach Vereinbarung. **Preise:** 4 €; Kinder 6 – 16 Jahre 2 €; Familien bis 4 Pers 8 €, Gruppen bis 12 Pers 40 €, jede weitere Pers 3,50 €.

▶ Wenn Herr Meyer auf seinen uralten Drehorgeln spielt, herrscht echte Jahrmarktstimmung. Auch bekannte Kinderlieder wie z.B. »Hey, Pippi Langstrumpf« klingen aus den nostalgischen Musikinstrumenten. Ihr erfahrt, was es mit dem Begriff Leierkasten auf sich hat, warum die gelochten Scheiben Musik erzeugen und welchen gesellschaftlichen Stand der Spielmann früher hatte. Außerdem könnt ihr Puppenautomaten, Spieldosen und Kuriositäten bewundern.

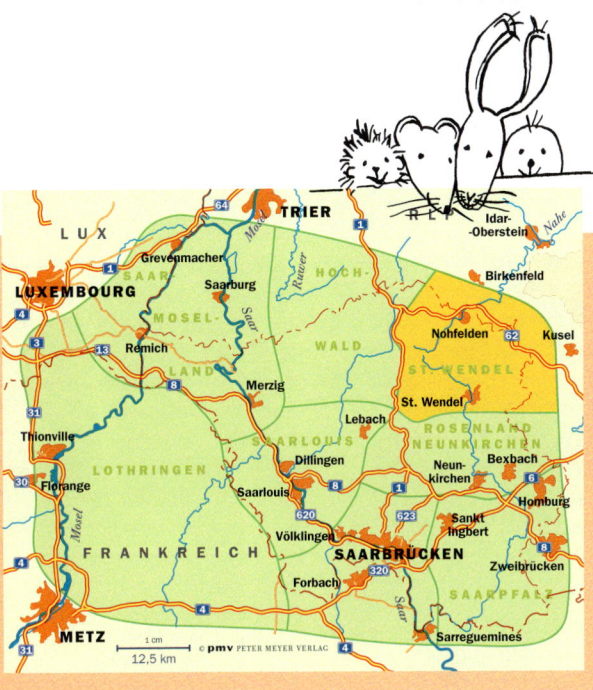

SAAR-MOSEL-LAND

HOCHWALD

ST. WENDEL & UMGEBUNG

ROSENLAND NEUNKIRCHEN

SAARPFALZ

SAARBRÜCKEN & UMGEBUNG

SAARLOUIS & UMGEBUNG

LOTHRINGEN

INFO & VERKEHR

FERIENADRESSEN

**Die Umgebung von St. Wendel gehört zum Naheberg-
land. Die Nahe, die das Bergland vom Hunsrück
trennt, entspringt etwa 4 km nordwestlich vom Bostalsee in Nohfelden-Selbach. Bekannt ist das Gebiet
für seine Mineralienvorkommen: Achate und Jaspis
liegen im Untergrund verborgen. Im Süden liegt das
Naturschutzgebiet Täler der Ill und ihre Nebenbäche,
in dem mehrere Biberfamilien leben.**

Steineklopfen ist in der Mineralienschürfstelle in
Freisen möglich. Im Naturwildpark Freisen begleiten
euch Tiere, die hier größtenteils frei herumlaufen,
auf Schritt und Tritt. Eine Museumsbahn euch fährt
durch das Ostertal von *Schwarzerden* nach *Ottweiler.*
In *Tholey,* am Schaumberg gelegen, könnt ihr in ein
Spaßbad abtauchen oder ihr folgt dem Erlebnispfad
zu Wasserspielplatz und Seilgarten. Erlebnisreiche
Wanderwege wie zum Gipfel des Weiselberges führen durch wunderschöne Natur- und Kulturlandschaf-
ten. Der *Bostalsee* bietet nicht nur tolle Badestellen,
sondern viele weitere Möglichkeiten zur Sport- und
Freizeitgestaltung.

*Rad- und Wander-
karte Landkreis
St. Wendel,* 1:50.000,
ISBN 3-89-9205-86-3,
4,95 €.

Frei- und Hallenbäder

Wendelinusbad

Welvertstraße 1, 66606 St. Wendel. ℂ 06851/97802-
0. www.wendelinusbad.de. **Bahn/Bus:** ↗ St. Wendel,
ab ZOB Bus 601 Richtung Hasborn bis Wendelinuspark. **Auto:** ↗ St. Wendel, an der B269, linke Seite.
Zeiten: Mo, So, Fei 8 – 18, Di 10 – 22, Mi – Fr 8 – 22,
Sa 8 – 20 Uhr. **Preise:** 3,50 €; Kinder 6 – 17 Jahre,
Schüler, Studenten, Schwerbehinderte, Zivil- oder Wehrdienstleistende 2 €; Familien (Erw, bis 4 Kinder) 7 €,
Schulklassen mit Lehrkraft 1,50 € pro Schüler, Geld-
wertkarten für 25 – 200 € (10 – 25 % Rabatt).
▶ Das erst 2008 eröffnete Familien-, Sport- und
Freizeitbad ist mit dem neuesten Stand der Technik
versehen. Die verglasten Fassaden schaffen eine

TIPPS FÜR WASSER-RATTEN

**Ohne Netz und doppelten
Boden: In der Biberburg
geht's hoch hinaus**

Happy Birthday!

Das Bistrorant reserviert euch einen geschmückten Tisch für eure Geburtstagsfeier. Kindermenü inkl. Getränk 5 €, das Geburtstagskind erhält eine Überraschung!

 **Feste in St. Wendel:**

Gründonnerstag – Ostersonntag: **Ostermarkt** mit Mitmachaktionen für Kinder, riesiges Osterei, Streichelzoo. 2./3. Advent, **Weihnachtsmarkt,** Rodelbahn, lebendiges Krippenspiel.

Hunger & Durst

Cafeteria im Weiselbergbad, ✆ 06855/ 1515, wie Schwimmbad geöffnet. Schöne Sonnenterrasse. Snacks und kleine Speisen, Kegelbahn.

freundliche und helle Atmosphäre in der Schwimmhalle. Es gibt ein Schwimmerbecken, ein Kleinkinderbecken mit Babymulde sowie ein Erlebnisbecken für Nichtschwimmer mit Wassersprudler, Bodenblubber und Massagedüsen. Das Bistro ist im Foyerbereich.

Freibad St. Wendel

Am Schwimmbad, 66606 St. Wendel. ✆ 06851/ 969395, www.sankt-wendel.de. **Bahn/Bus:** ↗ St. Wendel, ab Bhf Bus 623 bis Friedhof, 15 Min Fußweg. **Auto:** ↗ St. Wendel, über Bahnhofstraße und Missionshausstraße. **Zeiten:** Mitte Mai – Mitte Sep täglich 9 – 20 Uhr. **Preise:** 2,50 €, 10er-Karte 20 €, Saisonkarte 50 €; Kinder 6 – 18 Jahre, Schüler, Studenten, Schwerbehinderte, Zivil- und Wehrdienstleistende 1,50 €, 10er-Karte 12 €, Saisonkarte 20 €; Familien 5 €, Familiensaisonkarte 50 €, Schulklassen mit Lehrkraft 1 € pro Schüler.

▶ Das Freibad ist landschaftlich schön gelegen. Für Schwimmer bietet es ein Sportbecken mit 50-m-Bahnen. In der Springbucht könnt ihr Kunststücke aller Art üben, über eine 40 m lange Rutschbahn gelangt ihr ins Nichtschwimmerbecken. Die Kleinen plantschen vergnügt im separaten Kleinkinderbecken. An Land erwarten euch eine Spielburg und ein Sandkasten. Ausruhen könnt ihr auf der großen Liegewiese, einen Kiosk gibt es ebenfalls.

Verwandlungskünstler: Weiselbergbad

Zum Schwimmbad, 66629 Freisen-Oberkirchen. ✆ 06855/6880, 9743 (Gemeinde), www.freisen.de. rathaus@freisen.de. **Bahn/Bus:** Ab ↗ Freisen Bus 603 Richtung Seitzweiler bis Oberkirchen Bad. **Auto:** ↗ Freisen, nach Oberkirchen. **Rad:** Saarland-Radweg. **Zeiten:** Mo 14 – 22 (Sommerferien ab 9 Uhr), Di 9 – 18.30 (Sommerferien bis 22 Uhr), Mi 11 – 22 (Schulferien ab 10 Uhr), Do, Fr 9 – 22, Sa 9 – 18 Uhr (Juni – Sep bis 19 Uhr), So, Fei 9 – 13 Uhr (Juni – Sep bis 19 Uhr). **Preise:** 3,50 €, Jahreskarte 210 €; Kinder 6 – 18 Jahre

2,30 €, Jahreskarte 150 €; Familienferienkarte 61 €
(gültig während der Sommerferien), Familiensaisonkarte 1. Juni – 15. Sep 143 €. **Infos:** An einigen Feier-
tagen und 3 Wochen vor den Herbstferien ist das Bad
geschlossen.

▶ Die praktische Dachkonstruktion des Weiselberg-
bads erlaubt eine ganzjährige Badesaison. Ist es
warm genug, um im Freien zu baden, öffnet sich das
Dach über dem Schwimmbecken, wird es schlechter,
schließt es sich. Gute Schwimmer können ihre Kraft
und Ausdauer an der Gegenschwimmanlage testen.
Für Abwechslung sorgt draußen die tolle Spielwiese
mit Kinderspielplatz, Riesenschach, Tischtennis und
Wikingerschiff.

Erlebnisbad Schaumberg

Zur Schwimmhalle, 66636 Tholey-Theley. ✆ 06853/
9111-0, Fax 9111-22. www.schaumbergbad.de.
info@schaumbergbad.de. **Bahn/Bus:** Ab ↗ Tholey Bus
619 Richtung Johann-Adams-Mühle bis Schaumbergbad. **Auto:** Ab ↗ Tholey Richtung Theley, links zum
Schwimmbad. **Zeiten:** Mo – Fr 9.30 – 22, Sa, So, Fei
8 – 20 Uhr. **Preise:** Tageskarte 8 €, 2 Std 5 €, jede weitere 30 Min 1 €, Sa, So und Fei 1 € Aufschlag; Kinder
6 – 15 Jahre Tageskarte 6 €, 2 Std 3 €, jede weitere 30
Min 1 €, Sa, So und Fei 1 € Aufschlag; Familien 19 €, 2
Std 13 €, jede weitere 30 Min 2 €, Sa, So und Fei 2 €
Aufschlag.

▶ Das Schwimmbad
ist in mehrere Bereiche
unterteilt. Im schön ge-
stalteten **Eltern-Kind-
Bereich** mit Bambus-
haus und Rutsche füh-
len sich die Kleinen
wohl. Der **Spaßbereich**
mit Strömungskanal
sowie Breit- und Rie-
senrutsche ist perfekt

Hunger & Durst
Robbys Restaurant,
✆ 06843/9111-18.
Mo – Fr 9.30 – 22, Sa,
So, Fei 8 – 20 Uhr. Ter-
rasse, Kindermenü.

Spaßbad: Über die Rut-
sche geht's hinab ins Nass

Happy Birthday!
Geburtstag mit Kinder-
menü, 4 Std ab 9 €.
Das Geburtstagskind
hat freien Eintritt und
bekommt ein Geschenk.

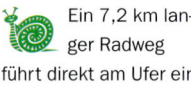 Ein 7,2 km lan-
ger Radweg
führt direkt am Ufer ein-
mal um den Bostalsee.

Hunger & Durst
**Bosaarium am Bostal-
see,** ✆ 06852/802912.
April – Sep Mo – Fr 12 –
22, Sa, So ab 11 Uhr,
wetterabhängig. Großer
Biergarten, Spielgeräte.

 Ostern – Mitte
Okt: **Solar-Cata-
maran,** 170 Plätze, ab
Seehafen oder Stau-
damm. Erw 6 €, Kinder
3 €. ✆ 06782/10731-
4, www.sonnenboot.de.

zum Toben. Ein beheiztes Außenbecken bildet mit
dem Sportbecken den **Schwimmbereich.** Auf der
Spiel- und Liegewiese könnt ihr Sonne tanken. Eine
Cafeteria mit Biergarten bietet leckere Snacks mit
römischen Namen an.

Baden & Segeln

Baden am Bostalsee
66625 Nohfelden-Bosen. ✆ 06852/9010-0, 9010-15
(Bootsverleih), www.bostalsee.de. **Bahn/Bus:** RB
Mainz – Türkismühle, RB Saarbrücken – Türkismühle,
Bus R11 bis Bostalsee. **Auto:** A62, Ausfahrt 3 Nohfelden-Türkismühle, zum Strandbad Bosen oder Gonnesweiler. **Zeiten:** Täglich 8 – 21 Uhr. **Preise:** 2,50 €, 10er-
Karte 20 €; Kinder 6 – 16 Jahre 1 €, 10er-Karte 8 €;
Familiensaisonkarte 40 €. **Infos:** Bootsverleih Seever-
waltung Bosen, Tret-, Ruderboote 6,50 €, Elektroboote
12,50 € pro Std. Gebührenpflichtiger Parkplatz.

▶ Zwei familienfreundliche Strandbäder am Bostalsee, in Bosen und in Gonnesweiler, sind mit Liegewiese, Sandstrand, Spielplätzen, DLRG, Sanitär-
anlagen, Duschen, Umkleidekabinen und Grillstellen
ausgestattet. Bojen grenzen Schwimmer- und Nicht-
schwimmerbereiche ab. Am Strand könnt ihr Sand-
burgen bauen oder auf den Klettergeräten turnen. In
Bosen könnt ihr sogar Beachvolleyball spielen. Auf
der Gonnesweiler Seeseite wird bis 2011 ein großer
Ferienpark gebaut.

Segeln auf dem Bostalsee
S.A.L.T. Segelschule, Am Seehafen, 66625 Nohfelden-
Bosen. ✆ 0800/9670796, www.salt-segelschule.de.
info@salt-segelschule.de. **Bahn/Bus:** RB Mainz – Tür-
kismühle, RB Saarbrücken – Türkismühle, Bus R11
Bostalsee. **Auto:** A62 Ausfahrt 3 Nohfelden-Türkismüh-
le, beschildert, gebührenpflichtiger Parkplatz. **Zeiten:**
Mitte April – Okt. **Preise:** Kurs 60 €/Tag; Kurse für Kin-

der 6 – 14 Jahre 30 € pro Tag (mind. 3 Tage), Kurs zum Erhalt des amtlichen Segelführerscheins für Kinder 14 – 16 Jahre 110 € zzgl. Prüfungsgebühr.

▶ Ideale Voraussetzungen zum Segeln und Windsurfen bieten die günstigen Windverhältnisse und die optimale Infrastruktur am 120 ha großen Bostalsee. 190 Wasser- und 120 Landliegeplätze stehen im Hafen für Segelboote zur Verfügung. Außerdem bietet auch der Landesverband saarländischer Segler e.V. (LVSS) zahlreiche Wasser- und Landliegeplätze an. Wer segeln lernen möchte, ist bei der S.A.L.T. Segelschule gut aufgehoben. Geübt wird mit leicht zu manövrierenden Segeljollen vom Typ Flying Cruiser. Auch die theoretischen Grundlagen werden vermittelt. In der Saison finden zahlreiche Regatten statt.

Steuermann Alex hat alles im Griff: Segeln auf dem Bostalsee

 Pfingsten: **Kinderfest.**

3. Wochenende im Aug: **Indianer PowWow.**

4. Wochenende im Juli: **Seefest**.

Wandern & Reiten

Barfußpfad zum Weiselberggipfel

Länge: Rundweg ca. 6,4 km, nur Barfußpfad 1,6 km.
Bahn/Bus:  Weiselbergbad. **Auto:** ↗ Weiselbergbad.
Rad: Saarland-Radweg.

▶ Die abenteuerliche Wanderung auf den 571 m hohen Weiselberggipfel beginnt ausnahmsweise barfuß. Links neben dem Schwimmbad befindet sich der Einstieg zum **Barfußpfad.** Hier endet auch der Wanderweg Weiselberg-Gipfeltour. Diesem mit einer Grünen Brücke markierten Weg folgt ihr 5,5 km in die entgegengesetzte Richtung. Der Barfußpfad führt entlang dem *Hobelbach* über Sand, Kieselsteine, Lehm, Rindenmulch, Waldboden, Wiesen und Hölzer. Spürt, wie sich die von der Sonne gewärmten Kiesel-

NATUR SPORTLICH

Kostenloser Flyer zur Gipfeltour bei der ↗ Tourist-Info St. Wendeler Land.

Steiniger Weg: Gipfeltour

Basaltsäulen entstehen, wenn in einem Vulkanschlot aufsteigendes Magma unterirdisch stecken bleibt und erkaltet. Wird das umgebende weichere Gestein langsam durch Wind und Wetter abgetragen, bleiben nur die senkrecht stehenden schwarzen Säulen übrig.

Kostenlose Karte zu den Wanderwegen bei der Gemeindeverwaltung erhältlich, ✆ 06854/9017-27.

steine anfühlen oder das kalte Wasser des Quellbaches eure Durchblutung in Schwung bringt! Nach ca. 800 m am Wendepunkt des Pfades geht ihr links über eine Wiese bis zu einem befestigten Weg. Hier geht es kurz rechts und dann links einen Pfad hinauf. An der T-Kreuzung nehmt ihr den rechten Weg, der zum Steinernen Meer führt. Am **Hexenhäuschen** findet ihr einen schönen, schattigen Picknickplatz mit Tischen und Bänken. Jetzt folgt der Steilaufstieg über das **Steinerne Meer.** Überall sind riesige bemooste Steinblöcke verstreut und vereinzelt ragen geheimnisvolle, schwarz glänzende 5-eckige Basaltsäulen senkrecht empor. Nach der mühsamen **Gipfelbesteigung** werdet ihr mit einer herrlichen Aussicht belohnt. Der Abstieg führt zunächst weiterhin entgegen der Gipfeltour. Kurz vor Oberkirchen verlasst ihr den markierten Weg und biegt links in einen Feldweg ein und haltet euch dann rechts. Einen letzten Ausblick könnt ihr von der **Talbrücke** genießen, dann links abbiegen und ihr erreicht den Ausgangspunkt. Eine Abkühlung im ↗ *Weiselbergbad* habt ihr euch verdient!

Wanderung durch den Oberthaler Bruch

Länge: 6 km. **Bahn/Bus:** Ab ↗ St. Wendel Bus R2 Wadern bis Oberthal-Gronig, 10 Min Fußweg. **Auto:** A1 Ausfahrt 138 Nonnweiler-Primstal, Richtung Primstal, rechts über Selbach nach Oberthal-Gronig, dort links Feldweg bis Parkplatz Kapellenwiese. **Zeiten:** Mai, Juni.

▶ Einzigartig im Saarland ist die Hochmoorlandschaft *Oberthaler Bruch*. Das ökologisch wertvolle Biotop beherbergt zahlreiche seltene Pflanzen und Tiere und steht unter Naturschutz. Viele Wege und Pfade führen durch das Feuchtgebiet. Nehmt Rücksicht auf die Natur und bleibt immer auf den Wegen! Startpunkt der Wanderung ist der **Parkplatz an der Kapellenwiese.** Ihr folgt zuerst dem Wanderzeichen des Rötelsteinpfads zum Kriegerdenkmal auf dem **Momberg.** Oben könnt ihr rasten und die Fernsicht genießen. Wenn ihr weiter den Rötelsteinpfad entlanggeht, gelangt ihr nach 2,8 km zur *Nahe*. Diese überquert ihr zweimal und befindet euch nach weiteren 400 m schließlich im **Oberthaler Bruch.** Jetzt müsst ihr leise sein, dann könnt ihr am besten die verschiedenen Amphibien, Schmetterlinge und Vögel beobachten. An der Weggabelung könnt ihr euch entscheiden, ob ihr einen Abstecher (nach links, ca. 500 m einfacher Weg) zur *Nohmühle* unternehmen oder den Rückweg antreten möchtet. Dann wählt ihr den Wanderweg Nr. 6 mit Waldlehrpfad, der gemeinsam mit dem *Saar-Nahe-Höhenradweg* durch das Feuchtgebiet führt. Um wieder zur **Kapellenwiese** zu gelangen, müsst ihr am ersten Abzweig rechts (Grenzweg) abbiegen. Jetzt geht es 1,3 km durch den Wald und ihr seid wieder am Ausgangspunkt.

Rötel ist ein stark eisenoxidhaltiger roter Farbton, der sehr fetthaltig ist und gut auf Papier haftet.

Am schönsten ist die Tour im Frühsommer, wenn die Orchideen blühen und die Gräser der Feuchtwiesen in verschiedenen Grüntönen leuchten.

Ponyreiten auf dem Hütherhof

Familie Jakob-Theobald, 66606 St. Wendel-Alsfassen. ℂ 06851/806-201. www.huetherhof.de. **Bahn/Bus:** Ab ↗ St. Wendel Bus 631 oder R2 Richtung Oberthal bis Alsfassener Straße, 5 Min Fußweg. **Auto:** B41 Ausfahrt Bliesen, Richtung Alsfassen. **Zeiten:** Reitstunden Mo – Fr. **Preise:** Reitstunde 14 €; Kinder 6 – 18 Jahre 10 €, Tagesreiterferien Mo – Fr 9 – 17 Uhr 180 € inkl. Mittagessen und Programm. **Infos:** Ponyvermietung im Sommer täglich 10 – 18 Uhr 7 € pro Std, im Winter Mo – Fr.

▶ Der Reitunterricht findet entweder auf Shetlandponys, deutschen Reitponys, Haflingern oder Norwegern statt. Von Longestunden über Abteilungsreiten bis zu kleinen Ausritten wird alles geboten. Ihr könnt auch ein Pony mieten, um mit ihm spazieren zu gehen. In den Ferien könnt ihr eine Woche lang den ganzen Tag auf dem Hütherhof verbringen. Es werden tolle, altersgerechte Programme geboten.

Happy Birthday!
Kindergeburtstag mit Ponyreiten und Streichelzoo, Grillen möglich. 80 €, Kakao und Kaffee inkl., Essen mitbringen, ℂ 06851/806201.

Reiten lernen auf dem Gestüt Nahetal

Familie Gessner, Nahetalstraße 53, 66625 Nohfelden-Gonnesweiler. ℂ 06852/921-05, Fax 921-07. www.gestuet-nahetal.de. gestuet-nahetal@t-online.de. **Bahn/**

Reitsportladen, ℂ 06851/806-201. Mo – Fr 9 – 12, 15 – 18, Sa 9 – 14 Uhr.

RadTouren Sankt Wendeler Land, 1:75.000, für 2,50 € bei der Tourist-Info am Seehafen Bosen erhältlich, ✆ 06852/9010-0.

Bus: RB Saarbrücken – Mainz bis Türkismühle Bhf, von dort Bus 630 Richtung Hermeskeil. **Auto:** A62 Ausfahrt 3 Türkismühle nach Gonnesweiler, Gestüt mitten im Ort. **Rad:** Nahe-Radweg. **Zeiten:** Nach Absprache. **Preise:** Reitunterricht ab 11 € pro Std (Halbjahresabo mit 18 Reiteinheiten); Kinder ab 6 Jahre Reitvorschule inkl. 10 – 15 Min Longe ab 6 € pro Reiteinheit, Grundkurse freies Reiten ab 8 €, (Halbjahresabo mit 18 Reiteinheiten). **Infos:** Reiterferien ↗ Ferienadressen.

▶ Familie Gessner legt großen Wert auf ein gutes Verhältnis zwischen Reiter und Pferd. Die Kurse sind für Reitanfänger oder geeignet. Es sind maximal 6 Schüler in einer Gruppe. In der Reitvorschule lernt ihr den richtigen Umgang mit den Islandpferden. Im Reitunterricht werden die Wünschen der Gruppe berücksichtigt. Manche möchten an Turnieren teilnehmen, andere bevorzugen Ausritte in die Umgebung.

Reiterlebnis im St. Wender Land

Birkenhof, Irmtraud Laqua, Birkenhof 1, 66629 Freisen. ✆ 06789/970011, 0172/4763813. www.birkenhoffreisen.de. **Auto:** ↗ Freisen, die Rohrbacher Straße wird zum Wirtschaftsweg Richtung Rohrbach. **Preise:** Reitunterricht 10 € 45 Min, Ausritte 12 € pro Std, Tages- bzw. Wanderritte Termine, Preise auf Anfrage; Ponyreiten 2 € 10 Min jeden So 15 – 17 Uhr nach Absprache. **Infos:** Reiterferien ↗ Ferienadressen.

▶ Hier könnt ihr Reitunterricht nehmen oder in der schönen Umgebung ausreiten. Weil die Wald- oder Feldwege alle schön weich sind, brauchen die Pferde keine Hufeisen, sie gehen sozusagen barfuß. Ein Erlebnistag kann für 25 € gebucht werden.

Happy Birthday!
Kindergeburtstag mit Ponyreiten, Streichelzoo, Kuchen und Bratwürstchen, 10 € pro Kind.

Spielen & Klettern

Team-Hochseilgarten im Wendelinuspark

Rudi Braun, 66606 St. Wendel. ✆ 06851/939604, Handy 0151/12155712. www.hochseilgarten-st-wen-

del.de. **Bahn/Bus:** ↗ St. Wendel, ab ZOB Bus 601 Richtung Hasborn bis Wendelinuspark. **Auto:** ↗ St. Wendel, an der B269. **Zeiten:** So, Fei 11 – 18 Uhr, Gruppen nach Voranmeldung. **Preise:** Einzelbuchungen (mind. 2 Pers) 3 Std 38 € pro Pers; Kinderprogramm 8 – 12 Jahre (ab 6 Kinder) 2,5 Std 15 € pro Kind, Schulen und Jugendgruppen (ab 14 Pers) 4 Std 20 € pro Pers, 7 Std 35 €; Familien (2 Erw, 2 Kinder) ab 1,50 m. 3 Std 70 €, jedes weitere Kind 10 €.

▶ 8 – 10 m über dem Boden bekommen Begriffe wie Vertrauen und Selbstsicherheit eine neue Bedeutung. Im Hochseilgarten im Wendelinspark könnt ihr wertvolle Erfahrungen über eure persönliche Risikobereitschaft sowie den Umgang mit Mitschülern oder Freunden sammeln. Ihr werdet dabei von geschulten Trainern betreut. Zu Beginn erhaltet ihr eine Einweisung in Regeln und Ausrüstung. Entscheidend ist, dass ihr Tempo und Schwierigkeitsgrad der Übungen selbst bestimmt. Den Tag im Hochseilgarten könnt ihr mit einem Grillabend ausklingen lassen.

Erlebnispark und Wasserspielplatz am Schaumberg

Zur Schwimmhalle, 66636 Tholey-Theley. ✆ 06853/508-0 (Gemeinde). www.tholey.de. **Bahn/Bus:** Ab ↗ Tholey Bus 619 Richtung Johann-Adams-Mühle bis Schaumbergbad. **Auto:** Ab ↗ Tholey Richtung Theley, Beschilderung Schwimmbad folgen. **Zeiten:** Mai – Okt 9 – 20 Uhr, Nov – April 10 – 18 Uhr. **Preise:** Eintritt frei.

▶ Im Erlebnispark findet ihr am **Abenteuerspielplatz** schöne und teils schattige Picknickplätze. Doch das beste ist der barrierefreie, d.h. für Kinderwagen und Rollstühle geeignete 1,3 km lange **Mitmach-Rundweg**, der um das ↗ **Schaumbergbad** führt. Ein Barfußpfad, Geräuschetore, Balancierspiele, Rufsäulen, ein Dschungelteich mit Hängebrücke, eine Kletterwand und viele andere Stationen liegen auf dem Weg. Auf dem riesigen **Wasser- und Matschspielplatz** könnt ihr ausprobieren, welcher Staudamm

Happy Birthday!
Geburtstag im Hochseilgarten 15 € pro Kind. Grillpauschale 12 €, Verpflegung kann mitgebracht werden.

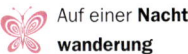 Auf einer **Nachtwanderung** durch den Park verlasst ihr euch auf eure Sinne. Folgt den Geräuschen der Klangelemente!

 15. Aug, **Schaumberg – Montmatre:** Künstler und Kunsthandwerker verwandeln den Schaumberg in eine Freiluftgalerie.

auch größeren Wassermassen standhält. Im **Seilgarten** können die Größeren ihre Kletterkünste testen. Es ist ratsam, Handtuch und Ersatzkleidung mitzunehmen, an kälteren Tagen solltet ihr Matschhosen und Gummistiefel anziehen.

Winterspaß

Freizeit- und Wintersportzentrum Peterberg

Peterbergstraße 44, 66620 Nonnweiler-Braunshausen. ✆ 06873/31134. www.sommerrodelbahnpeterberg.de. **Auto:** A1 Ausfahrt 137 Nonnweiler-Braunshausen, im Ort rechts. **Preise:** Tageskarte 10 €, 20-Punktekarte 8 €; Kinder 6 – 18 Jahre 7 bzw. 5 €. **Infos:** Benutzung der Winterrodelbahn kostenlos.

▶ Sobald es die Schneeverhältnisse zulassen, geht am Peterberg der Lift in Betrieb. Bevor ihr die 370 m lange und 60 m breite Skiabfahrt hinab wedelt, zieht euch der Schlepplift innerhalb von 2 Minuten nach oben. Spaß im Schnee könnt ihr auch ohne Skier auf der separaten, 330 m langen Rodelbahn haben.

Schlittschuhlaufen mit Panoramablick

Natureisfläche am Bostalsee, 66625 Nohfelden-Bosen. ✆ 06852/9010-0. www.bostalsee.de. **Bahn/Bus:**

Schneetelefon 06873/91134. Infos zu Schneehöhe, Pisten, Temperatur und Liftbetrieb.

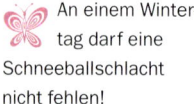

An einem Wintertag darf eine Schneeballschlacht nicht fehlen!

RB Mainz – Türkismühle, RB Saarbrücken – Türkismühle, Bus R11 zum Bostalsee. **Auto:** A62 Ausfahrt 3 Nohfelden-Türkismühle Richtung Strandbad Bosen, gebührenpflichtiger Parkplatz. **Preise:** Frei zugänglich. **Infos:** Schlittschuhverleih am Kiosk an der Tretbootkasse, ✆ 06852/9010-15.

▶ Bei fetziger Musik könnt ihr hier mit Schlittschuhen übers Eis gleiten. Denn direkt neben dem Bostalsee wurde eine 2500 qm große Freiluft-Schlittschuhbahn angelegt, die freigegeben wird, sobald die Temperaturen für ein paar Tage unter Null Grad sinken. Das Betreten der Seefläche ist streng verboten!

Laufen lernen mit 7? Auf Kufen ist das nicht so einfach, wie es aussieht

Funkelei: Sterne & Mineralien

Nach den Sternen greifen: Sternwarte Peterberg

Verein der Amateurastronomen des Saarlandes e.V., 66620 Nonnweiler-Braunshausen. ✆ 06873/9155-6, 9155-5 (Infotelefon), 9155-7, www.sternwarte-peterberg.de. info@sternwarte-peterberg.de. **Auto:** A1 Ausfahrt 137 Nonnweiler-Braunshausen, im Ortskern rechts, hinauf zum Peterberg, ausgeschildert. **Zeiten:** Jeden 1. Sa im Monat Vortrag, Führung und Blick in den Sternenhimmel, Sep – März ab 19 Uhr, April – Aug ab 20 Uhr, Termine wetterabhängig, Gruppen nach Vereinbarung. **Preise:** 5 €; Kinder, Schüler, Studenten 2,50 €, Schulen und Kindergärten nach Vereinbarung. **Infos:** Termine für Kindervorträge ↗ Internet.

▶ Seid ihr fasziniert von den verborgenen Geheimnissen des Weltraums? Um ihnen auf die Spur zu kommen, wird von Wissenschaftlern, die man Astronome nennt, das Universum mit Hochleistungsteleskopen und Sonden erforscht. Bei den Amateurastronomen des Saarlandes könnt ihr einen Blick durch

UMWELT ERFORSCHEN

ein 14 Zoll großes Spiegelteleskop auf die Krater des Mondes, die Ringe des Planeten Saturns oder unzählige Nebel und Galaxien mit ihren Milliarden Sonnen werfen. Außerdem werden regelmäßig Vorträge angeboten. Für Kinder werden spannende Kindervorträge zu den Themen *Sonne, Mond und Sterne* oder *Asteroiden, Kometen, Meteore* durchgeführt. Kindergärten und Schulen können auch andere Orte für die Sternenbeobachtung vereinbaren.

Auf der Suche nach Edelsteinen

Edelsteindorado, 66629 Freisen. ℗ 06855/184931, Handy 0177/2020298. www.edelsteindorado.de. **Auto:** ↗ Freisen, im Kreisel am Ortsausgang 3. Ausfahrt Richtung Furschweiler, ab hier ausgeschildert. **Rad:** Saarland-Radweg. **Zeiten:** April – Okt außerhalb der Ferien nach Voranmeldung, in den Ferien täglich ohne Voranmeldung. **Preise:** 5 € (1 Std) – 32 € (8 Std); Kinder 2 € (1 Std) – 5 € (3 Std); Gruppen erhalten Sonderpreise. **Infos:** Verleih von geeignetem Werkzeug sowie Schneiden der Fundstücke ist gegen geringen Aufpreis möglich.

▶ Die Umgebung von Freisen ist steinreich: Seit dem Spätmittelalter wurden Achate, Jaspis, Chalcedon und versteinerte Hölzer abgebaut und mit den Steinen Handel getrieben. Mit Beginn der Industrialisierung lohnte es sich jedoch nicht mehr, im großen Stil danach zu suchen. Für euch ist es aber immer noch spannend! Es macht einfach riesigen Spaß, den Ackerboden nach auffälligen Steinen zu durchforschen oder mit dem Hammer vorsichtig die Felsen abzuklopfen. Am besten lasst ihr euch vor der Suche genau erklären, auf welche Formen ihr achten solltet, um fündig zu werden! Alle Fundstücke dürft ihr behalten.

Kindergarten- und Schulausflüge sowie Kindergeburtstage mit und ohne Verpflegung sind nach Absprache möglich.

 Fundstücke der Region könnt ihr im **Mineralogischen Museum** in Oberkirchen, ℗ 06855/332, oder im **Mineralienmuseum** in Freisen, 06855/1325, bewundern, Eintritt frei.

Forscherdrang: Seid gespannt, was ihr so alles findet …

Besuch beim Bauer

Erlebnisbauernhof Wendelinushof

WZB GmbH, Wendelinushof, 66606 St. Wendel. ✆ 06851/93987-0, 93987-11, www.wendelinushof.de. **Bahn/Bus:** ↗ St. Wendel, ab ZOB Bus 621 bis Wendelinushof, 5 Min Fußweg. **Auto:** ↗ St. Wendel, Richtung Niederkirchen. **Zeiten:** auf Anfrage. **Info:** Am 2. So im Juni ist Kinderfest.

▶ Auf dem Wendelinushof haben 70 Menschen mit Behinderung einen Arbeitsplatz und damit eine neue Lebensqualität gefunden. Verschiedene Veranstaltungen bieten Kindern Attraktionen wie eine Strohhüpfburg oder das Kaninchendorf. Zum Teil finden auch Vorlesungen für Kinder ab 4 Jahre und im Grundschulalter statt, Termine ↗ Internet.

Natur erleben auf Hofgut Imsbach

Naturschutzbund Saarland, Umweltpädagoge Günter von Bünau, 66636 Tholey-Theley. ✆ 06881/93619-0, 06853/508-0 (Schaumberg-Touristik). www.nabu-saar.de. **Bahn/Bus:** Ab ↗ Tholey Bus 619 bis Johann-Adams-Mühle, 15 Min Fußweg. **Auto:** A1 Ausfahrt 138 Richtung Theley, ausgeschildert. **Zeiten:** Ganzjährig frei zugänglich. **Preise:** 35 € pro Std pro Gruppe, max. 30 Kinder, Kinderferienprogramme 8 – 17 Uhr 8 – 12 Jahre 20 € pro Kind, NABU-Mitglieder 15 €.

▶ Das Hofgut Imsbach war ein Geschenk Napoleons an seinen Offizier *Charles Louis Narcisse Lapointe* für besondere militärische Erfolge und Verdienste. Heute ist es ein Landschaftspflegehof und steht unter Denkmalschutz. Sehr schön ist der Park mit den Weihern, Wiesen und Bächen. Es gibt einen Streichelzoo mit vom Aussterben bedrohten Nutztierrassen, wie z.B. das Bayrische Wollschaf. Umweltpädagogen des NABU Saarland bieten für Kindergärten, Schulen oder Jugendgruppen themenbezogene Programme an (Dauer 3 Std). Die Kinder setzen sich so mit der Natur in Wald und Flur, Wasser und Wiese bzw. mit

Hunger & Durst

Hofküche, ✆ 06851/93987-23, täglich 9 – 22 Uhr. Ort der Begegnung, Produkte aus eigenem Anbau.

 3. Adventswochenende: **Stallweihnacht,** Krippenspiel mit echten Tieren.

 Der kinderwagengeeignete 4,7 km lange Rundweg **Imsbach-Promenade** startet am Hofgut.

Hunger & Durst

Restaurant Hofgut Imsbach, ✆ 06853/5014-0. www.hofgut-imsbach.de. 11.30 – 14, 18 – 22.30 Uhr. Gehobenes Preisniveau, Kinderkarte.

der Nutzung des Waldes als Holzlieferant oder als Lebensraum auseinander. Sehr beliebt sind Gewässeruntersuchungen.

Habt ihr euch schon mal gefragt, wo die Energie für euren Nintendo DS herkommt? Hier könnt ihr es erfahren. Dabei werden einleuchtende Experimente mit Solartechnik durchgeführt, die euch alternative und intelligente Energienutzung erläutern.

Biberangelegenheiten

Die Natur schätzen und schützen lernen

BiberBurg Berschweiler, Rasmund Denné, In der Meulwies, 66646 Marpingen-Berschweiler. ℗ 06827/90292-13. www.biberburg-berschweiler.de. **Bahn/Bus:** RB Saarbrücken – Lebach bis Dirmingen Bhf, 20 Min Fußweg. **Auto:** A1 Ausfahrt Eppelborn Richtung Marpingen bis Berschweiler. **Zeiten:** Nach Absprache. **Preise:**

▶ Seit 1994 leben wieder Biber im Saarland! Nach der Renaturierung des *Illtals* wurde hier die erste Biberfamilie angesiedelt. Seitdem übernehmen die im und am Wasser lebenden Nager die Gestaltung der Umgebung. Ist der Wasserstand im Bach zu niedrig, wird er durch den Bau von Dämmen aus Ästen und Zweigen aufgestaut. Danach bauen sich die Biber ihre Wohnung, eine Erdröhre oder sogar eine große Biberburg am Ufer. Damit keine Feinde eindringen können, liegt der Eingang unter der Wasseroberfläche. Die Burg dient zum Schlafen und Überwintern der Biberfamilie. Ausgewachsene Biber werden bis 1,30 m lang und sind Vegetarier. Der mit hornigen Schuppen besetzte Schwanz wird *Kelle* genannt und dient als Ruder. Die Hinterfüße besitzen Schwimmhäute und die langen Krallen der Vorderfüße sind zum Graben bestens geeignet. Ein dichter Pelz schützt das Säugetier vor Kälte und Feuchtigkeit. In der Biberburg wird geschlafen, überwintert und kleine Biber herangezogen. Sind sie 2, 3 Jahre alt, verlassen sie ihre Familie und suchen sich ein neues Revier.

DER BIBER, BURGHERR IM ILLTAL

Einzelaktionen 4 € pro Pers (mind. 70 €), ca. 3 Std.
Infos: Preise Projektwochen für Schulen und Jugendgruppen mit Übernachtung ↗ Ferienadressen.

▶ Das ökopädagogische Team bietet Naturerlebnisprogramme für Schulklassen und Jugendgruppen an. Die Auseinandersetzung mit dem zurückgekehrten Bewohner des *Illtals,* dem **Biber,** ist spannend. Besonders im Winterhalbjahr lassen sich die Lebensräume der Biberfamilien im *Naturschutzgebiet Täler der Ill und ihrer Nebenbäche* gut erkunden. Nachdem ihr sogar seine Spuren gesehen habt, könnt ihr aktiv werden und Staudämme oder Biberburgen bauen. Weitere Lern- und Erlebnisschwerpunkte bieten die Programme *Die unerschöpflichen Energien aus der Natur, Lebens- und Erlebnisraum Wald* oder *Gesund ernähren aus der Region.* Auch Einzelaktionen wie z.B. Kräuterexkursionen mit anschließender Zubereitung von Kräuterquark gibt es.

 Der 18,7 km lange Biberpfad startet an der Biber-Burg. Die Tour führt um den Ort, ihr könnt auch nur ein Stück wandern.

Tierparks

Wildgehege an der Nahequelle

66625 Nohfelden-Selbach. ✆ 06852/885-117, **Bahn/Bus:** Ab ↗ Nohfelden Bhf Bus R11 Richtung Selbach bis Oldenburgerhof, 10 Min Fußweg. **Auto:** A1 Ausfahrt 138 Primstal, kurz Richtung Primstal, dann rechts nach

Fütterung: Den Rehen schmeckt's, der Storch mag nur Frösche

© Daniel Schulz

Schöne Grillhütte in unmittelbarer Nähe zu den Gehegen, ✆ 06852/7344.

Der 125 km lange Nahe-Radweg geht an der Nahequelle los. Nach nur 4 km erreicht ihr den Bostalsee.

Hunde dürfen im Park an der Leine mitgeführt werden, allerdings nicht in der Falknerei.

Hunger & Durst
Wildparkstube, Hermbacher Hof 1, 66629 Freisen. ✆ 06855/996463, März – 14. Nov täglich, 15. Nov – Feb Sa, So. Biergarten, Kinder-, Wildgerichte.

Selbach, Beschilderung Nahequelle folgen. **Rad:** Nahe-Radweg.

▶ Die Quelle der *Nahe* entspringt im Wald bei Selbach. Kaum zu glauben, dass aus dem bescheidenen Bächlein ein richtiger Fluss wird, der in Binden in den Rhein mündet. Nur wenige Meter entfernt befinden sich hübsch angelegte Tiergehege mit Ziegen, Dam- und Sikawild sowie Pfaue, Enten und Gänse. Futter für die Ziegen könnt ihr am Automaten kaufen. Selbst mitgebrachtes Futter darf aus gesundheitlichen Gründen nicht verwendet werden.

Naturwildpark Freisen
Familie Broszeit, Hermbacher Hof, 66629 Freisen. ✆ 06855/6365. www.natur-wildpark.de. **Auto:** ↗ Freisen, Richtung Rückweiler, Beschilderung Naturwildpark folgen. **Zeiten:** Täglich 10 Uhr – Einbruch der Dunkelheit, 1. März – 14. Nov Einlass bis 18 Uhr, 15. Nov – 28. Feb Einlass bis 16 Uhr. **Preise:** 6 €, Jahreskarte 25 €; Kinder 3 – 12 Jahre 3,50 €, Jahreskarte 15 €; Gruppen ab 20 Pers 5,50 €, Familienjahreskarte 55 €. **Infos:** Flugvorführung Ostern – Nov 11 und 15 Uhr, wetterabhängig. Aktionen wie Indianer- und Trappertreffen oder Kinderfest, ↗ Internet. Führungen mit Raubtierfütterung für Kindergruppen möglich.

▶ Schon die Lage des Wildparks ist ein Familienausflug wert. Ein ganz besonderes Erlebnis ist aber der direkte Kontakt zu den Tieren. Das größtenteils frei laufende Wild darf gefüttert werden. Das Futter könnt ihr an der Kasse für 1 € oder an Automaten für 0,50 € kaufen. Stellt euch auf tierische Begleitung ein, denn die lustigen Hängebauchschweine folgen euch auf Schritt und Tritt. Neue Bewohner des Parks sind Füchse, Stinktiere und Nasenbären. Der 1,8 km lange, kinderwagengeeignete Rundweg führt an den Tiergehegen vorbei. Die Elche *Carl-Gustav* und *Silvia* aus Schweden schauen euch freundlich an. Im Eintrittspreis eingeschlossen ist die spannende Flugschau der **Falknerei.** Aus nächster Nähe könnt ihr die Greifvögel beobachten. Am Ende des Rundwegs wartet ein kleiner Spielplatz auf euch.

Bahnen & Betriebe

Fahrt mit der historischen Ostertalbahn

66629 Freisen-Schwarzerden. ✆ 06858/1465, 06821/501930 (Geschäftsstelle), www.ostertalbahn.de. **Bahn/Bus:** Ab ↗ St. Wendel Bus 603 bis Schwarzerden. **Auto:** A62 Ausfahrt 6 Reichweiler, unter der Autobahn durchfahren. **Rad:** Saarland-Radweg bis Oberkirchen, dann Fritz-Wunderlich-Radweg. **Zeiten:** Fahrplan ↗ Internet. **Preise:** Tageskarte 14,60 €, einfache Fahrt Schwarzerden – Ottweiler 9,80 €, Teilstrecken ab 1,40 €; Kinder 5 – 14 Jahre 50 % Ermäßigung; Familien (2 Erw, 3 Kinder) Hin- und Rückfahrt 19,80 €, jedes weitere Kind 2,50 €, Gruppen ab 10 Pers 10 % Ermäßigung. **Infos:** Fahrradmitnahme kostenlos.

▶ Das schöne *Ostertal* lässt sich toll mit der Ostertalbahn erkunden. Der Museumszug mit den historischen Waggons und Dieselloks hält an mehreren Stationen, die sich als Ausgangspunkt für kleine Wanderungen oder Radtouren anbieten. Die einfache Fahrt dauert ca. 1 Std, Erwerb von Getränken und Snacks möglich. Gebaut wurde die Ostertalbahn 1937/38, um die Menschen zu ihren Arbeitsplätzen in den Gruben und Hüttenwerken im Saarrevier zu bringen. Heute fährt sie zwischen **Schwarzerden** und **Ottweiler**, zusteigen könnt ihr in allen Bahnhöfen, die auf der Strecke liegen.

Die Johann-Adams-Mühle

66636 Tholey-Theley. ✆ 06853/1732, www.tholey.de. **Bahn/Bus:** ↗ Tholey, Bus 619 Richtung Johann-Adams-Mühle. **Auto:** A1 Ausfahrt 138 Primstal, Richtung Theley, begeschildert. **Zeiten:** Ostern – Ende Okt So, Fei 14 – 18 Uhr, nach Voranmeldung ganzjährig. **Preise:** Eintritt frei, Führungen 20 € pro Gruppe.

HANDWERK UND GESCHICHTE

ST. WENDEL & UMGEBUNG

Der 3 km lange **Eisenbahnerlebnisweg** verläuft an der alten Bahntrasse vom Bhf Oberkirchen Süd nach Schwarzerden. Tafeln erzählen die Geschichte der Eisenbahn.

Brotbacken wie zu Großmutters Zeiten. Buchbar über die Schaumberg-Touristik, ✆ 06853/508-0.

**Landgasthof Johann-
Adams-Mühle,**
☎ 06853/961696. Täg-
lich ab 10 Uhr. Biergar-
ten, traditionelle und
mediterrane Gerichte.

▶ Ein malerisches Bild erzeugt das im *Wiesental* gelegene historische Mühlenanwesen. Die Mühle wurde 1589 erstmals schriftlich erwähnt, ihre heutige
Form mit 3 Gebäuden stammt aus dem 18. Jahrhundert. Der Fachwerkbau besitzt einen Wohnbereich,
eine Mahlstube und ein Wasserrad. Alles wurde liebevoll originalgetreu restauriert und ein Kreismühlen-
museum eingerichtet. Während einer Führung erfahrt ihr Interessantes über das Leben der Müllerfa-
milien in den vergangenen Jahrhunderten. Jedes
Jahr findet am Pfingstmontag das Mühlenfest statt.

Grabungen

Archäologie im Wareswald

Terex gGmbH, Dr. Thomas Henz, 66636 Tholey-Theley.
☎ 06853/501351, 508-0 (Gemeinde), www.terrexg-
gmbh.de. **Bahn/Bus:** ↗ Tholey, Bus 619 Richtung Johann-Adams-Mühle. **Auto:** ↗ Tholey, zwischen Tholey
und Theley rechts abbie-
gen, Beschilderung fol-
gen. **Zeiten:** Mai – Okt
jeden 1. So im Monat
11 Uhr kostenlose Füh-
rung. **Preise:** Führung n.
Vereinbarung 30 € (1
Std), Römische Erleb-
nisführung mit Verkösti-
gung 85 € (1,5 Std);
Grabung für Schulklas-
sen 75 € (3 Std).

Ganz schön alt: Im über-
dachten Römischen Vicus
gibt's viel zu entdecken

▶ Nachdem *Julius Cäsar* 58 – 51 v.Chr. Gallien erobert hatte, ließ Kaiser Augustus das Land als römische Provinz neu organisieren und begann mit dem
Bau von Fernstraßen, die weit entfernte Orte miteinander verbanden. Am Kreuzungspunkt der Römer-
straßen von Metz nach Mainz und von Trier nach
Straßburg entstand am Fuß des Schaumbergs ein Vi-

cus, eine gallo-römische Siedlung. Diese Siedlung entwickelte sich zu einem Handels- und Handwerkerzentrum. Die römischen Wohnhäuser und Werkstätten des Vicus werden derzeit ausgegraben, und ihr könnt mitarbeiten! Bevor es losgeht, werden euch bereits freigelegte Räume gezeigt und die geschichtlichen Hintergründe erklärt, außerdem bekommt ihr eine Einführung in die Arbeit eines Archäologen.

 Beim **Grabungsfest** im Juni könnt ihr kostenlos in die Arbeit der Archäologen hineinschnuppern und mitmachen.

Kloster & Museen

Benediktinerabtei St. Mauritius zu Tholey

Im Kloster 11, 66636 Tholey. ✆ 06853/9104-0, 508-0 (Gemeinde). www.abtei-tholey.de. **Bahn/Bus:** ↗ Tholey, Ortsmitte. **Auto:** ↗ Tholey, Ortsmitte. **Zeiten:** Mo – Fr 9.30 – 11.30 und 14.30 – 17 Uhr, Sa 9.30 – 11.30 Uhr, So 15.45 – 17 Uhr. **Preise:** Eintritt frei; Führungen für Kinder 25 € pro Gruppe zzgl. Eintritt des Museums Theulegium (falls Besuch gewünscht).

▶ Die Abtei Tholey aus dem 7. Jahrhundert ist das älteste Kloster Deutschlands. Heute leben hier noch 12 Mönche und ihr Abt nach den Regeln des *Heiligen Benedikts* in einer Gemeinschaft. Zu den Regeln gehören Gehorsam, Schweigsamkeit und Demut. Der Tagesablauf der Mönche ist streng: Unterricht, Predigt, heilige Lesung, Gebet, Stillschweigen, Gärtnerarbeit, Gleichmut und Schlaf ...
Bei der Besichtigung werden die frühgotische Kirche und der Klostergarten gezeigt und die geschichtlichen Hintergründe erläutert. Im Anschluss könnt ihr das **Museum Theulegium** besuchen.

Museum Theulegium, Rathausplatz 6, 66636 Tholey. ✆ 06853/508-80, www.theulegium.de. Mo – Sa 10 – 12, 14 – 16.30, So, Fei 11 – 13, 15 – 17 Uhr. Vor- und Frühgeschichte, Geschichte der Abtei St. Mauritius.

Missionshaus und Völkerkundliches Museum

Missionshausstr. 50, 66606 St. Wendel. ✆ 06851/805-0. www.sankt-wendel.de. **Bahn/Bus:** ↗ St. Wendel, ab ZOB Bus 621 bis Wendelinushof, 15 Min Fußweg. **Auto:** ↗ St. Wendel, über Bahnhofstraße, Missions-

Missionare sind Menschen, die von den Kirchen in die ganze Welt gesandt werden, um den christlichen Glauben zu verbreiten. Neben der Religionslehre übernehmen sie oft auch soziale Aufgaben, z.B. leiten sie Schulen oder Krankenhäuser in armen Ländern.

In der Altstadt findet ihr den **Kugelbrunnen** in der Mott. Die Kugel dreht sich allein durch die Wasserkraft und stellt die sich im Strom des Lebens drehende Weltkugel dar.

hausstraße. **Zeiten:** Mo – Fr 9 – 18, Sa 9 – 13, So 14 – 17.30 Uhr sowie nach Vereinbarung. **Preise:** 2 €; Kinder 6 – 17 Jahre 1 €; Schüler, Studenten, Auszubildende, Behinderte, Arbeitslose 1 €.

▶ Noch heute schicken viele Kirchen **Missionare** in die ganze Welt, um ihre Religion in fremden Ländern zu verbreiten. Früher ging man dabei nicht zimperlich vor und brachte von den fremden Völkern aus Afrika, Asien und Lateinamerika allerlei wertvolle Kunst- und Kulturgegenstände mit.

Viele von ihnen könnt ihr heute im Missions- und Völkerkundlichen Museum sehen. Aus Indonesien und von den Philippinen stammen Schnitzereien, Webarbeiten und Waffen. Metall- und Elfenbeinarbeiten sowie Porzellan wurden aus China, Japan und Indien mitgebracht. Verschiedene Figuren, Masken, Waffen, Haushaltsgeräte und Musikinstrumente zeigen ein Stück Kultur des afrikanischen Kontinents.

Stadtführung

Mit dem Nachtwächter durch St. Wendel

Ortwin Englert, 66606 St. Wendel. ✆ 06851/7788. www.sankt-wendel.de. Treffpunkt: Domhotel, Carl-Cetto-Straße 4, Dauer: 60 – 90 Min. **Bahn/Bus:** ↗ St. Wendel, 10 Min Fußweg über Bahnhofsstraße. **Auto:** ↗ St. Wendel, Altstadt. **Zeiten:** Jeden 1. Sa im Monat, April – Sep 20 Uhr, Okt – März 18.30 Uhr. **Preise:** 6 €; Kinder 10 – 16 Jahre 3 €.

▶ Begleitet den Nachtwächter auf seinem Streifzug durch das historische St. Wendel! In einem mittelalterlichen Gewand erzählt er lustige und ernste Geschichten aus vergangener Zeit.

In den Straßen war es früher stockdunkel, und damit der Nachtwächter auf seinem Gang durch die Stadt nicht andauernd in Unrat trat, hatte er immer eine Laterne dabei. Aber wofür er wohl das Horn und die Hellebarde brauchte? Findet es heraus!

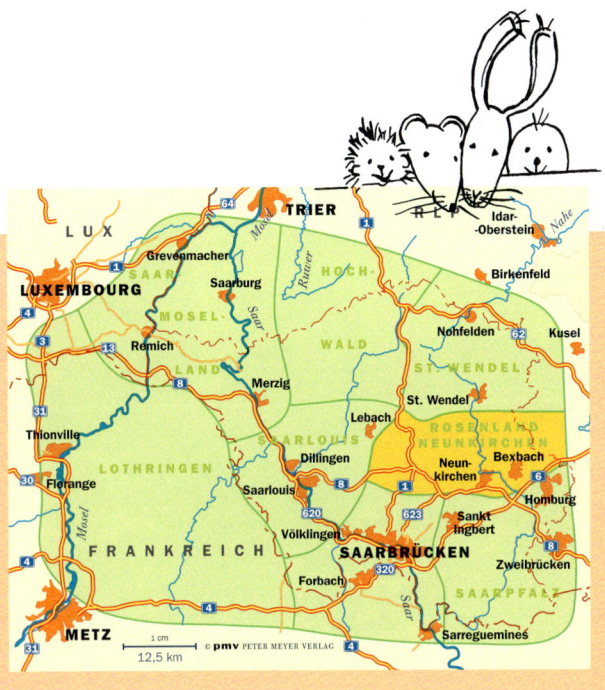

LUX
TRIER
Idar-Oberstein
Nahe
Grevenmacher
HOCH-
Birkenfeld
LUXEMBOURG
Saarburg
MOSEL-
Nohfelden
Kusel
WALD
Remich
ST. WENDEL
Merzig
St. Wendel
LAND
Lebach
ROSENLAND
Thionville
SAARLOUIS
NEUNKIRCHEN
Dillingen
Neunkirchen
Bexbach
LOTHRINGEN
Saarlouis
Homburg
Flörange
Völklingen
Sankt Ingbert
FRANKREICH
SAARBRÜCKEN
Zweibrücken
Forbach
SAARPFALZ
METZ
Sarreguemines

1 cm
© pmv PETER MEYER VERLAG
12,5 km

Die Gegend um Neunkirchen, einst Hochburg der Montan- und Schwerindustrie, hat sich seit Stilllegung der Neunkircher Hütte und umliegender Bergwerke in den 80er Jahren sehr gewandelt. Freizeit und Erholung stehen heute im Mittelpunkt der Region.

Als einziger Landkreis im Bundesgebiet erhielt Neunkirchen die Auszeichnung »Rosenkreis«. 9 Rosengärten gibt es im Landkreis, die bis auf eine Ausnahme frei zugänglich sind. Das Umwelt- und Freizeitzentrum *Finkenrech* bietet für Kinder viele Programme. Die Stadt *Neunkirchen* besitzt einen Zoo mit Greifvogelflugschau, in *Bexbach* gibt es ein Besucherbergwerk. Auf eine Reise in die Urzeit begebt ihr euch im Urzeitenpark Gondwana-Praehistorium auf dem Gelände der ehemaligen *Grube Reden*. Die barocke Kleinstadt *Ottweiler* kann im Dunkeln bei einem Nachtwächterrundgang erkundet werden.

Wanderkarte Landkreis Neunkirchen, Maßstab 1:50.000. 6,50 €.

Frei- und Hallenbäder

Wellenhallenbad Quierschied

Im Taubenfeld, 66287 Quierschied. ✆ 06897/61241, www.quierschied.de. **Bahn/Bus:** RB Saarbrücken – Lebach bis Quirschied Bhf, 10 Min Fußweg geradeaus, dann rechts. **Auto:** A8 Ausfahrt 19 Friedrichsthal-Bildstock, Richtung Quierschied, in der Ortsmitte ausgeschildert. **Zeiten:** Sep – Mitte Mai Mo, Do 8 – 21, Di 8 – 13.30, Mi, Fr 8 – 21.30, Sa 14 – 19, So 8 – 12.30 Uhr, Fei geschlossen. **Preise:** 2,60 €, 12er Karte 23 €, Jahreskarte 127 €; Kinder 4 – 15 Jahre, Schüler 1,30 €, 12er-Karte 12,80 €, Jahreskarte 64 €; Azubis 1,60 €, 12er-Karte 16 €, Jahreskarte 82 €. **Infos:** Wellenzeiten Mi, Fr 17 – 21 Uhr, Sa 15 – 19 Uhr, So 8.30 – 12 Uhr, Mo, Di Warmbadetage.

▶ Im Winter könnt ihr euch hier im kombinierten Schwimmer- und Nichtschwimmerbecken mit Rutsche wagemutig in die stürmischen Wellen werfen. Das behindertengerechte Hallenbad besitzt ein gro-

TIPPS FÜR WASSER-RATTEN

So nah kommt man dem großen Seeadler selten: Im Zoo Neunkirchen

ßes Becken. Für Kleinkinder ist der flache Anfangsbereich des Beckens zum Plantschen gut geeignet. Die Cafeteria ist von innen und außen zugänglich.

Schwimmen bei Schnee und Sonnenschein

Kombibad Die Lakai, An der Lakaienschäferei 1, 66538 Neunkirchen. ✆ 06821/9319890, www.dielakai.neunkirchen.de. **Bahn/Bus:** ↗ Neunkirchen Hbf, Bus 305 Richtung Ludwigsthal bis Lakaienschäferei. **Auto:** ↗ Neunkirchen Oberstadt, Richtung Furpach. **Zeiten:** Hallenbad Di, Do 8 – 20, Mi 7 – 22, Fr 12 – 20, Sa 8 – 19, So, Fei 9 – 18 Uhr. Freibad Mai – Sep täglich 8 – 20 Uhr. **Preise:** Hallenbad 2,50 € (2 Std), 3 € (3 Std), Freibad 2,50 €, Feierabendkarte 1,50 €; Kinder 6 – 17 Jahre Hallenbad 1,80 € (2 Std), 2,30 € (3 Std), Freibad 1,50 €; Schüler, Studenten, Wehr- und Zivildienstleistende, Schwerbehinderte Hallenbad 1,80 € (2 Std), 2,30 € (3 Std), Freibad 1,50 €.

▶ Das im Mai 2009 eröffnete Kombibad ist umweltfreundlich und technisch auf dem neuesten Stand. Das **Hallenbad** ist mit einem Schwimmerbecken mit 3-m-Sprungturm, einem separaten Nichtschwimmerbecken und einem Plantschbecken ausgestattet. Bei schönem Wetter kann man die Liegewiese des Außenbereichs zum Sonnen nutzen. Im **Freibad** sind die Becken mit Edelstahl verkleidet. Das Schwimmerbecken hat 25-m-Bahnen und einen Sprungbereich. Über eine Wellenrutsche gelangt ihr ins separate Nichtschwimmerbecken. Die Kleinen spielen im Kleinkinderbecken und matschen auf dem Wasserspielplatz. Ein weiterer Spielplatz ist ebenfalls vorhanden. Das Bistro befindet sich zwischen Eingangsbereich, Schwimmhalle und Sauna.

Freibad Sonnenborn

66557 Illingen-Uchtelfangen. ✆ 06825/409-0. www.illingen.de. **Bahn/Bus:** Ab ↗ Illingen Bhf Bus 322 bis Schwimmbad, 10 Min Fußweg. **Auto:** ↗ Illingen, Be-

schilderung Schwimmbad folgen. **Zeiten:** Mo – So 9 –
19 Uhr, in den Ferien täglich 9 – 20 Uhr. **Preise:**
2,50 €; Kinder 6 – 16 Jahre 1,50 €; Behinderte 2 €,
Saisonkarte für Behinderte 27 €. **Infos:** Behindertengerechte Ausstattung.

▶ Das Freibad liegt idyllisch am Waldrand und ist für
Familien sehr attraktiv. Von der Breitrutsche könnt ihr
gleich zu mehreren ins Wasser rauschen. Neben dem
Nichtschwimmerbecken gibt es ein Schwimmer- und
ein Kleinkinderbecken. Große Bäume spenden auf
der Liegewiese ausreichend Schatten. Es gibt einen
kleinen Spielplatz, ein Beachvolleyballfeld und einen
Kiosk.

Ludwig-Jahn-Bad Ottweiler

Mainzweilerstraße 69, 66564 Ottweiler. ✆ 06824/
3400. www.ottweiler.de. **Bahn/Bus:** Ab ⬈ Ottweiler Bhf
Bus 344 bis Freibad. **Auto:** ⬈ Ottweiler, 1. Straße links,
Beschilderung folgen. **Zeiten:** 1. Mai – Anfang Sep täg-
lich 10 – 19 Uhr, Do 10 – 20.30 Uhr. **Preise:** 2,50 €;
Kinder bis 9 Jahre 1 €, Kinder 10 – 15 Jahre 1,50 €;
Schüler, Studenten, Wehr- und Zivildienstleistende,
Schwerbehinderte 2 €, Abendticket ab 17.30 Uhr
1,50 €, Grundschulen und Kindergärten 0,75 €, sonsti-
ge Schulen 1 €.

▶ Im etwas außerhalb des Zentrums in einem Wohn-
gebiet gelegene Freibad gelangt ihr über eine 60 m
lange Rutsche ins Nichtschwimmerbecken, das mit
Wasserpilz, Bodensprudler und Wasserelefant ausgestattet ist. Schwimmer können in einem separaten
25-m-Becken trainieren. Die Kleinen toben in einem
der beiden Plantschbecken oder buddeln im Sandkasten. Sportlich geht es auf dem Beachvolleyballfeld zu. Ein Kiosk mit schattigen Sitzgelegenheiten
ist auch vorhanden.

Hellbergbad

Hellbergstraße, 66571 Eppelborn. ✆ 06881/6830,
896068-6 (Big Eppel. www.eppelborn.de. **Bahn/Bus:**

 **Wingerstweiher-
hof,** Familie Neu-
fang, Werschweilerweg,
66564 Ottweiler.
✆ 06824/2518, Mo –
Do 8 – 12, Fr 8 – 19, Sa
8 – 14 Uhr. Hofladen
mit Verkauf von hofeige-
nen Produkten. Milch-
produkte, Eier, Rapsöl,
Senf, Fleisch, Wurst.

 Minigolfanlage
gegenüber dem
Schwimmbad: April –
Mitte Okt Mo – Sa 15 –
20 und So, Fei 14 – 20
Uhr. Erw 1,50 €, Kinder
1 €, ✆ 06824/3022-
53, ✆ 0163/9706936.

Happy Birthday!
Freier Eintritt für Geburtstagskinder!

 Jeden Mi ist Kinderspielnachmittag mit Seeschlange, Spielzeug und Wasserspielen. Di ist Warmbadetag.

↗ Eppelborn Bhf, über Bahnhofstraße und Kirchplatz bis Hellbergstraße. **Auto:** ↗ Eppelborn Ortsmitte. **Zeiten:** Di, Mi, Fr 14.30 – 21.30, Do 6.30 – 10 und 14.30 – 21.30, Sa 12.30 – 19, So 8 – 12.30 Uhr, in den Ferien erweiterte Öffnungszeiten. **Preise:** 3,60 €; Kinder 6 – 18 Jahre 1,80 €; Schüler, Studenten, Wehr- und Zivildienstleistende, Schwerbehinderte 1,80 €; Feierabendtarif Fr ab 19 Uhr Erw 2 €, Kinder 1 €.

▶ Das 2009 renovierte Hallenbad ist besonders für Familien mit kleinen Kindern attraktiv. Es gibt ein 25-m-Becken für Schwimmer- und Nichtschwimmer. Sehr schön für Kleinkinder ist das 34 Grad warme Plantschbecken mit wasserspeienden Tieren, einer Rutschbahn und einem Schiffsrumpf mit Wasserkanone. Die Dampfsauna kann ohne Aufpreis besucht werden. Für warme Tage gibt es einen Außenbereich mit Liegestühlen, kleiner Wiese, Sandspielkasten mit Bagger, Tischtennis und Wassertretbecken. Der sanierte Dusch- und Toilettenbereich ist auch für Rollstuhlfahrer geeignet.

NATUR SPORTLICH

Hunger & Durst
Schöne Wiesen am Wegrand laden zum Picknicken ein.

Radeln & Reiten

Biberradweg Illingen
Länge: Rundtour 27 km. **Bahn/Bus:** ↗ Illingen Bhf, rechts Richtung Wasserburg. **Auto:** ↗ Illingen, Startpunkt Wasserburg. **Infos:** Für Rennräder ungeeignet.

▶ Der Radrundweg, der mit einem Biber auf hellblauem Hintergrund markiert ist, startet an der **Wasserburg Kerpen.** Ihr solltet fit sein, denn die Tour beinhaltet einige Steigungen. Der längste Anstieg erwartet euch gleich zu Beginn. Ihr lasst die Burg hinter euch und stoßt nach 100 m auf die *Krankenhausstraße.* Diese überquert ihr und fahrt links steil den Berg hinauf. Danach folgt ihr dem asphaltierten Wirtschaftsweg und erreicht nach einer 300 m langen Steigung die Hochfläche mit herrlichen Aussichtspunkten. Über **Hüttigweiler** und **Urexweiler** gelangt ihr nach insgesamt 10 km ins renaturierte *Illtal*, wo erfolgreich Biber angesiedelt wurden. Wenn ihr genau hinschaut, können euch an der wild wuchernden Pflanzenwelt Spuren auffallen. Angeknabberte Baumstämme oder aus Ästen kunstvoll angefertigte Wasserburgen sind eindeutige Zeichen des Nagetiers. Den Biber selbst zu Gesicht zu bekommen, ist sehr schwer, da er seinen Standort häufig wechselt, nachtaktiv und äußerst scheu ist. Um trotzdem Glück zu haben, müsst ihr euch ganz ruhig verhalten und dürft nicht zu nah herangehen, damit er sich nicht erschreckt.

Weiter geht es über **Hirzweiler** nach **Stennweiler**. Von hier könnt ihr einen Abstecher in den 500 m entfernten *Rosengarten Welschbach* unternehmen. Kurz nach Stennweiler befindet sich auf der rechten Seite des Weges eine *Kapelle* mit Brunnen und Bänken zum Rasten. Über **Hüttigweiler** gelangt ihr nach knapp 4 km wieder zum Ausgangspunkt zurück.

Der 12 km lange Rundweg *Rund ums liebe Vieh* beginnt am Sportplatz Welschbach. Er führt an Streichelgehegen, einem Steinbruch, vielen Mitmachstationen und an der neuen **Schaukäserei Hirzweiler** vorbei. Infos www.illingen.de.

Kutschfahrt durch das Köllertal

Isolde Heintz, Kutzhofer Straße 6, 66265 Heusweiler-Berschweiler. ✆ 06806/989923. Handy 0160/918-14058. www.saar-kutschen.de. **Bahn/Bus:** Ab ↗ Saarbrücken Hbf Bus R9 Richtung Lebach bis Heusweiler Bhf, Heubus Richtung Lummerschied bis Illinger Straße. **Auto:** A1 Ausfahrt 145 Holz, im Ort zweimal links, nach Ortsausgang Richtung Berschweiler. **Preise:** 70 € bis 9 Pers (oder 2 Erw, 10 Kinder) für 1,5 Std, jede weitere Pers 7 €. **Infos:** Ponyreiten 1 € pro Kind.

▶ Bei der Kutsch- oder Planwagenfahrt durchs *Köllertal* passiert ihr kleine Orte und Feldwege mit schönen Aussichten. Eine schöne Idee für euren Kindergeburtstag ist eine Planwagenfahrt mit anschließendem Fest auf dem Bauernhof der Familie Heintz. Ihr könnt auf dem Spielplatz toben oder die vielen Tiere anschauen. Einige lassen sich gern streicheln oder füttern. Der Grillplatz kann für 10 € genutzt werden. Eure Verpflegung bringt ihr einfach selbst mit.

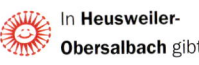

In **Heusweiler-Obersalbach** gibt es ein Wildgehege mit Fasanen, Ziegen, Mufflons und Hirschen. Nach der Tierbeobachtung lohnt ein Besuch des Waldspielplatzes.

Zotteliges Geschöpf:
Alpaka

**Landgasthof Eschwei-
ler Hof,** ℂ 06849/
1810-450, Mi – Sa ab
16, So, Fei ab 11 Uhr.
Biergarten, rustikal.

Lamas kommen
aus den Anden,
wo sie den Menschen als
Packesel dienen. Sie spu-
cken nur, wenn sie sich
verteidigen wollen.

Trekkingtour mit Pia und Pauline

Zoo Neunkirchen, Zoostraße 25, 66538 Neunkirchen.
ℂ 06821/913-633. www.zoo-neunkirchen.de. **Länge:**
8 km. **Bahn/Bus:** Ab ↗ Neunkirchen Hbf Bus 312 Richtung Storchenplatz bis Zoo. **Auto:** ↗ Neunkirchen, Richtung Oberstadt, beschildert. **Zeiten:** Nach Absprache,
Dauer 9 – 15.30 Uhr. **Preise:** 12 €; Kinder 8 € (nur in
Begleitung).

▶ Die geselligen und zahmen **Lamas** Pia und Pauline
begleiten euch auf dieser abenteuerlichen Wanderung und tragen einen Teil eures Gepäcks. Die Trekkingtour führt durch das *Kasbruchtal.* Am Erlenbrun-
nen mit trinkbarem Quellwasser wird eine kleine Rast
eingelegt. Ihr solltet gut zu Fuß sein, da es durch hü-
gelige Landschaft bergauf und bergab geht.
Am **Landgasthof Eschweiler Hof** wird eine Rast eingelegt, dann fahrt ihr mit dem Planwagen wieder zurück zum Zoo.

Eseltrekking im Herzen des Saarlandes

Easter-Bo-Ranch, Andrea Colling, Dompstraße 50,
66571 Eppelborn-Bubach. ℂ 06881/89609-82, Fax
89609-83. Handy 0151/12360454. www.easter-
bo.de. easterbo@online.de. **Bahn/Bus:** RB Saarbrücken – Lebach bis Eppelborn-Bubach Bhf, ca. 1,5 km
Fußweg. **Auto:** ↗ Eppelborn, Richtung Lebach bis Bubach, dort links zur Easter-Bo-Ranch. **Zeiten:** Nach Ab-

sprache. **Preise:** Eseltrekking 125 € pro Gruppe (max. 15 Pers), Picknick 10 € pro Pers, 20 € Wanderung plus Picknick für Einzelbuchung bei Anschluss an eine Gruppe, Kutschfahrten auf Anfrage; Wanderung Kinder 8 – 12 Jahre 5 €, Picknick Kinder 5 – 8 Jahre 5 €, Programm Schulklassen 10 – 17 Uhr 15 € pro Pers.

▶ Der schön gelegene Hof ist der ideale Ausgangspunkt für eine Kutschfahrt oder Wanderung mit den Eseln Julius und Elly. Die Tour führt am geometrischen Mittelpunkt des Saarlandes vorbei durch Wald und Wiesen, entlang kleiner Naturpfade oder der alten Römerstraße. Nach der Wanderung könnt ihr den Tag auf dem Hof ausklingen lassen. Es gibt einen Streichelzoo mit Zwergziegen, Eseln und Westernpferden. Auf Wunsch wird mittags auf dem Hof gegrillt und danach Spiele veranstaltet.

Erlebnisparks & Gärten

Spiel- und Sportzentrum flip

Grubenstraße 8a, 66287 Quierschied-Göttelborn. ℗ 06825/801-717. www.flip1.de. **Bahn/Bus:** Ab ↗ Saarbücken Hbf SaarLB Bus 172 Richtung Göttelborn bis Sportzentrum. **Auto:** A1 Ausfahrt 144 Quierschied, nach Göttelborn, Beschilderung folgen. **Zeiten:** Mo – Fr 14 – 19 Uhr, Sa, So, Fei 11 – 19 Uhr, Ferien 11 – 19 Uhr, Klettern, Soccer und Fitnesskurse täglich 19 – 21 Uhr, für Gruppen nach Absprache. **Preise:** 3,50 €, Kinder 1 – 2 Jahre 5 €, Kinder 3 – 17 Jahre 8 €, Soccer, Klettern, Bungee, Elektro-Quads und Air-Hockey ab 2 € pro 30 Min; Familien 20 € (2 Erw, 2 Kinder) bzw. 27 € (2 Erw, 3 Kinder), Schulklassen erhalten Sonderpreise. **Infos:** Termine, Preise Kinderkurse ↗ Internet.

▶ Das Sportzentrum flip besteht aus mehreren Bereichen. Auf der Trampolinanlage werden Motorik und Koordinationsfähigkeit gefördert. Neben dem Indoor-Spielplatz gibt es ein Soccer-Feld, Air-Hockey, Bungee-Trampolin, Elektro-Quads und eine 10 m hohe

 Die Junior Ranger Eppelborn (Kinder 8 – 12 Jahre) treffen sich 14-tägig, um die Aufgaben eines Rangers kennen zu lernen und gemeinsam die Natur zu schützen. Infos unter www.naturwacht-saarland.de, Frank Grütz, ℗ 06835/ 500756.

Happy Birthday!
Kindergeburtstag ab 9 € pro Kind inkl. Eintritt, Getränke und Pommes. Den Geburtstagskuchen könnt ihr mitbringen (ohne Kerzen).

Kletterwand. Solltet ihr vom vielen Toben hungrig sein, könnt ihr das Bistro besuchen.

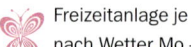 Freizeitanlage je nach Wetter Mo – Fr 12 – 20, Sa, So, Fei 10 – 20 Uhr. Minigolf Erw 2 €, Kinder 3 – 17 Jahre 1,50 €.

Hunger & Durst

Gaststätte zum Alten Bootshaus, ℂ 06841/ 80941-28. www.zum-alten-bootshaus.de. Neben den eigenen Bliesgau-Ölen werden landwirtschaftliche Produkte des Biosphärenreservats Bliesgau angeboten. April, Mai – Okt Di – So 10 – 22, Nov – April ab 14 Uhr.

Naherholungsgebiet Jägersburg

66424 Homburg-Jägersburg. ℂ 06841/101-166, 101-168, Fax 120899. www.homburg.de. touristik@homburg.de. **Bahn/Bus:** ↗ Homburg, ab Bhf Bus R8 Richtung Kusel oder Bus 283 Richtung Glan-Münchweiler bis Lambert, 15 Min Fußweg. **Auto:** ↗ Homburg, an der B423 Richtung Jägersburg. **Rad:** Saarland-Radweg. **Zeiten:** Tretbootverleih beim Alten Bootshaus wetterbedingt ab April bzw. Mai täglich 9 – 22 Uhr. **Preise:** Tretboot 5,50 € pro halbe Std.

▶ Das Naherholungsgebiet Jägersburg umfasst das Gebiet zwischen Schlossweiher, an dessen Ufer die Gustavsburg liegt, und Brückweiher. An einem heißen Sommertag könnt ihr herrlich auf dem Wasserspielplatz plantschen, mit Flößen über den Weiher paddeln und kleine Spielschiffe kapern. Auf der großen Liegewiese gibt es Grillstellen. Außerdem könnt ihr euch beim **Alten Bootshaus** ein Tretboot leihen und damit den Weiher unsicher machen. Das Waldgebiet bietet schöne Spazierwege sowie ein Arboretum, also eine Anpflanzung verschiedener Gehölze.

Abenteuerpark Homburg

Kleinottweiler Straße 148, 66424 Homburg-Jägersburg. ℂ 06841/7030-257, Fax 7030-959. www.abenteuerpark-homburg.de. office@abenteuerpark-homburg.de. **Bahn/Bus:** ↗ Homburg, ab Bhf Bus R8 Richtung Kusel oder Bus 283 Richtung Glan-Münchweiler bis Lambert, 15 Min Fußweg. **Auto:** ↗ Homburg, direkt an der B423 Richtung Jägersburg. **Rad:** Saarland-Radweg. **Zeiten:** Anfang – Mitte April 10 – 18 Uhr, Mitte April – Mitte Okt 11 – 19 Uhr, Mitte Okt – Ende Okt 9 – 17 Uhr, Sa, So, Fei und in den Ferien ab 9 Uhr. **Preise:** 18 €, Nachzahlung ab der 4. Std, pro angefangene Std 5 €; Kinderparcours ab 6 Jahre Erw 5 €, Kinder 8 – 13 Jahre 13 € (in Kletterbegleitung eines Erw); Schüler,

Für Schulklassen werden verschiedene Outdoor-Trainingsprogramme angeboten, die Gemeinschaftsgefühl und Verantwortungsbewusstsein stärken sollen.

Studenten, Auszubildende 14 – 17 Jahre 16 €, 20 % Familienermäßigung, 10 % Ermäßigung ab 11 Pers, Schulen erhalten Ermäßigungen. **Infos:** Minderjährige brauchen die schriftliche Erlaubnis des Erziehungsberechtigten.

▶ Der Hochseilgarten wurde erst 2009 eröffnet und ist mit einem besonderen Sicherungssystem ausgestattet. Mit der ganzen Familie könnt ihr hier Spaß und Abenteuer in 10 m Höhe erleben. Besonderheiten sind die Tarzanswings in Seenähe und die beiden 170 m langen Seilrutschen über den See. Diese dürfen von Kindern ab 10 Jahre und 40 kg Körpergewicht genutzt werden. Mit Helm und Gurt ausgestattet, können die Parcours unterschiedlicher Schwierigkeitsgrade nach Alter gestaffelt bekraxelt werden. Für Kinder ab 6 Jahren steht ein Kinderparcours zur Verfügung, Kinder ab 8 Jahre dürfen mehrere Parcours, inklusive Tarzanswing, klettern. Ab 12 Jahre bestehen keine Einschränkungen mehr.

© Daniel Schulz

Hier muss man mutig sein: Klettern im Abenteuerpark

Erlebnispfade & Umweltzentren

Naturerlebnis im Bamster Wald

Am Schwimmbad, 66557 Illingen-Uchtelfangen. www.nabu-uchtelfangen.de. **Länge:** Rundweg 2,5 km. **Bahn/Bus:** Ab ↗ Illingen Bhf Bus 322 bis Schwimmbad, 10 Min Fußweg. **Auto:** ↗ Illingen, beschildert.

▶ Im Bamster Wald hat der Naturschutzbund Uchtelfangen einen schönen Erlebnispfad mit 18 Stationen eingerichtet, an denen ihr rätseln, fühlen, hören, springen oder innehalten könnt. An informativen Schautafeln erhaltet ihr Einblick in die Lebensgemeinschaften im Wald.

UMWELT ERFOR- SCHEN

Der 9 km lange markierte *Mühlenpfad* führt durch das Ostertal und beginnt ebenfalls an der Ölmühle Wern.

Der Umweltbeauftragte Herr Hassel bietet hier kostenlose Führungen an. Für Kindergruppen oder Geburtstagsfeiern. Infos ☏ 06824/3008-36.

 4. So im April: **Frühlingsfest.** 3. Wochenende im Sep: **Erntedankfest** mit Bauernmarkt.

 Der **Grillplatz** mit Schutzhütte kann Feb – Nov gemietet werden. Bis 30 Pers 35 €, sonst 60 €, inkl. Grillholz, Sitzgarnituren.

Waldsinnespfad im Ostertal

Herr Hassel, 66564 Ottweiler-Fürth. ☏ 06824/3008-36, Fax -66. www.ottweiler.de. **Länge:** Rundweg 5 km. **Bahn/Bus:** Ab ↗ Neunkirchen Hbf Bus 304 Richtung Lautenbach bis Fürth Kirche, 10 Min Fußweg über Brückenstraße. **Auto:** ↗ Ottweiler, B420 bis Fürth, durch den Ort Richtung Wiebelskirchen.

▶ Der Waldsinnespfad liegt zwischen den Ottweiler Stadtteilen Fürth und Steinbach und verläuft durch den Auenwald des *Ostertals*. Direkt hinter dem Gebäude der ↗ *Ölmühle Wern* könnt ihr in den 5 km langen mit einem Blattsymbol markierten Rundweg einsteigen. Haltet die Augen offen, vielleicht seht ihr einen Grasfrosch oder eine Erdkröte! An mehreren Mitmachstationen könnt ihr ausprobieren, wie gut ihr den Wald kennt. Nachdem ihr die Hälfte des Weges zurückgelegt habt, kommt ihr am Ortsrand von **Steinbach** an einem schönen Spielplatz vorbei, wo ihr rasten und auch grillen (Anmeldung erforderlich unter ☏ 06824/3008-36) könnt.

Umwelt- und Freizeitzentrum Finkenrech

Tholeyer Str., 66571 Eppelborn-Dirmingen. ☏ 06821/9729214, www.finkenrech.de. **Auto:** Ab ↗ Eppelborn Richtung Dirmingen, ausgeschildert. **Zeiten:** Nach Vereinbarung. **Preise:** Programme 2 Std ab 35 € pro Gruppe (max. 20 Pers). **Infos:** Mitgliedschaft in Finki's Kinderclub kostenlos. Viele der Programme sind als Kindergeburtstag buchbar.

▶ Bunt leuchten die Blumen und Sträucher und überall duftet es auf dem Gelände des Umwelt- und Freizeitzentrums Finkenrech. Habt ihr schon einmal einen Taschentuch-, Tulpen- oder Blauglockenbaum gesehen? Hier könnt ihr diese exotischen Pflanzen aus der ganzen Welt bewundern. Verschiedene thematische Gärten wie z.B. der schöne Rosengarten oder der Kräutergarten werden gepflegt und gehegt. Außerdem gibt es einen Imkereilehrstand, einen naturnahen Spiel- und Bolzplatz und eine Grillstelle.

So bunt wie die Blumen sind die Angebote für Kinder. Mit eurer Klasse oder Jugendgruppe könnt ihr Brot backen, Waldindianer spielen, eine Weltreise unternehmen, etwas über Honigbienen oder die kleinen Bewohner des Waldbodens, die Ameisen, lernen.

Basteln beim Frühlingsfest: Ganz schön was los!

Zentrum für Biodokumentation

Am Bergwerk Reden 11, 66578 Schiffweiler-Landsweiler-Reden. ✆ 0681/50134-52. www.biodokumentation.saarland.de. **Bahn/Bus:** ↗ Schiffweiler-Landsweiler-Reden Bhf, 5 Min Fußweg. **Auto:** ↗ Schiffweiler-Landsweiler-Reden. **Zeiten:** Mo – Fr 8 – 16 Uhr, nur nach Vereinbarung. **Preise:** Führungen kostenlos.

▶ Das Zentrum für Biodokumentation ist als feldbiologische Forschungs- und außerschulische Bildungseinrichtung für die naturwissenschaftlichen Sammlungen des Saarlandes zuständig. Neben themenbezogenen Ausstellungen lagern in den Räumen des Zentrums umfangreiche geologische, zoologische oder biogeographische Sammlungen und Herbarien. Je nach eurem Interesse und Alter bzw. Unterrichtsvorbereitung der Schulklassen werden bei den kindgerechten Führungen Schwerpunkte gesetzt.

Sowohl die wertvolle Mineralien- und Fossiliensammlung, die Sammlung präparierter Tiere wie auch die außergewöhnliche Schmetterlingssammlung sind beeindruckend. Richtig gruselig wird es bei den Skeletten. Bei geeignetem Wetter kann das Freigelände mit einbezogen werden und ihr könnt als Naturforscher unterwegs sein.

Es macht viel Spaß, auf den ehemaligen Halden, z.B. in Landsweiler-Reden, nach fossilen Abdrücken zu suchen.

Tiere einst & heute

Streifzug durch die Erdzeitalter

Gondwana – Das Praehistorium, Alexander-von-Humboldt-Straße 8 – 10, 66578 Schiffweiler-Landsweiler-Reden. ℰ 06821/931631-0. www.gondwana-praehistorium.de. **Bahn/Bus:** ↗ Schiffweiler-Landsweiler-Reden Bhf, 10 Min Fußweg. **Auto:** ↗ Neunkirchen-City, Beschilderung Gondwana folgen. **Zeiten:** Täglich 10 – 19 Uhr, Einlass bis 18 Uhr, 24. Dez und 1. Jan geschlossen. **Preise:** 15 €; Kinder 4 – 14 Jahre 10 €; Familien (2 Erw, 1 Kind) 38 €, 2. Kind 8 €, jedes weitere Kind 6 €. Schulklassen 5 € pro Kind inkl. Führung, Gruppenermäßigung ab 20 Pers 13 €, 10 % Ermäßigung für ADAC-Mitglieder. **Infos:** Führung 40 € pro Gruppe.

Vergangene Welten:
Der Pelycosaurier hatte scharfe Raubzähne

▶ Schon die Eingangshalle des Urzeitenparks beeindruckt durch die gigantische Reproduktion des Skeletts eines Argentinosaurus. Zu Beginn des Rundgangs wird in einem Film gezeigt, wie nach der Urknalltheorie das Universum entstanden sein könnte. An Schautafeln wird die Entstehung des ersten Lebens auf Godwana, dem Urkontinent auf unserer Erde, erläutert. Aufregend wird es, wenn ihr die rekonstruierten Welten der verschiedenen Zeitalter betretet. Auf das Korallenriff des Silur folgt eine Devon-Landschaft, weiter geht es durch einen sumpfigen Karbon-Urwald. Aus dieser Zeit stammen die mächtigen Kohlevorkommen der saarländischen Gruben. Als nächstes durchwandert ihr eine steilwandige Wüstenschlucht. Nehmt euch in Acht, denn ein scheinbares Gewitter sorgt für eine verheerende Sturzflut! Die Trias-, Jura- und Kreidezeit sind geprägt vom Leben der Dinosaurier. Zum Schluss

© Godwana Praehistorium

wird ein 3D-Film über das Aussterben der Dinosaurier gezeigt. Wenn es euch zu unheimlich wird, müsst ihr nur die 3D-Brille abnehmen, dann ist der Effekt vorbei. In der Interaktiven Zone könnt ihr selbst Forscher sein und im Sand und an Felswänden nach Fossilien graben.

Nicht so faul, Mockes: Hilf uns lieber, Fossilien zu finden!

Erlebnistag im Zoo Neunkirchen

Zoostraße 25, 66538 Neunkirchen. ℂ 06821/913-633, 21853, Fax -625. www.zoo-neunkirchen.de. **Bahn/Bus:** Ab ↗ Neunkirchen Hbf Bus 312 Richtung Storchenplatz bis Zoo. **Auto:** ↗ Neunkirchen, Richtung Oberstadt, Beschilderung folgen. **Zeiten:** März – Okt täglich 8.30 – 18, Nov – Feb 8.30 – 17 Uhr, Flugschau täglich 11, 15.30 Uhr, Seehundfütterung täglich 10.30, 15 Uhr, So, Fei weitere Tierfütterungen. **Preise:** 6 €, Jahreskarte 30 €, Führungen 40 €/Gruppe; Kinder 3 – 16 Jahre, Schüler 3,50 €, Jahreskarte 20 €, Erlebnisführungen 40 €/Gruppe; Behinderte 5 €; Gruppen ab 15 Pers 5 €, Kinder 3 €, Familienjahreskarte 60 €.

▶ Der Zoo liegt in einem bewaldeten Tal zwischen Innenstadt und Wellesweiler. Derzeit wird er für Besucher und Tiere attraktiver gestaltet. Viele Projekte wurden bereits umgesetzt, andere wie der Raubkatzenweg mit Anlagen für Leoparden, Löwen und Tiger befinden sich im Bau.

Neben den exotischen Tieren leben auch viele einheimische Arten im Zoo. Auf keinen Fall solltet ihr die Flugschau der **Falknerei** verpassen. Für Kindergruppen und Schulklassen werden Erlebnisführungen und Ferienprogramme angeboten, bei denen ihr Wissenswertes über die Eigenschaften der asiatischen Ele-

Happy Birthday!
Bei der Feier im Zoo darf das Geburtstagskind sein ungefährliches Lieblingstier streicheln! 75 € zzgl. Gruppeneintrittspreis. Essen und Getränke können mitgebracht werden.

Von der begehbaren **Biberburg** aus könnt ihr in die Schlafstätte der Nager hineinschauen.

fanten, die Le-
bensweise der
Braunbären
oder die Spiele
der Orang-Utans
erfahrt. Weitere
Aktionen, wie
Mitarbeit im Af-
fenhaus, kön-
nen einzeln ge-
bucht werden.

HANDWERK UND GESCHICHTE

Leinblütenfest
im Juli mit Tag
der offenen Tür und the-
menbezogenen Ver-
kaufsständen im Innen-
hof. Auch die ↗ Oster-
talbahn fährt dann.

Mühlen & Burgen

Historische Ölmühle Wern

Willi Wern, Brückenstraße 37, 66564 Ottweiler-Fürth.
✆ 06858/8249, 06824/3511 (Tourist-Information),
www.oelmuehle-wern.de. **Bahn/Bus:** Ab ↗ Neunkirchen
Hbf Bus 304 Richtung Lautenbach bis Fürth Kirche, 8
Min Fußweg über Brückenstraße. **Auto:** B420 bis Fürth,
durch den Ort durchfahren Richtung Wiebelskirchen.
Zeiten: Frei zugänglich, der Türriegel kann geöffnet
werden. Führungen nach Vereinbarung. **Preise:** Führung
15 € pro Gruppe; Kindergarten- und Schulgruppen frei.

▶ Als die Mühle 1841 gebaut wurde, erfolgte der An-
trieb per Wasserkraft. Im Laufe der Zeit wurde sie
mehrmals vergrößert und modernisiert, sodass sie
nach dem Zweiten Weltkrieg die größte Ölmühle an
der *Saar* war. Verarbeitet wurden Raps, Mohn und in
den Kriegsjahren auch Bucheckern. Die Ölfrüchte
wurden nicht gemahlen, sondern geschrotet bzw. ge-
quetscht. 1959 musste der Betrieb eingestellt werden, da die Konkurrenz durch industrielle Ölproduk-
tion zu groß wurde. Die Geschichte und Technik der
Mühle wird anhand von Schautafeln vermittelt. Bei
Führungen wird das Mühlrad in Gang gesetzt und die
Funktion der Presse und des Stauwehrs gezeigt.

Burgführung für Kids

Wasserburg Kerpen, Burgweg, Illingen. ℘ 06825/409-102, Fax -109. www.illingen.de. **Bahn/Bus:** ↗ Illingen Bhf, 10 Min Fußweg rechts zur Burg. **Auto:** ↗ Illingen, Beschilderung folgen. **Zeiten:** Auf Anfrage. **Preise:** Kindergruppe 20 € bis 12 Kinder oder Schulklasse (ca. 1 Std).

▶ Die Ruine der **Wasserburg Kerpen** befindet sich in einem schönen Park und kann im Rahmen einer Kinderführung besichtigt werden. Die Festung war früher gut geschützt, denn die *Ill* umfließt die Anlage in einem Bogen und macht das Tal sumpfig und schwer zugänglich. Während der Führung hört ihr spannende Geschichten über die früheren Burgbewohner, die Streitigkeiten der Adelsfamilien und den Grund für den Verfall der Burg.

Industriegeschichte

Erlebnis im Bergwerk

Saarländisches Bergbaumuseum Bexbach, Niederbexbacher Straße, 66450 Bexbach. ℘ 06826/4887. www.saarl-bergbaumuseum-bexbach.de. **Bahn/Bus:** RB Homburg – Illingen bis Bexbach Bhf, ab dort Bus 508 Richtung Homburg bis Blumengarten. **Auto:** A6 Ausfahrt 9 Homburg, Richtung Bexbach, beschildert. **Zeiten:** März – Sep Mo – Fr 9 – 17 Uhr, Sa, So und Fei 10 – 18 Uhr, Okt – Feb Mo – Fr 9 – 16 Uhr, Sa, So und Fei 13 – 17 Uhr, Führungen nach Vereinbarung. **Preise:** 4,80 €, Führungen 25 € für Gruppen bis 25 Pers; Kinder 6 – 16 Jahre, Schüler 2,80 €; Schwerbehinderte, Studenten, Wehrpflichtige 3,80 €, Familien 10 €.

▶ Das **Saarländische Bergbaumuseum** zeigt anschaulich die Geschichte des Steinkohlebergbaus von den Anfangszeiten im 15. Jahrhundert bis heute. Zu Beginn wird ein Film gezeigt, der die Arbeit im Bergwerk sowie die Funktion der Maschinen erläutert. Während einer Führung durch die unterirdische,

Hunger & Durst

Restaurant Burg Kerpen, ℘ 06825/94293-0. www.burg-kerpen.de. Täglich 12 – 14, 18 – 22 Uhr. Stilvoll, Kinderportionen, Mo – Fr günstiges Stammessen.

Happy Birthday!

Bei einer Schatzsuche geht es nach der richtigen Einkleidung ins Schaubergwerk. In der Panorama-Etage des Museumsturms ist ein Picknick mit mitgebrachten Speisen und Getränken möglich. 39 €, bis 15 Pers, ohne Führung.

Steht ihm gut, der Helm:
Im Bergbaumuseum

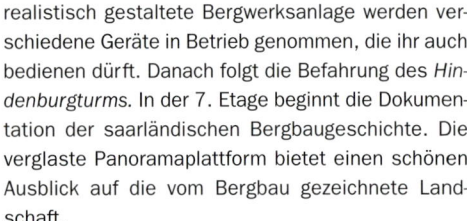 realistisch gestaltete Bergwerksanlage werden verschiedene Geräte in Betrieb genommen, die ihr auch bedienen dürft. Danach folgt die Befahrung des *Hindenburgturms*. In der 7. Etage beginnt die Dokumentation der saarländischen Bergbaugeschichte. Die verglaste Panoramaplattform bietet einen schönen Ausblick auf die vom Bergbau gezeichnete Landschaft.

Neunkircher Hüttenweg und Hüttenpark

Altes Hüttenareal, 66538 Neunkirchen. ✆ 06821/202-0. www.neunkirchen.de. **Bahn/Bus:** Ab ↗ Neunkirchen Hbf Bus 305 Richtung Kohlhof bis Stummdenkmal, 5 Min Fußweg. **Auto:** ↗ Neunkirchen, Richtung City. **Zeiten:** Führungen jeden 1. So im Monat 10 Uhr, jeden 3. So 15 Uhr, Treffpunkt Stummsche Reithalle, Schulklassen nach Vereinbarung. **Preise:** 2 €; Führung Kinder bis 11 Jahre frei, Schulklassen, Jugendgruppen pauschal 45 € (max. 20 Pers).

▶ Nachts leuchtet das **Alte Hüttenareal** in allen Farben. Die ehemalige Industrieanlage wurde in ein Kommunikations- und Freizeitzentrum umgewandelt. Gastronomie, Veranstaltungshalle und Kinos bilden in alter Arbeiter-Umgebung einen Freizeit- und Kulturtreff.

Bei einer Wanderung auf dem 4 km langen **Hüttenweg** erfahrt ihr an den Schautafeln der 15 Stationen viel über die Industrieanlagen. Während einer 2,5-stündigen geführten Wanderung könnt ihr den Hochofen besteigen und den Spitzbunker besichtigen.

Hunger & Durst

Stumm's Brauhaus,
Saarbrücker Straße 16,
Neunkirchen.
✆ 06821/179145,
www.stumms-brauhaus.de. Mo – Sa 11 – 24 Uhr, So, Fei ab 16 Uhr. Außenterrasse, Braukessel und Stahlelemente, Kinderkarte.

Stadtführungen & Museen

Rundgang mit dem Nachtwächter

66564 Ottweiler. ✆ 06824/3511, Fax 3513. www.ottweiler.de. tourist@ottweiler.de. **Bahn/Bus:** ↗ Ottweiler Bhf, 8 Min Fußweg in die Altstadt. **Auto:** ↗ Ottweiler, Beschilderung Altstadt folgen. **Zeiten:** April – Okt Fr 21

Uhr, Treffpunkt Alter Wehrturm (Ev. Kirche), Dauer ca. 1 Std. **Preise:** 3 €, Gruppen bis 20 Pers 35 €, größere Gruppen 45 €; Kinder bis 17 Jahre frei.

▶ Urkunden belegen, dass früher ein Türmer und ein Nachtwächter in Ottweiler Wache gehalten haben. Der nächtliche Rundgang beginnt wie zu alten Zeiten am Wahrzeichen der Stadt, dem *Alten Wehrturm*. Von hier führt euch der mittelalterlich verkleidete Nachtwächter mit Gesang und Anekdoten durch die schönsten Winkel der Altstadt.

 Wem die Nachtwächtertour zu spät ist, kann an einer Stadtführung mit historischen Persönlichkeiten teilnehmen. April – Okt So 14.30 Uhr, Erw 3 €, Kinder bis 17 Jahre frei. Anmeldung bei der ↗ Tourist-Info Ottweiler.

Erstaunliche Insekten

Privates Insekten- und Naturalienmuseum, Jürgen Sticher, Werschweilerweg 13, 66564 Ottweiler. ☏ 06824/4515. www.insekten-sticher.de. **Bahn/Bus:** ↗ Ottweiler Bhf Bus 344 (Bussi) Richtung Ziegelhütte bis Mühlstraße. **Auto:** ↗ Ottweiler, B41 Richtung Ziegelhütte, 2 x rechts bis Werschweilerweg. **Zeiten:** Nur nach Vereinbarung.
Preise: Eintritt frei.

Begehrte Sammlerobjekte: Aus Asien und Südamerika stammen die Käfer, Falter und Raupen

▶ Meist haben Insekten einen schlechten Ruf, obwohl viele von ihnen erstaunliche Dinge können. Eine Fähigkeit ist das Tarnen und Täuschen, das perfekt von dem *Wandelnden Blatt* oder der *Gottesanbeterin* beherrscht wird. Die Exemplare,

die der Tierpräparator und Entomologe Jürgen **Sticher** von seinen rund 30 Expeditionen mitgebracht und präpariert hat, sind sehr außergewöhnlich und umfassen riesige *Bockkäfer, Spinnen, Skorpione* und *Heuschrecken* sowie filigrane *Zikaden* und *Laternenträger*.

Herr Sticher macht euch während der Führung durch das Museum auf alle Besonderheiten aufmerksam,

Es gibt sogar einige bisher unbekannte Spezien, die nun den Artennamen sticheri *tragen.*

wie z.B. auf die Unikate der *Zwitter,* die eine weibliche und eine männliche Hälfte besitzen.

Wenn Lehrer Lämpel den Zeigefinger hebt …

Saarländisches Schulmuseum, Goethestraße 13, 66564 Ottweiler. ☎ 06824/4649. www.schulmuseum-ottweiler.net. **Bahn/Bus:** ↗ Ottweiler Bhf, 8 Min Fußweg in die Altstadt. **Auto:** ↗ Ottweiler, Beschilderung Altstadt folgen. **Zeiten:** Di, Do 10 – 17, So 11 – 17 Uhr, Führungen nach Vereinbarung. **Preise:** 2,50 €, Gruppen ab 10 Pers 2 €, Führung Mo – Sa 20 € zzgl. Eintritt, Führung So, Fei 25 € zzgl. Eintritt; Kinder 3 – 14 Jahre, Schüler, Studenten 1,50 €, Gruppen ab 10 Pers 1 €. **Infos:** Schulklassen und Gruppen können individuelle Programme mit verschiedenen Aktionen buchen, 25 €.

▶ Wie war es damals, als eure Groß- oder Urgroßeltern zur Schule gingen? Haben sie das gleiche gelernt, wie ihr heute? Wie sahen Bänke und Tische aus? Womit haben sie geschrieben und wie hat sich der Lehrer Respekt verschafft? In 2 originalgetreuen Klassenzimmern seht ihr hier, wie eine Schule 1850 bzw. zwischen 1920 und 1950 aussah.

Wenn ihr als Gruppe kommt, schlüpft ihr in die Rolle der Schüler von damals. Da kommt ihr schön ins Schwitzen, wenn ihr nicht auf dem Strafesel landen möchtet! Auch das Anzünden des alten Schulofens will gelernt sein. Vielleicht macht ihr doch lieber ein paar Übungen auf dem historischen Turnplatz?

Hunger & Durst

Pizzeria Roma, Goethestraße 14, Ottweiler. ☎ 06824/5197, Di – So 11.30 – 14, 17.30 – 23 Uhr. Steinofenpizza.

Auf Ordnung und Schönschreiben wurde früher viel Wert gelegt. Probiert einmal, mit Griffel, Federhalter oder Gänsekiel euren Namen in alten Schriften wie Fraktur und Sütterlin zu schreiben.

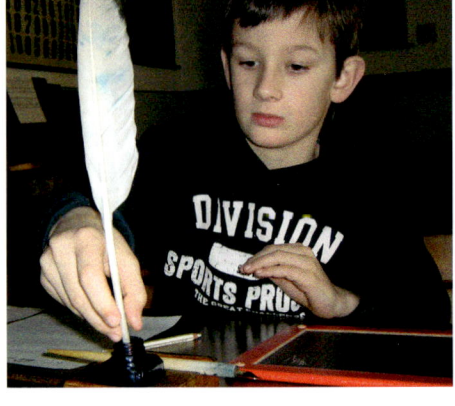

Mit einer Feder zu schreiben, ist gar nicht so einfach: Im Schulmuseum

Einst Heimat der Kelten, Römer, Alemannen und Franken blickt die Saarpfalz auf eine lange Siedlungsgeschichte zurück. Wegen des milden Klimas und weil die Leute schon immer ihr Vieh auf den Hügeln des Bliesgaus weiden ließen, entstanden auf den hier vorherrschenden Muschelkalkböden bunte Wiesen mit reichem Orchideenbestand.

Historischer Höhepunkt der Saarpfalz ist der *Europäische Kulturpark Bliesbruck-Reinheim* mit dem begehbaren keltischen Fürstinnengrab. Hier und im *Römermuseum Homburg-Schwarzenacker* könnt ihr sehen, welche Spuren die Römer in der Region hinterlassen haben. Die Buntsandsteinfelsen im *Kirkeler Wald* eignen sich hervorragend zum Klettern. Die Barockstadt *Blieskastel* ist Ausgangspunkt für Entdeckungstouren im Biosphärenreservat, ob zu Fuß, mit dem Rad, hoch zu Ross oder mit dem Kanu. Idyllische Weiheranlagen rund um *St. Ingbert* und *Homburg* locken viele Familien mit Spielplätzen, schönen Wander- und Radwegen und Tretbooten an die frische Luft. In der Kreisstadt Homburg könnt ihr die größten Buntsandsteinhöhlen Europas erkunden.

Frei- und Hallenbäder

Das »blau« — Eintauchen in die Wasserwelt im Sommer und im Winter

Am Mühlwald, 66386 St. Ingbert. ℡ 06894/9552-500. www.das-blau.de. **Bahn/Bus:** ⬈ St. Ingbert, Bus 523 bis Rendezvous-Platz, dann Bus 506 Richtung Blieskastel bis Schwimmbad. **Auto:** ⬈ St. Ingbert, Beschilderung folgen. **Zeiten:** Hallenbad Di – Fr 8 – 22 Uhr, Sa, So und Fei 8 – 20 Uhr, Freibad täglich 8 – 20 Uhr. **Preise:** Hallenbad Tageskarte 7 €, 3,5 Std 4 €, 2 Std 2,90 €, Freibad 3,30 €; Kinder 6 – 17 Jahre Hallenbad Tageskarte 4 €, 3,5 Std 2,50 €, 2 Std 1,80 €, Freibad 1,50 €; beim Kauf der Familienkarte Vario zahlen Erw den vollen Preis, Kinder für das Hallenbad 1 €, für

Radwander- und Freizeitkarte Saarpfalz-Kreis, 1:50.000, Pietruska-Verlag, ISBN 978-3-934895-17-4, 6,50 €.

TIPPS FÜR WASSERRATTEN

SAARPFALZ

Los geht's: In der Saarpfalz warten tolle Radwege auf euch

Happy Birthday!

Geburtstagsfeier mit 4 Std Plantschen, Animation und Kindermenü ab 7,90 € pro Kind. Das Geburtstagskind hat freien Eintritt.

 **Hallenbad,** Entenweiherstraße, 66424 Homburg. ✆ 06841/101-533. Mitte Sep – Mitte Mai Di 8 – 18, Mi 6.30 – 21.30, Do 10 – 19, Fr, Sa 8 – 19 Uhr, an Flohmarkttagen geschlossen. Erw 2,50 €, Jahreskarte Frei- und Hallenbad 120 €, Kinder 6 – 17 Jahre 1,50 €, Jahreskarte Frei- und Hallenbad 58 €. Mit 25 m-Bahnen, Nichtschwimmerbecken. Mi 13 – 16.30 Uhr Spaßnachmittag.

das Freibad 0,50 € zusätzlich. **Infos:** Das Freibad ist je nach Wetterlage ab Mai geöffnet.

▶ Das Familienbad steckt voller Ideen und ist attraktiv gestaltet. **Drinnen** können Zuschauer von einer Tribüne an der Längsseite des Sportbeckens Wettkämpfe verfolgen. Im 1,30 m tiefen Schwimmbecken könnt ihr um die Wette tauchen, während eure Eltern sich in der Wellnessoase entspannen. Die ganz Kleinen plantschen im weitläufigen und übersichtlichen Kleinkinderbereich. Im **Freibad** könnt ihr auf der 50 m langen Wasserrutsche mit Gummireifen durch die Röhre sausen.

Freibad am Stadtpark

Brunnenstraße, 66424 Homburg. ✆ 06841/4426, www.homburg.de. **Bahn/Bus:** ↗ Homburg, ab Hbf Bus 501 Richtung Talstraße bis Schwimmbadweg. **Auto:** ↗ Homburg, im Ort ausgeschildert. **Zeiten:** Mitte Mai – Mitte Sep täglich 8 – 20 Uhr, 19 Uhr Kassenschluss, Mi ab 6.30 Uhr, bei kühlem Wetter ab 14 Uhr geschlossen. **Preise:** 2,50 €, Mo – Fr ab 17 Uhr 1,80 €, 12er-Kombi-Karte 22,50 €, Saisonkarte 45 €; Kinder 6 – 17 Jahre 1,50 €, ab 10 Pers 1 €, 12er-Kombi-Karte Jugendliche 11 €, Saisonkarte Jugendliche 20 €, Schülerferienkarte 15 €; Studenten, Auszubildende, Schwerbehinderte, Wehr- und Zivildienstleistende sowie Inhaber eines Sozialpasses 1,50 €, Familiensaisonkarte 70 €.

▶ Familienfreundlich und behindertengerecht zeigt sich das Freibad in Homburg. Das mit Inseln, Wasserpilz und Rutsche ausgestattete Nichtschwimmerbecken hat immer eine angenehme Temperatur von 22 Grad. Das Schwimmerbecken ist mit einem zusätzlichen Nichtschwimmerbereich kombiniert und eignet sich gut für erste Schwimmversuche. Für Kleinkinder gibt es einen Mutter-Vater-Kind-Bereich mit Plantschbecken, kleiner Wasserrutsche, Sandkasten und Spielgeräten. Für die Größeren gibt es Beachvolleyball- und Soccerfeld, Basketballkorb, Tischtennis und Bolzplatz.

Badespaß bei jedem Wetter

Freizeitzentrum Blieskastel, Bliesaue 1, 66440 Blieskastel. ✆ 06842/2444. www.freizeitzentrum-blieskastel.de. **Bahn/Bus:** RB Saarbrücken – Pirmasens bis Blieskastel-Lautzkirchen, von dort Bus 501 Richtung Kleinbittersdorf. **Auto:** A8 Ausfahrt 30 Einöd, B423 Richtung Blieskastel, zwischen Webenheim und Mimbach. **Preise:** 3 €; Kinder 4 – 16 Jahre in Begleitung der Eltern 2 €, Kinder ohne Begleitung, Schüler, Studenten, Schwerbehinderte, Arbeitssuchende 2,50 €.

▶ Im kombinierten Hallen- und Freibad können die Kleinen im Babybecken plantschen, während größere Kinder die 42 m lange Großwasserrutsche ins Wasser hinabdüsen. Schwimmer- und Nichtschwimmerbecken sind im **Hallenbad** separat. Das **Freibad** mit großer Liegewiese und Spielplatz besitzt ein kombiniertes Schwimmer- und Nichtschwimmerbecken mit Rutschbahn sowie ein Plantschbecken. Ein Bistro bietet kleine Gerichte an.

Happy Birthday! Geburtstagskinder haben freien Eintritt!

☀ **Kindernachmittag** im Hallenbad Fr 15 – 17 Uhr. Spielgeräte könnt ihr ausleihen und mit ins Wasser nehmen.

Solarfreibad Kirkel

Zum Schwimmbad, 66459 Kirkel-Limbach. ✆ 06841/80631. www.kirkel.de. **Bahn/Bus:** ↗ Kirkel. **Auto:** ↗ Kirkel. **Rad:** Saar-Nahe-Höhen-Radweg, Abzweig nach Limbach. **Zeiten:** Je nach Witterung Ende Mai – Ende Aug 9 – 20 Uhr. **Preise:** 2,50 €, ab 17 Uhr 1,50 €; Kinder 6 – 16 Jahre, Schüler, Studenten, Schwerbehinderte, Wehr- oder Zivildienstleistende 1,50 €, ab 17 Uhr 0,50 €, Kinder mit Schwerbehinderung frei; 10er-Karte 20 €, Kinder 8 €, Saisonkarte 45 €, Kinder 15 €; Familienkarte 60 €, Schulklasse 0,30 € pro Pers, mit Ferienticket 0,50 €.

▶ Das mit Solarenergie geheizte Schwimmbad besitzt ein Sportbecken mit 50-m-Bahnen, ein Nichtschwimmerbecken, ein Springerbecken und ein großes Plantschbecken. Wenn ihr genug vom Wasser habt, könnt ihr euch auf der Liegewiese ausruhen oder auf dem Spielplatz toben. Ein Beachvolleyballfeld sorgt für sportliche Abwechslung, außerdem gibt

☀ Die Zehner- und Saisonkarten sind auch im Freibad Neuhäusel gültig.

🦋 Eine Kleingolfanlage befindet sich direkt beim Solarfreibad Kirkel-Limbach. 1 € pro Pers.

es einen Grillplatz und ein Bistro mit preisgünstigem Mittagstisch und schönem Biergarten.

Naturfreibad Kirkel-Neuhäusel

Goethestraße, 66459 Kirkel-Neuhäusel. ✆ 06849/6344. www.kirkel.de. **Bahn/Bus:** RB Saarbrücken – Homburg nach Kirkel-Neuhäusel, 5 Min Fußweg. **Auto:** A6 Ausfahrt 7 Rohrbach nach Kirkel-Neuhäusel. **Rad:** Saar-Nahe-Höhen-Radweg. **Zeiten:** Je nach Witterung Ende Mai – Ende Aug täglich 9 – 20 Uhr. **Preise:** 2,50 €, ab 17 Uhr 1,50 €; Kinder 6 – 16 Jahre, Schüler, Studenten, Schwerbehinderte, Wehr- oder Zivildienstleistende 1,50 €, ab 17 Uhr 0,50 €, Kinder mit Schwerbehinderung frei; 10er-Karte Erw 20 € (auch gültig in Limbach), Kinder 8 €, Saisonkarte Erw 28 €, Kinder 10 €; Familienkarte 35 €, Schulklasse 0,30 € pro Pers, mit Saarland-Sommer-TourenTicket 0,50 €.

▶ Ein Bad im Naturfreibad ist fast so schön wie in einem Badesee. Die Becken werden mit Quellwasser gespeist und die Reinigung erfolgt biologisch mit vielen Pflanzen und Wassertieren. Die einwandfreie Wasserqualität wird ständig kontrolliert, zeitweise auftretende Algen oder Trübung nehmen keinen Einfluss auf die Qualität. In das riesige Schwimmbecken mit insgesamt 10.000 qm Wasserfläche dürft ihr kleine Schlauchboote, Luftmatratzen und alle möglichen Spielgeräte mitnehmen. Kinderspielplatz und Beachvolleyballanlage sorgen dafür, dass auch an Land keine Langeweile aufkommt.

Freibad Zweibrücken

Geschwister-Scholl-Allee, 66482 Zweibrücken. ✆ 06332/41045, 871-405. www.zweibruecken.de. **Bahn/Bus:** ↗ Zweibrücken Hbf, Bus 226 Richtung Flughafen bis Festhalle, 500 m Fußweg. **Auto:** ↗ Zweibrücken Stadtmitte, am Ende der Gestütsallee links. **Zeiten:** Mai – Sep täglich 8 – 20 Uhr, wetterabhängig. **Preise:** 2 €, 10er-Karte 16 €, Feierabendkarte ab 18 Uhr 1 €; Kinder 4 – 17 Jahre 1 €, 10er-Karte 8 €, Feier-

Beim Bademeister könnt ihr jede Menge Wasserspielgeräte und Reifen ausleihen.

Hallenbad, Hofenfelsstraße 120, Zweibrücken, mit Spielschiff und wilden Wasserläufen. Mo 10 – 20.45, Di – Sa 8 – 20.45, So, Fei 8 – 17.45 Uhr; Erw 3 Std 4 €, Kinder 4 – 17 Jahre 2,50 €; Familien 4 Std 4 €/Erw, 1 €/Kind. ✆ 06332/874-460.

abendkarte 0,50 €; Schüler, Studenten, Auszubildende, Behinderte 50 %, Wehr- und Zivildienstleistende
1 €, Familien (Eltern, eigene Kinder) 30er-Karte 65 €,
Schüler-Ferienkarte bis 16 Jahre 8 €.

▶ Auf der Breitwasserwellenrutsche könnt ihr sogar
zu mehreren nebeneinander ins Wasser sausen. Ein
Riesenspaß! Im Kleinkinderbecken schützen Schirme vor der Sonne. Auf dem großen Kinderspielplatz
könnt ihr toben und klettern. Sportlich geht es auf
den Beachvolleyballfeldern, dem Beachsoccerfeld
und dem Bouleplatz zu.

Mit Kanu und Floß unterwegs

Unterwegs auf der Blies

Saarpfalz-Touristik, Am Forum 3, 66424 Homburg.
☎ 06841/104-190. www.saarpfalz-kreis.de. **Bahn/
Bus:** Ab ↗ Blieskastel ZOB Bus 503 Kleinbittersdorf bis
Herbitzheim. **Auto:** Von Norden B423, bei Erfweiler-Ehlingen links bis Herbitzheim Hotel Bliesbruck. **Rad:**
Bliestal-Freizeitweg. **Zeiten:** ↗ Internet. **Preise:** Floßtour (4 Std) 24 €, Canadier-Tour (4 Std) 39 €; Kinder bis
14 Jahre 18 € bzw. 24 €. **Infos:** Früh bei der Saarpfalz-
Touristik buchen, die Touren sind schnell ausgebucht.

▶ Treffpunkt der Touren ist das *Hotel Bliesbruck* in
Herbitzheim. Von hier könnt ihr die wildromantische

Achtung!
Eine Kanutour sollte nur
mit einem Veranstalter
durchgeführt werden!
Auf keinen Fall allein
lospaddeln, da die
Blies unberechenbar
sein kann.

SAARPFALZ

Mit vereinten Kräften geht
es vorwärts: Im modernen
Floß auf der Blies

Denkt daran, dass ihr euch in einem Biosphärenreservat befindet und ihr dort besonders viel Rücksicht auf Tiere und Blumen nehmen müsst.

Blies entweder mit dem Canadier oder mit einem modernen floßähnlichen Wasserfahrzeug erkunden. Ihr erhaltet eine Einführung in die Grundtechnik des Canadier- oder Floßfahrens und natürlich Schwimmwesten. Während der Tour macht euch das Team des Veranstalters *walkabout* auf die heimische Tier- und Pflanzenwelt aufmerksam und erzählt Spannendes über den sagenumwobenen Fluss. Es können auch naturkundliche Floßfahrten zu bestimmten Themen wie *Lebensraum Bliesaue* oder *Auf den Spuren der Biber* gebucht werden.

NATUR SPORTLICH

🍎 **Geistkircher Hof,** ✆ 06894/9562-28. www.geistkircher-hof.de. Di, Mi 8.30 – 11.30, 17 – 19, Do, Fr 8.30 – 18, Sa 9.30 – 12 Uhr. Produkte aus eigenem Anbau.

Radeltouren

Die 7-Weiher-Tour

Länge: 30 km. **Bahn/Bus:** RB Saarbrücken – Homburg bis St. Ingbert-Rentrisch Bhf, ca. 700 m nach rechts.
Auto: A6 Ausfahrt 5 St. Ingbert-West, nach St. Ingbert-Rentrisch Untere Kaiserstraße.

▶ Dieser speziell für Familien angelegte Radrundweg führt an 7 schönen Weiheranlagen vorbei. Der Einstieg befindet sich ca. 700 m rechts vom Bahnhof Rentrisch. Der Grüne Frosch auf blauem Grund zeigt euch den Weg! Ihr folgt ihm nach links und gelangt nach knapp 3 km in die **Fußgängerzone von St. Ingbert.** Am *Göhren- und Spitzbuben-Brunnen* vorbei geht es zum **Wombacher Weiher.** Dort gibt es eine bewirtschaftete Fischerhütte. Nach 3 km erreicht ihr den **Glashütter Weiher.** Es folgt eine kurze Steigung, danach fahrt ihr weiter durch lichten Mischwald und das Naturschutzgebiet *Geißbachtal.* Auf dem Weg zum **Sägeweiher** passiert ihr das Naturdenkmal *Braut und Bräutigam,* Buche und Eiche halten sich eng umschlungen. Danach erscheint am Wegesrand eine kleine Druckquelle. Nach etwa der Hälfte des Weges kommt ihr zum **Niederwürzburger Weiher,** den größten Weiher dieser Route. Hier liegt der malerische *Annahof* aus dem 18. Jahrhundert. Er wurde von der Reichsgräfin *Marianne von der Leyen* als Sommerresidenz erbaut. Im weiteren Verlauf der Tour geht es zum **Griesweiher** mit Fischerhütte. Nachdem ihr noch einmal steil bergauf radeln müsst, gelangt ihr zum **Weiher Rittersmühle.** Am Ortseingang von Oberwürzbach lohnt sich der 600 m weite Abstecher ins *Laichweihertal,* hier ist der letzte Weiher der Tour. In Oberwürzbach könnt ihr in der **Wanderhütte Frohsinn** einkehren, sie liegt rechts vom Radweg in der Farrenbergstraße. Dann passiert ihr den Wanderparkplatz des Naturdenkmals ↗ **Stiefel.** Jetzt sind es noch knapp 2 km bis zum Ausgangspunkt.

Radeln auf dem Bliestal-Freizeitweg

Länge: 16 km bis Reinheim, 28 km bis Saargemünd.
Bahn/Bus: RB Saarbrücken – Pirmasens bis Blieskastel-Lautzkirchen, 1 km bis Blieskastel ZOB. **Infos:** Ab Saargemünd mit der Saarbahn oder dem RE zurück nach Saarbrücken.

▶ Als Startpunkt der Tour eignet sich die Barockstadt **Blieskastel.** Der Weg ist perfekt für Kinder, da er auf der ehemaligen Eisenbahntrasse angelegt wurde und damit praktisch keine Steigungen beinhaltet. Die Teilstrecke auf deutscher Seite ist für Inlineskater geeignet. Ihr radelt oder skatet abseits des Straßenverkehrs größtenteils durch wunderschönes Naturschutzgebiet. Trotzdem müsst ihr etwas aufpassen, denn ab und zu kreuzen Straßen den Radweg. Viele lohnenswerte Abstecher in die Dörfer sind möglich, Schilder weisen den Weg zu den Sehenswürdigkeiten. Der Freizeitweg endet auf der deutschen Seite am ↗ **Europäischen Kulturpark Bliesbruck-Reinheim.** Skater können von hier mit dem Bus zurückfahren. Fahrradfahrer radeln entweder den gleichen Weg zurück oder auf französischer Seite weiter bis **Saargemünd.** Dort gibt es eine gut ausgeschilderte Anbindung an den Treidelpfad, der 17 km lang am deutsch-französischen Saarkanal bis Saarbrücken entlangführt.

Hunger & Durst
Hütte Wanderverein Frohsinn, ✆ 06894/7120, Mi 14 – 20, So 9.30 – 20 Uhr, an manchen So, Fei geschlossen, Spielplatz, kleine Gerichte.

🍎 **Fahrradverleih** im Hotel Bliesbruck, Mountain-, Trekking-, City- oder E-Bikes, Tandems, Fahrradanhänger, Rikschas, Hochräder. 6 €/Tag, 4 € ab 16 Uhr, Tandem 12 €. Infos 06843/80000.

Hunger & Durst
Biergarten Gleis 1, Familie Rabung, Gleisweg, 66453 Gersheim-Herbitzheim. ✆ 06843/8000-0. www.bliesbruck.de. April – Okt wetterabhängig ab 11, Do ab 17 Uhr. Brezeln, Flammkuchen, familienfreundliche Preise, Streichelzoo.

 Gutes Schuhwerk erforderlich, damit ihr beim Klettern nicht ausrutscht!

Hunger & Durst

Flammkuchenhaus,
Burgstraße 38, Kirkel.
✆ 06849/181337,
www.dasflammkuchenhaus-saar.de. Di – Sa
16 – 24, So 11 – 14,
17 – 24 Uhr, Mai – Okt
täglich 11 – 24 Uhr.
Biergarten, preiswerte
Mini-Flammkuchen.

Wandern & Reiten

Der Kirkeler Felsenpfad

Länge: 6 km. **Bahn/Bus:** RB Saarbrücken – Homburg bis Kirkel-Neuhäusel, 20 Min Fußweg erst Richtung Burg, dann links in die Hirschbergstraße bis zum Wald. **Auto:** A8 Ausfahrt 28 Limbach Richtung Neuhäusel, Marktparkplatz Nähe Burg.

▶ Der Einstieg in den Felsenpfad befindet sich in Kirkel-Neuhäusel am Waldeingang **Kohlroterweg.** Von hier folgt ihr dem mit einem Steinbock gekennzeichneten Rundweg. Schon nach wenigen Minuten erreicht ihr die **Wasserfelsen,** aus denen unablässig Wasser heraustropft. Es handelt sich hier um eine Schichtquelle, die im Winter, wenn das Wasser zu Eiszapfen gefroren ist, besonders schön aussieht. Nach etwa 1 km erreicht ihr den schönen Rastplatz am **Frauenbrunnen,** an dem ihr euch mit Quellwasser erfrischen könnt. Über einen **geologischen Lehrpfad** gelangt ihr dann zum imposantesten Teil des Weges, der durch hoch aufragende Buntsandsteinfelsen führt. Aber Vorsicht beim Klettern, am Unglücksfelsen soll nach einer Sage ein Reiter in die Tiefe gestürzt sein! Von hier geht es 3,5 km an bizarren Felsformationen vorbei, die durch Auswaschungen der weicheren Teile aus dem härteren Gestein entstanden sind. Es macht viel Spaß, sich Figuren auszudenken und die anderen raten zu lassen, wo sich die Figur befindet. 700 m weiter erreicht ihr wieder den Ausgangspunkt.

Ponsheimer Hof

Heribert Klein, 66399 Mandelbachtal-Ormesheim. ✆ 06893/2305, 3378. Handy 0171/5314905. www.ponsheimerhof.de. **Bahn/Bus:** Ab ↗ St. Ingbert Bus 507 Richtung Blickweiler bis Heidenkopf, 35 Min Fußweg. **Auto:** A620 Ausfahrt 4 Fechingen, der Hof liegt zwischen Eschringen und Ormesheim. **Zeiten:** Gruppenstunden Di – Fr ab 15 Uhr, Sa, So ab 10 Uhr.

Hunger & Durst

Ponsheimer Hof,
Biergarten, hofeigene
Produkte.

Preise: Kinder 8 – 12 Jahre 12 €/Reitstunde. **Infos:** Reiterferien für Kinder Di – So ohne Übernachtung, Termine ↗ Internet.

▶ Reitschüler ab 8 Jahre können hier reiten und den richtigen Umgang mit den Pferden lernen. Durch die Offenstallhaltung und den täglichen Weidegang wird die Ausgeglichenheit der Islandpferde, eine ihrer Charakterstärken, zusätzlich gefördert. Dadurch wird ein qualitativer Unterricht auf gut ausgebildeten Schulpferden gewährleistet.

Fuhrhalterey Myndenbach

Familie Hertel, Breitfurter Str. 47, 66440 Blieskastel-Mimbach. ✆ 06842/2542. www.fuhrhalterey-myndenbach.de. **Bahn/Bus:** Ab ↗ Blieskastel ZOB Bus 501 Richtung Kleinbittersdorf nach Mimbach. **Auto:** A8 Ausfahrt 30 Einöd, B423 bis Mimbach, auf der linken Seite, Treffpunkt Alte Schule. **Preise:** Wagonette 1 – 2 Std 100 €, 3 – 4 Std 120 €, 4 – 6 Std 150 €, Jagdwagen 1 – 2 Std 130 €, 3 – 4 Std 160 €, 4 – 6 Std 200 €.

▶ Eine gemütliche Kutschfahrt mit den Schweizer Pferden Veieli und Max durch den Bliesgau ist zu jeder Jahreszeit möglich. Bis zu 5 Erwachsene oder, je nach Größe, 6 – 10 Kinder können in der Planwagen-Wagonette mitfahren, Gruppen bis 7 Erwachsene oder 8 – 14 Kinder nutzen den etwas größeren Jagdwagen. Je nach Länge der Tour kann eine kleine Wanderung oder ein Picknick eingeplant werden. Der Rückweg führt durchs malerische *Grünbachtal*.

© Andrea Barth

Auf dem Rücken der Pferde liegt das Glück der Erde …

Happy Birthday!
Kindergeburtstag mit dem Pferdegespann ab 100 €.

Parks & Freizeitanlagen

Kulturpark Europas Rosengarten

Rosengartenstraße, 66482 Zweibrücken. ✆ 06332/871-451, -471. www.zweibruecken.de. **Bahn/Bus:**

 **Zweibrücker Rosenweg,** 2,5 km. Er beginnt hier und führt am Schwarzbach entlang, über die Fasanerie zu einem Wildrosengarten, Eintritt frei.

Hunger & Durst

Hotel Rosengarten am Park, Rosengartenstraße 60. ✆ 06332/9770, www.rosengarten-am-park.de. Biergarten, Kinderkarte.

Handtücher und Wechselkleidung mitnehmen, auch Sonnencreme und Kopfbedeckung nicht vergessen.

Juni: **Kinder- und Familienfest,** Infos ✆ 06041/101-160.

↗ Zweibrücken Hbf, 15 Min Fußweg über Poststraße. **Auto:** ↗ Zweibrücken, ausgeschildert. **Zeiten:** April, Mai, Sep, Okt täglich 9 – 19 Uhr, Juni – Aug täglich 9 – 20 Uhr, im Winter frei zugänglich. **Preise:** 4 €, bei Veranstaltungen 5,50 €; Kinder 6 – 17 Jahre 1,20 €; Schüler, Studenten, Wehrpflichtige, Behinderte, Inhaber des Sozialausweises 2,50 €, bei Veranstaltungen 3,60 €; Familien 0,50 € Ermäßigung pro Pers, Gruppen ab 20 Pers 3 €, bei Veranstaltungen 4 €.

▶ Im **Rosengarten** präsentiert sich die Königin der Blumen mit über 2000 verschiedenen Arten. Die Spazierwege führen an Teichen mit Wasservögeln, Pavillons und Skulpturen vorbei. Zum Spielen und Toben gibt es ein Freiluft-Schachbrett und Spielplätze. Mehrmals im Jahr wird sonntags ein bei Familien sehr beliebtes **Picknick im Park** veranstaltet, bei der jeder seinen eigenen Picknickkorb mitbringt.

Mitte Juni ist die Zeit der Rosentage. Das *Fest der 1000 Lichter* lässt den Garten im Glanz von Kerzen und Lampions leuchten. Musik, Tanz und Feuerwerk gehören mit zum Programm.

Wasserspielplatz im Stadtpark

66424 Homburg. ✆ 06841/101-0. www.homburg.de. **Bahn/Bus:** ↗ Homburg, 400 m Fußweg zur Jugendherberge, durch die Unterführung.

▶ Auf dem Wasserspielplatz im Homburger Stadtpark könnt ihr im knietiefen Wasser plantschen und das große Piratenschiff entern. Mit den grünen Flößen lassen sich prima Wettrennen veranstalten. Größere Kinder können sich an der Kletterwand mit Überhang probieren. Ein weiteres Spielgerät ist das lustige Monster Joshi, eine Spielskulptur, an deren Entstehung Kinder und Jugendliche mitwirkten und die sich prima zum Klettern und Rutschen eignet.

Freizeitanlage am Campingplatz

Patrick Lang, Geschwister-Scholl-Allee, 66482 Zweibrücken. Handy 0171/9838130. www.have-fun-zw.de.

Bahn/Bus: Ab ↗ Zweibrücken Hbf, Bus 226 Richtung Flughafen bis Festhalle, 500 m Fußweg. **Auto:** ↗ Zweibrücken Stadtmitte, am Ende der Gestütsallee links, am Freibad. **Zeiten:** April – Okt täglich Mo – Sa ab 14 Uhr, So, Fei und in den Ferien ab 10 Uhr. **Preise:** Bootsverleih 30 Min 3,50 €, 1 Std 6,50 €; Minigolf Erw 2,50 €, Kinder 7 – 17 Jahre, Senioren, Behinderte, Schüler, Azubis, Studenten, Wehr- und Zivildienstleistende 1,50 €. Rabatt für Schulklassen und Besucher des Freibades.

▶ Die Freizeitanlage liegt zentrumsnah und doch mitten in der grünen Lunge Zweibrückens. Auf dem *Schwarzbach* könnt ihr Tret- oder Ruderboote mieten, um die Wette rudern oder auf der gepflegten Minigolfanlage mit 18 Bahnen euer Geschick unter Beweis stellen.

Happy Birthday!

Geburtstagskinder spielen kostenlos Minigolf! Feier möglich.

Hunger & Durst

Zum Campingplatz,
✆ 06332/482984. www.gaststaette-campingplatz-zw.de. 16. April – 15. Okt täglich 8 – 23, 16. Okt – 15. April Mi – Fr 11 – 22, Sa, So, Fei 10 – 22 Uhr. Biergarten, Rabatttage.

Klettern & Schlittschuh laufen

Kletterzentrum Camp 4

Pariser Straße 24, 66482 Zweibrücken. ✆ 06332/4813-69. www.campvier.de. **Bahn/Bus:** Ab ↗ Zweibrücken Hbf Bus 226, 233 Richtung Flughafen. **Auto:** A8 Ausfahrt 34 Flughafen. **Zeiten:** Mo – Fr 14 – 23, Sa 10 – 23, So 10 – 21 Uhr. **Preise:** Tageskarte Klettern 9,50 €, nur Bouldern 6,50 €; Kinder 6 – 14 Jahre Tageskarte Klettern 4 €, nur Bouldern 4 €; Schüler, Studenten, Azubis, Arbeitslose, Behinderte, Zivil- und Wehrdienstleistende Tageskarte 7,50 €, nur Bouldern 5 €, Familientageskarte 19 €, nur Bouldern 15 €, jeweils zzgl. Materialleihgebühr, Schulklassen ab 4,50 € inkl. Leihgebühr für Gurt und Karabiner, 20 € Pauschale für den Trainer.

▶ Seid ihr schon einmal geklettert? Die Halle mit 800 qm Kletterfläche bietet über 200 Routen in allen Schwierigkeitsgraden. Im gemütlichen Bistro könnt ihr wieder zu Kräften kommen.

SAARPFALZ

Outlet Center Zweibrücken, für Kinder interessante Läden, z.B. mit Sport- und Kinderkleidung.

UMWELT ERFOR-SCHEN

Wie der Stiefel, das Wahrzeichen der Stadt, zu seinem Namen kam, könnt ihr euch sicher denken. Die Form des Felsens erinnert an einen riesigen umgedrehten Stiefel.

Ice Arena Zweibrücken

Flugplatzgebäude 70, 66482 Zweibrücken. ℂ 06332/ 48-7767, www.ice-arena.de. fethsv@aol.com. **Bahn/ Bus:** Ab ⬈ Zweibrücken Hbf Bus R7 Richtung Flughafen bis Pariser Straße, 5 Min Fußweg. **Auto:** A8 Ausfahrt 34 Contwig Richtung Outlet-Center. **Zeiten:** Mi 14 – 17 und 19 – 21, Do 15 – 17 und 19 – 21, Fr 15 – 17, Sa 15 – 17 und 19 – 23 (Eisdisco), So 10 – 12 und 14 – 17 Uhr. **Preise:** 4,50 €, 10er-Karte 40 €, Eisdisco 5 €, Schlittschuhverleih 3,50 €; Kinder 4 – 16 Jahre 3,50 €; 10er-Karte 30 €; Mi 14 – 17 Uhr Eintritt und Schlitt-schuhverleih je 3 €, Gruppen ab 15 Pers 3 € pro Pers, Schulen nach Voranmeldung 2 € pro Pers.

▶ Ausgestattet mit Handschuhen und Helm könnt ihr schnell über das Eis flitzen, Pirouetten drehen oder auf einem Bein fahren. Probiert auch mal aus, rückwärts zu fahren. Bei allen Kunststücken nicht vergessen, besonders auf kleinere Kinder Rücksicht zu nehmen.

Oben, unten, draußen, drinnen

Naturdenkmal Stiefel

66386 St. Ingbert-Sengscheid. www.st-ingbert.de. **Bahn/Bus:** RB Saarbrücken – Homburg bis St. Inbert-Rentrisch, 20 Min Fußweg 2 x rechts, dem Fahrradweg mit Grünem Frosch folgen. **Auto:** A6 Ausfahrt 5 St. Ing-bert-West, nach St. Ingbert-Sengscheid zum Wander-parkplatz Stiefel.

▶ Auf dem sagenumwobenen Hausberg St. Ing-berts, dem 398 m hohen *Großen Stiefel,* befindet sich der gleichnamige **Stiefel.** Über einen steilen Felspfad erreicht ihr vom Wanderparkplatz in etwa 15 Min das imposante Naturdenkmal. Es handelt sich um einen durch Wasser- und Winderosion geformten Buntsandsteinfelsen. Wahrscheinlich wurde er schon zu keltischer Zeit als Kultstätte genutzt. Gleich ne-ben dem Stiefel befindet sich der *Teufelsfels.* Auch er

war wohl einmal Gegenstand religiöser Verehrung. Im Gegensatz zum Stiefel ist der über 3 m hohe fünfkantige Monolith nicht natürlichen Ursprungs, sondern durch Menschenhand entstanden. Hungrige Wanderer können in der 5 Gehminuten weiter oben liegenden **Stiefelhütte** einkehren.

Kulturlandschaftszentrum Haus Lochfeld

Dienstsitz der Naturwacht Saarland, Manuel Krause, 66399 Mandelbachtal-Wittersheim. ✆ 06803/39105-91, Fax 39105-92. www.naturwacht-saarland.de. m.krause@naturwacht-saarland.de. **Auto:** Ab ↗ Zweibrucken bzw. ↗ Saargemünd B423 bis Wittersheim, Parkplatz an der Teichkläranlage, 20 Min Fußweg. **Zeiten:** Außengelände frei zugänglich, Zeiten und Preise für Aktionen nach Vereinbarung.

▶ »Kulturlandschaft erleben« werdet ihr bei einem Besuch des Hauses Lochfeld. Das Außengelände ist frei zugänglich, Weinbergterrassen sowie Mäh- und Streuobstwiesen erinnern an die traditionellen Nutzungsformen der Landschaft des Bliesgaus. Auch die

Draußen: Spielen in der Natur ist am schönsten

Hunger & Durst
Stiefelhütte,
✆ 0177/7014190.
www.de-schdiwwel.de.
Sep – Juni Mi 14 – 18,
So 10 – 18 Uhr. Preiswert, Terrasse.

Das Haus könnt ihr mieten oder auf dem Gelände grillen. Anmeldung Kreisverwaltung Homburg, ✆ 06841/104-480.

Happy Birthday!

Herr Krause von der Naturwacht hat viele Ideen für euren Geburtstag.

Hunger & Durst

Kiosk am Haus Lochfeld, ℗ 06841/1044-03, Mi, So 14 – 19 Uhr. Getränke, Kaffee und Kuchen.

Auf dem Schlossberg solltet ihr unbedingt die Ruinen der Festungsanlage **Hohenburg** aus dem 12. Jahrhundert erkunden. Sie hat eine spannende Geschichte, die ihr hier entdecken könnt! Frei zugänglich, Infos ℗ 06841/101-0.

Bienenzucht war hier weit verbreitet und wird anhand von Bienenstöcken, Wildbienenhotels und Schautafeln anschaulich erklärt.

Am besten könnt ihr die Umgebung kennen lernen, wenn ihr euch bei der Naturwacht anmeldet und ein Aktivprogramm bucht. Es werden naturkundliche Wanderungen oder Gewässeruntersuchungen durchgeführt, auch Geländespiele, Umweltbildung und längerfristige Projekte, die auf die Jahreszeiten abgestimmt sind, sind für Schulklassen, Kindergärten oder Jugendgruppen buchbar.

Homburger Schlossberghöhlen

66424 Homburg. ℗ 06841/2064. www.homburg.de. **Bahn/Bus:** ↗ Homburg, Fußweg durch die Fußgängerzone, Treppenzugang von der Altstadt. **Auto:** ↗ Homburg (Saar), Parkplatz auf dem Schlossberg. **Zeiten:** April – Okt täglich 9 – 17 Uhr, Nov – März täglich 10 – 16 Uhr, Dez, Jan geschlossen. **Preise:** 5 €, Gruppen ab 10 Pers 4,50 € pro Pers zzgl. 10 €; Kinder bis 16 Jahre 3 €; Familien (2 Erw, 1 Kind) 11 €, jedes weitere Kind 2,50 €. **Infos:** Voranmeldung empfehlenswert.

▶ Die größte Buntsandsteinhöhle Europas liegt unter der *Festung Hohenburg* und ist nicht natürlichen Ursprungs, sondern Ergebnis vom Sandabbau für die Glasindustrie im 17. Jahrhundert. Die Existenz der Höhle war lange Zeit in Vergessenheit geraten, bis 1930 zufällig zwei Schulschwänzer einen Eingang in das unterirdische Höhlensystem entdeckten. Im Zweiten Weltkrieg diente die Höhle dann als Luftschutzbunker. Aus Sicherheitsgründen stützt eine Stahlkonstruktion die Decken ab, noch sind aber nicht alle Stockwerke des riesigen Labyrinths zu besichtigen. Besonders beeindruckend ist die große *Kuppelhalle.* Deutlich im gelb und rot leuchtenden Sandstein zu erkennen sind Wellenspuren, die belegen, dass diese Region zeitweise von Wasser bedeckt war. Sogar Abdrücke urzeitlicher Pflanzen und Tiere sind zu erkennen.

Betriebe & Bergbau

Sägen und Mahlen im Moulin d'Eschviller

F-57720 Volmunster-Eschviller. ℰ 0033(0)387/967640. www.moulindeschviller.fr. **Auto:** A8 Ausfahrt 33 Zweibrücken-Ixheim, B424, in Frankreich D35A, rechts nach Eschviller, Beschilderung folgen. **Rad:** Europäscher Mühlen-Radweg. **Zeiten:** Ostern bis 2. So im Okt Sa, So und Fei 14 – 18 Uhr, Juli, Aug täglich außer Di. **Preise:** 4,50 € inkl. Führung, auch in Deutsch; Kinder 6 – 16 Jahre 3 € inkl. Führung; Gruppen ab 10 Pers Erw 4,50 €, Kinder 2,50 €. **Infos:** Mehrstündiges Programm für Gruppen 4,50 € + 2 € Eintritt Kornmühle.

Hochinteressant: Herr Mau untersucht das alte Mühlrad

▶ Die romantische Lage im Tal des *Schwalbbachs* gibt der aufwändig renovierten Mühlenanlage einen besonderen Charme. Die sachkundigen deutsch- und französischsprachigen Führer erläutern die Funktion der **Getreidemühle** anhand des noch funktionstüchtigen Mühlrades. Im **Sägewerk** werden euch die verschiedenen Sägetechniken erklärt. Im Anschluss daran kann selbst Mehl gemahlen und Brot gebacken werden. Nach der Führung könnt ihr die schöne Landschaft im Biosphärenreservat *Vogesen-Pfälzer-Wald* erkunden. Ein kinderwagen- und rollstuhltauglicher Rundweg führt an Wiesen mit Hochlandrindern vorbei. Jugendgruppen oder Schulklassen können ein mehrstündiges Kreativprogramm mit Führung buchen.

Die Welt unter Tage

Besucherbergwerk Rischbachstollen e.V., Am Grubenstollen 13, 66386 St. Ingbert. ℰ 06894/16904-90. www.rischbachstollen.de. **Bahn/Bus:** ↗ St. Ingbert, ab Bhf 25 Min Fußweg. **Auto:** ↗ St. Ingbert-West, Richtung

Hunger & Durst

Auberge du Vieux Moulin, landestypische Küche, mit Biergarten.

 Europäischer Mühlenradweg, 72 km, führt direkt an der Mühle vorbei. Infos bei der Saarpfalz-Touristik, ℰ 06841/104-190.

Happy Birthday!
Kindergeburtstag im Stollen 80 €, So, Fei 15 € Aufschlag, Mitnahme eigener Verpflegung möglich.

Universität, dann Beschilderung folgen. **Zeiten:** Gruppen Di – So nach Vereinbarung, Einzelpersonen am letzten Sa im Feb, April, Juni, Aug, Okt. **Preise:** 3 €, Gruppen 5,50 € pro Pers mind. 55 €, So, Fei 15 € Aufschlag, Bergmannsfrühstück 4,20 €; Schulklassen 105 €, Bergmannsfrühstück 3,20 €, Kinder 3 – 18 Jahre 4 €. **Infos:** Teilnahme an Führungen nach Voranmeldung.

▶ Im Rischbachstollen könnt ihr erfahren, wie hart der Beruf des Bergmanns vor über 100 Jahren war. Der Abbau von Steinkohle wurde in dieser Grube schon 1959 eingestellt, seit 1990 ist das Bergwerk für Besucher geöffnet.

Die Tour beginnt im **Zechenhaus.** Dort werdet ihr mit Fahrjacke, Helm, Arschleder, Batteriegürtel und Kopflampe ausgestattet. Mit der Bahn fahrt ihr dann in das unterirdische **Stollensystem** ein. Jetzt ist Anfassen und Anpacken ausdrücklich erlaubt! Der Kompressor, der die Druckluft für den Spiralbohrer erzeugt, macht einen höllischen Lärm! Untertage war eine gute Verständigung lebensnotwendig. Deshalb lernt ihr den Signalcode zwischen Maschinisten und Anschläger kennen. Ihr macht euch mit verschiedenen Bohrtechniken vertraut und erzeugt mit dem Spiralbohrer Löcher im Stein. Am Ende gibt es noch eine lustige Rutschpartie auf dem Arschleder und ihr dürft euch mit einem Bergmannsfrühstück stärken.

Ökologischer Landbau und Molkerei

Biolandhof Wack, Familie Wack, Eichelberger Hof, 66399 Mandelbachtal-Ommersheim. ✆ 06803/1214. www.biolandhof.wack.de. **Bahn/Bus:** Ab ↗ Saarbrücken Hbf Bus R10 Richtung Blieskastel bis Ommersheim, 1,5 km Fußweg. **Auto:** A6 Ausfahrt St. Ingbert-West nach Oberwürzbach, rechts L245 Richtung Ommersheim, auf der Bergkuppe links, Beschilderung Eichelberger Hof. **Zeiten:** Nach Absprache. **Preise:** Hofführung und Vesper 5 € pro Pers (mind. 10 Pers), nur Führung 50 € pro Gruppe (max. 25 Pers).

🍎 **Hofladen,** Di – Fr 18 – 19, Mi 14 – 17, Sa 10 – 14 Uhr. Weizen, Roggen, Dinkel direkt vom Feld und Biorohmilch direkt von der Kuh, Bioprodukte aus der Region.

▶ Auf dem Hof der Familie Wack könnt ihr erfahren, wo einige unserer Lebensmittel herkommen. Während der Hofführung werden euch die Stallungen und die Molkerei gezeigt und wertvolles Wissen zu ökologischem Landbau vermittelt. Die Kühe, Kälbchen, Schweine und Schafe warten schon auf eure Streicheleinheiten. Auf den Spielgeräten könnt ihr mitten in der Natur toben. Das Hoferlebnis könnt ihr mit einer Vesper, natürlich mit vollwertigen Produkten, ausklingen lassen.

Das kitzelt: Auf dem Biolandhof dürft ihr die Kälbchen füttern

Bliesgau-Ölmühle

Berghof 2, 66424 Homburg-Einöd. ✆ 06848/247, 701999-0. www.bliesgauoele.de. **Auto:** A8 Ausfahrt 30 Einöd, B423 Homburg, kurz nach dem ↗ Römischen Freilichtmuseum rechts abbiegen. **Zeiten:** Zeiten und Preise nach Vereinbarung. **Preise:** Eintritt frei.

▶ In der 2007 gegründeten Bliesgau-Ölmühle werden wertvolle Speise- und Kräuteröle kaltgepresst. Wie das funktioniert, könnt ihr bei einer Hofführung von Herrn Pick erfahren. Vom Anbau der Pflanzen über die Funktion der Mühle bis zum Abfüllen in die Flaschen wird euch alles erklärt.

🍎 **Hofladen,** ✆ 06848/7019-99-0, Di – Do 10 – 15, Sa 10 – 12. Neben den eigenen Bliesgau-Ölen werden landwirtschaftliche Produkte des Biosphärenreservats Bliesgau angeboten.

Burgen & Museen

Burgruine Kirkel

Sarah Guthor, Schloßbergstraße, 66459 Kirkel. ✆ 06841/8098-39, -40. www.burgsommer.de. **Bahn/Bus:** RB Saarbrücken – Homburg nach Kirkel-Neuhäusel, 20 Min Fußweg. **Auto:** A8 Ausfahrt 28 Limbach

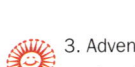

☀ 3. Adventswochende: **Kirkeler Burgweynacht.**

SAARPFALZ

Zielsicher: Ob sie den Apfel oben auf der Turmspitze trifft?

Unheimlich: Beim Kirkeler Burgsommer treten echte Feuerspucker auf

Richtung Neuhäusel. **Rad:** Saar-Nahe-Höhen-Radweg. **Zeiten:** Burgruine jederzeit frei zugänglich, Heimat- und Burgmuseum April – Okt So 14 – 18 Uhr. **Preise:** Burgführung inkl. Museum 20 € pro Gruppe. **Infos:** Preise und Termine für Veranstaltungen ↗ Internet.

▶ Die mittelalterliche Burgruine mit ihrer charakteristischen Silhouette ist das Wahrzeichen der Gemeinde Kirkel. Die ehemalige Reichsfeste wurde im 11. Jahrhundert errichtet und im 17. Jahrhundert zerstört. Im **Heimatmuseum,** das in einem Tagelöhner-Stallhaus aus dem 18. Jahrhundert am Fuße der Burg untergebracht ist, wird auf 3 Etagen die Geschichte des Ortes erläutert. Im Erdgeschoss befindet sich eine Küche und im Dachstübchen ein Schlafgemach der Jahrhundertwende.

Jedes Jahr wird Mitte Mai der **Kirkeler Burgsommer** mit dem Mittelaltermarkt eröffnet. Dann entsteht ein regelrechtes Handwerkerdorf, wo ihr unter fachkundiger Anleitung schnitzen, backen, schmieden oder töpfern könnt. Den krönenden Abschluss bildet die Burgolympiade im Juli mit Bogen- und Armbrustschießen, Burgerstürmung oder Axtwerfen.

Grenz-Erfahrungen im Zollmuseum

Heimat- und Geschichtsverein e.V., Manfred Nagel, Blieskasteler Straße, 66399 Mandelbachtal-Habkirchen. ☎ 06804/554. www.mandelbachtal.de. **Bahn/**

Bus: Ab ↗ Saarbrücken Hbf S1 Richtung Sarregue-mines bis Kleinbittersdorf Bhf, von dort Bus 501 Richtung Homburg bis Habkirchen. **Auto:** Von Norden B423 nach Habkirchen. **Rad:** Bliestal-Freizeitweg bis zur Freundschaftsbrücke. **Zeiten:** Jeden 3. So 14 – 18 Uhr. **Preise:** Eintritt frei. **Infos:** Schulklassen und Kindergärten nach Vereinbarung.

▶ Jeder hinterlässt Spuren! An der ehemaligen Zollgrenze in **Habkirchen** finden sich besonders viele Spuren, denn früher musste jeder Grenzgänger seinen Pass vorzeigen und wurde registriert. Der ehemalige Zöllner *Manfred Nagel* zeigt euch, welche Persönlichkeiten hier Spuren hinterlassen haben und warum an dem kleinen Grenzübergang Geschichte geschrieben wurde. Mit dem Wegfall der Zollkontrollen innerhalb der Europäischen Union 1993 ging in Habkirchen eine über 300-jährige Zollgeschichte zu Ende. Heute könnt ihr hier selbst in die Rolle eines Zöllners schlüpfen und die Gegenstände aus seinem Berufsalltag ausprobieren. Würdet ihr die versteckte Schmuggelware in der schicken Weste oder im alten Koffer vermuten? Auch Fahndungsplakate, Uniformen, beschlagnahmte Schmuggelware und jede Menge interessante Dokumente und Bilder sind hier liebevoll aufbewahrt.

Römermuseum Schwarzenacker

Homburger Straße 38, 66424 Homburg-Schwarzenacker. ✆ 06848/73077-7. www.roemermuseum-schwarzenacker.de. info@roemermuseum-schwarzenacker.de. **Bahn/Bus:** ↗ Homburg, ab Bhf Bus R7 Richtung Zweibrücken bis Römermuseum. **Auto:** A8 Ausfahrt 30 Einöd, B423 Richtung Homburg. **Zeiten:** April – Okt täglich 9 – 17 Uhr, Nov – März 10 – 16 Uhr. **Preise:** 3 €, So, Fei mit Führung 3,50 €, Gruppenführungen pauschal 30 €; Schüler 6 – 18 Jahre 2 €, So, Fei mit Führung 2,50 €; Familien 7,50 €, So, Fei mit Führung 9,50 €, Gruppenermäßigung ab 10 Pers 0,50 €. **Infos:** So, Fei 15 Uhr Gästeführung.

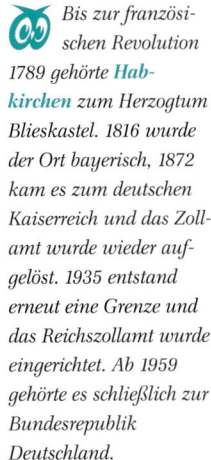

Bis zur französischen Revolution 1789 gehörte Habkirchen zum Herzogtum Blieskastel. 1816 wurde der Ort bayerisch, 1872 kam es zum deutschen Kaiserreich und das Zollamt wurde wieder aufgelöst. 1935 entstand erneut eine Grenze und das Reichszollamt wurde eingerichtet. Ab 1959 gehörte es schließlich zur Bundesrepublik Deutschland.

SAARPFALZ

Happy Birthday!

Geburtstag mit Schatzsuche, Grabung, Tempelritual und römischem Handwerk. Kinder 8 – 12 Jahre 150 € (5 – 9 Kinder) inkl. röm. Verpflegung, ca. 3 Std.

Schulprojekte mit Führung, Kochen und Handwerk 4 Std 320 € (bis 25 Pers), 6 Std inkl. Grabung und Suchspiel 420 €.

2. Wochenende im Mai: **Römerfest,** mit Händlern, Legionären und Priesterinnen.

Happy Birthday!
Für 70 € könnt ihr euren Geburtstag im Kulturpark feiern.

▶ Vor etwa 2000 Jahren gründeten die Römer hier eine Siedlung, die nach den Vorbildern einer antiken Stadt gebaut wurde. Die Stadt bot ihren Bürgern alle wichtigen Einrichtungen wie Ärzte, Bäckereien, Wirtshäuser, Thermen und Tempel. Die Straßen waren wie damals üblich rechtwinklig angelegt, gepflastert und mit Abwasserkanälen ausgestattet. Die parallel dazu verlaufenden Häuserzeilen besaßen von Säulen oder Pfeilern getragene Dachüberstände, die Fußgängern Schutz vor Sonne und Regen boten.
Über Wasserleitungen wurden alle Häuser mit frischem Trinkwasser versorgt. Sie besaßen sogar einen Keller, Fußbodenheizung, einen Hof mit Backofen, Vorratsbehältern und Kühlkammer sowie einen kleinen Garten. 275 n.Chr. griffen germanische Stämme den Vicus an und zerstörten ihn vollständig. Heute sind Teile der Stadt wieder aufgebaut, sodass ihr eine genaue Vorstellung von dem römischen Leben erhaltet.

Europäischer Kulturpark Bliesbruck-Reinheim

Robert-Schuman-Straße 2, 66453 Gersheim-Reinheim. ✆ 06843/9002-11. www.europaeischer-kulturpark.de. **Bahn/Bus:** Ab ↗ Blieskastel ZOB Bus 503 Richtung Kleinbittersdorf bis Kulturpark. **Auto:** Richtung ↗ Gersheim nach Reinheim. **Rad:** Bliestal-Freizeitweg. **Zeiten:** 15. März – 31. Okt täglich 10 – 18 Uhr, Führungen und musemspädagogische Programme ganzjährig. **Preise:** 5 €; bis 20 Pers kleine Führung (2 Std) 30 € zzgl. 3,50 € pro Pers, ab 20 Pers 5 € pro Pers; Kinder bis 16 Jahre, Behinderte (100 %) Eintritt frei, Mitmachprogramme ab 3,50 € pro Kind, Grillen 0,50 € pro Pers; Schüler, Studenten, Azubis, Gruppen ab 20 Pers 3,50 €. **Infos:** So, Fei kostenlose Führung um 15 Uhr.

▶ Der Europäische Kulturpark Bliesbruck-Reinheim lädt zu einem Spaziergang durch unsere gallo-römische Vergangenheit ein. Zwei Jahrhunderte lang trennte die deutsch-französische Grenze das ehe-

mals von Kelten und Römern besiedelte Tal der *Blies*. Mit dem Kulturpark hat man diese Grenze 1987 überwunden und dem Tal seine historische Einheit wiedergegeben. Aus der Zeit der Kelten 450 – 50 v.Chr. stammt das berühmte Grab der *Fürstin von Reinheim*. Kostbare Grabbeigaben wie Goldschmuck und ein exquisites Trink- und Speiseservice zeugen vom Reichtum und der hohen sozialen Stellung der Verstorbenen.

Über die Ruinen einer römischen Villa, wo ihr die Arbeit der Archäologen verfolgen könnt, gelangt ihr zum Keltendorf. Ein schöner Spazierweg führt zum römischen Vicus. Zwischen dem 1. und 4. Jahrhundert lebten hier mehrere Tausend Einwohner. Die öffentlichen Thermen auf französischer Seite wurden zum Schutz mit einer interessanten Überdachung versehen und können von einem hängenden Stegsystem aus bewundert werden.

Für Kindergruppen oder Schulklassen werden 1,5-stündige Mitmachprogramme angeboten. Themen sind: Rechnen mit dem römischen Abakus, Der römische Kalender, So spielten die Römer, Schüler arbeiten als Archäologen, Die Schrift der Antike, Töpferwerkstatt, Zu Tisch bei den alten Römern, Museumsrallye, Mythologie.

 Erlebnisreich wird es am **Gallo-Römischen Kinderfest** im Mai, während der **Kinderanimationen** in den Sommerferien, bei der **Vita Romana** im August und beim **Keltenfest** im September.

Museum für dörfliche Alltagskultur

Herr Altenkirch zeigt euch in eurer Schule oder im Verein, wie man mit dem richtigen Werkzeug aus einfachen Materialien tolle Autos, Kreisel oder Ähnliches anfertigen kann. Zeiten nach Vereinbarung, Schulklassen 50 € für 2,5 Std zzgl. Fahrtkosten.

Gunter Altenkirch, Erfweiler Straße 3, 66453 Gersheim-Rubenheim. ✆ 06843/91081. www.museum-alltags-kultur.de. **Bahn/Bus:** Ab ↗ Blieskastel ZOB Bus 503 Richtung Kleinbittersdorf bis Herbitzheim, von dort Weiterfahrt nur mit Sammeltaxi möglich. **Auto:** A8 Ausfahrt 30 Einöd, Richtung Blieskastel, dann L105 Richtung Gersheim bis Herbitzheim, rechts nach Rubenheim. **Zeiten:** Jeder 3. So im Monat 14 – 18 Uhr. **Preise:** Eintritt frei zu den regulären Öffnungszeiten, zu vereinbarten Terminen 3 € pro Pers;; Gruppen bis maximal 20 Personen 35 €.

▶ In dem Bauernhaus aus der ersten Hälfte des 18. Jahrhunderts ist das **Museum für dörfliche Alltagskultur** untergebracht, hier könnt ihr das Leben der

▶ Einst lebte ein armer Bauer mit seiner Familie und seiner Magd in einem kleinen Haus am Berg. Einmal sollte die Magd am Morgen das Feuer wieder entfachen, doch da keine Glut mehr vorhanden war, gelang es ihr nicht. Der Bauer schickte sie zum Hof des Nachbarn, um neue Glut zu holen. Doch bevor sie den Hof des Nachbarn erreichte, sah sie auf einer Wiese ein Feuer brennen.

DIE SAGE VOM GOLDGLUTFEUER

Drei Gestalten in fremder Kleidung saßen um das Feuer und sprachen kein Wort. Die Magd nahm all ihren Mut zusammen und fragte die Fremden, ob sie etwa Glut aus dem Feuer nehmen dürfe. Stumm gaben sie ihr die Erlaubnis. Sie nahm sich eine Schaufel voll Glut und lief damit nach Hause. Am Herd stellte sie fest, dass die Glut erloschen war. Deshalb eilte sie noch einmal zu dem Feuer und nahm erneut Glut mit. Doch wieder waren nur noch schwarze Kohlen auf der Schaufel, als sie zu Hause angekommen war. Ein drittes Mal traute sie sich nicht zu den unheimlichen Gestalten. Am nächsten Tag trug sie die Asche in den Garten und stellte überrascht fest, dass Goldstücke darin lagen. Der Bauer wollte von ihr wissen, wo das Feuer gebrannt hatte, doch sie fand die Stelle nicht wieder.

In Anlehnung *Von der Magd die das Feuer holte,* von Gunter Altenkirch, Sagen und Erzählungen II: Sagenhaftes Reinheim, Rubenheim 2008, 9,90 €.

einfachen Menschen von früher kennen lernen. Auf äußerst spannende Art und Weise führt euch Herr Altenkirch durch die umfangreiche Ausstellung. Unter welchen Bedingungen sind die Kinder vor 200 Jahren aufgewachsen? Was mussten sie bei der Feldarbeit tun und mit welchen landwirtschaftlichen Geräten wurde gearbeitet?

Wenn ihr möchtet, dürft ihr die Toilette des Museums ausprobieren, wie ihr sehen werdet, unterscheidet sie sich ein wenig von den heutigen WCs ... Besonders interessant ist die Spielzeugsammlung.

Theater

BÜHNE, LEINWAND & AKTIONEN

Naturbühne Gräfinthal

66399 Mandelbachtal-Bliesmengen-Bolchen.
☎ 06804/6556, 223, www.naturbuehne-graefinthal.de.
Bahn/Bus: Ab ↗ Blieskastel ZOB Bus R10 Richtung Saarbrücken nach Assweiler, Bus 507 Richtung Bliesmengen-Bolchen bis Gräfinthal, 10 Min Fußweg. **Auto:** B51 Richtung Saargemünd, Abzweigung Kleinbittersdorf Richtung Habkirchen, vor Bliesmengen-Bolchen links nach Gräfinthal. **Zeiten:** Mitte Juni – Ende Aug, genaue Termine ↗ Internet. **Preise:** 7 €; Kinder 4 – 7 Jahre 3,50 €. **Infos:** Frühzeitig reservieren. Die Bühne ist barrierefrei ausgebaut.

▶ Einzigartig ist die Naturkulisse der Freiluftbühne in Gräfinthal. Ob Pippi Langstrumpf oder Robin Hood, jedes Jahr wird ein anderes Kinderstück vom Amateurtheater gespielt. Von allen Plätzen aus könnt ihr gut sehen. Möchtet ihr vielleicht

Laaaangweilig: Seit wann muss Pippi Langstrumpf die Schulbank drücken?

SAARPFALZ

© Naturbühne Gräfinthal

Je nach Witterung nachmittags Sonnen- oder Regenschutz (keine Schirme) und für abends eine warme Decke mitnehmen!

Hunger & Durst
In der Grundschule Am Schloss 9 wird während der Sommerakademie ein **Bistro** eingerichtet. Mo – Fr 9 – 17 Uhr, leckeres Essen, Kuchen, Eis und Getränke, moderate Preise.

selbst einmal auf der Bühne stehen? Eine Kinder- (6 – 10 Jahre) und zwei Jugendtheatergruppen (10 – 14 und 15 – 18 Jahre) proben einmal wöchentlich. Im Sommer sind dann alle mit Begeisterung auf der Naturbühne mit dabei. Infos bei Gudrun Zapp, ✆ 06804/6319.

Malen & Basteln

Sommerakademie ARTefix
Freie Kunstschule Saarpfalz e.V., Helge Baer, Schloßberggebäude, 66440 Blieskastel. ✆ 06842/538206, 926-1328, www.artefix.de. **Bahn/Bus:** Ab ↗ Blieskastel-Lautzkirchen ZOB Bus 532 bis Schloßbergstraße. **Auto:** ↗ Blieskastel, Richtung Schloßberg. **Zeiten:** Mo – Fr 9.30 – 17 Uhr, Programm ab Feb im Internet. **Preise:** Kinder 2 – 16 Jahre 95 – 114 € pro Woche. **Infos:** Postadresse des Vereins: Schillerstraße im BBZ, 66424 Homburg, ✆ 06841/63925.

▶ Jedes Jahr findet in den ersten 3 Wochen der saarländischen Sommerferien in Blieskastel ein Festival der Kreativität und der Künste statt – die Sommerakademie. Die 19 Kurse für Kinder zwischen 2 und 16 Jahre reichen vom Junior-Atelier über Trommeln, Tanzen, Theaterspielen, Steineklopfen, mit Ton arbeiten, Schmuckgestaltung und Malen bis hin zum Zirkus.

Basteln und Werken von Spielzeug
Gunter Altenkirch, Erfweiler Straße 3, 66453 Gersheim-Rubenheim. ✆ 06843/91081. www.museum-alltagskultur.de. **Zeiten:** Nach Absprache. **Preise:** Schulklassen 50 € für 2,5 Std zzgl. Fahrtkosten.

▶ Spielzeug herzustellen ist eine Kunst, die Herr Altenkirch euch in eurer Schule oder im Verein zeigt. Ihr werdet lernen, wie man mit dem richtigen Werkzeug aus einfachen Materialien tolle Autos, Kreisel oder Ähnliches anfertigen kann.

In der Universitätsstadt Saarbrücken leben rund 190.000 Einwohner. Damit ist sie die einzige saarländische Großstadt. Während ihrer über 1000-jährigen Geschichte erlebte sie eine wechselvolle Vergangenheit. Nachdem Saarbrücken im 30-jährigen Krieg fast völlig zerstört wurde, erlebte die Stadt im Barock einen Aufschwung. Nach der Französischen Revolution 1789 wurde sie von Frankreich besetzt. Während des Zweiten Weltkrieges gehörte sie dann für kurze Zeit wieder zu Deutschland.

WÄLDER MIT INDUSTRIE-KULTUR

Die Landeshauptstadt bietet mit Theatern, Museen und Stadtfesten ein umfassendes Kulturangebot für Kinder und Familien. Grüne Oasen sind der Zoo, der Wildpark und der Deutsch-Französische Garten. Vor den Toren der Stadt wartet ein dicht bewachsener Urwald auf große und kleine Naturforscher.

Der rund 5000 ha große *Warndtwald* westlich von Saarbrücken und *Saarkohlewald* nördlich der Landeshauptstadt bieten heute vielfältige Erholungsmöglichkeiten. Die ehemalige *Rosseltalbahnstrecke* kann mit der Draisine befahren werden und thematische Wanderwege führen in die Industriegeschichte ein. Das UNESCO-Weltkulturerbe *Völklinger Hütte* zeigt eindrucksvoll alles rund ums Thema Stahl. Eine Bergwerksbesichtigung lohnt sich vor allem im Bergwerk *Musée de la Mine* in Petite Roselle.

Wanderkarte Stadtverband Saarbrücken, 1:50.000, ISBN 978-3-935804-49-0, 6,50 €.

TIPPS FÜR WASSER-RATTEN

Frei- und Hallenbäder

Baden oder Schnorcheln im Calypso

Deutschmühlental 7, 66117 Saarbrücken. © 0681/588177-0. www.erlebnisbad-calypso.de. **Bahn/Bus:** Ab Hbf Saarbahn und Bus 121 Richtung Stadtwerke, Haltestelle Ober der Deutschmühl, 8 Min Fußweg. **Auto:** A620 Ausfahrt 13 Messe. **Zeiten:** Täglich 10 – 22 Uhr, Ferien Sa, So und Fei ab 9 Uhr. **Preise:** 1,5 Std 7 €, 3 Std 11 €, Tageskarte 16 €, Sa, So, Fei 1 € Aufschlag; Kinder 3 – 15 Jahre, Schüler, Studenten, Azubis 1,5

Hungrig: Fleischfressende Pflanze im Botanischen Garten Saarbrücken

SAARBRÜCKEN & UMGEBUNG

Happy Birthday!
Für 10 € pro Kind könnt ihr für 3 Std baden und erhaltet ein Kinderessen mit Getränk. Das Geburtstagskind hat freien Eintritt.

Std 4 €, 3 Std 7,50 €, Tageskarte 10,50 €; Familien 35 € (Eltern, 2 eigene Kinder), jedes weitere Kind 2 €.

▶ In dieser Abenteuerwelt könnt ihr euch wie echte Seeräuber fühlen und das große Spielschiff entern. Über mehrere Rutschen (74 – 99 m) könnt ihr mutig ins Wasser sausen und im Strömungs- und Wildwasserkanal eure Schwimmkünste testen. Im Sportbecken ist ein Schnorchelriff integriert, daher Taucherbrille und Schnorchel mitbringen oder vor Ort ausleihen. Auch der Außenbereich hält einige Überraschungen wie sprudelnde Gesire bereit.

Totobad

Freibad Schwarzenberg, Am Schwarzenbergbad, 66123 Saarbrücken-St. Johann. ✆ 0681/3899732. www.saarbruecken.de. Am östlichen Stadtrand.
Bahn/Bus: Ab Hbf Saarbahn Richtung Sarreguemines bis Johanneskirche, 2 Min Fußweg zum Rathaus, Bus 106 bis Rotenbühl, 10 Min Fußweg. **Auto:** Ab Innenstadt B51 Richtung Eschberg, links in die Straße Am Kieselhumus, beschildert. **Zeiten:** Mitte Mai – Aug bzw. Sep (wetterabhängig) täglich 9 – 20 Uhr. **Preise:** 3 €, Feierabendtarif 2 €, 10er-Karte 25 €, Saisonkarte 43 €; Kinder 6 – 12 Jahre 1,20 €, Feierabendtarif 0,80 €, 10er-Karte 10 €, Saisonkarte 17 €; Jugendliche 13 – 17 Jahre, Schüler, Azubis, Studenten 1,80 €, Feierabendtarif 1 €, 10er-Karte 15 €, Saisonkarte 26 €, Familien 4,50 € (1 Erw, 2 Kinder) oder 6 € (2 Erw, 1 Kind).

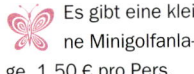 Es gibt eine kleine Minigolfanlage, 1,50 € pro Pers.

 Jedes Jahr gibt es im Juli ein großes **Schwimmbadfest** mit Open-Air-Kino.

Salto mortale: Mit viel Schwung ins Sportbecken

▶ Dieses parkähnlich angelegte Freibad von 1959 verfügt über ein großes, hügeliges Areal mit Liegewiesen, Schwimmerbecken mit 50-m-Bahnen, Sprungbecken, Nichtschwimmerbecken sowie Kleinkinderbereich mit Plantschmulde und Spielplatz. Das große Nichtschwimmer-Erlebnisbecken hat einen Strömungskanal und eine Riesenrutsche. Ballspielplätze und ein Freiluft-Schachspiel sowie mehrere Kioske und Cafés verteilen sich über das Gelände.

Dudobad Hallenbad

St. Avolder Straße, 66125 Saarbrücken-Dudweiler. ℂ 06897/762364. www.saarbruecken.de. **Bahn/Bus:** Ab Hbf Bus 125 Richtung Dudoplatz bis St. Avolder Straße. **Auto:** A623 Ausfahrt 5 Dudweiler Richtung Dudoplatz. **Zeiten:** Sep – Anfang Mai Di, Fr 7 – 8.30 und 14.30 – 20, Do 14.30 – 21, Mi 7 – 13, Sa 8 – 18, So 8 – 13 Uhr. **Preise:** 3 €, Feierabend 2 €, 10er-Karte 25 €, Saison 86 €; Kinder 6 – 12 Jahre 1,20 €, Feierabend 0,80 €, 10er-Karte 10 €, Saison 33 €; Jugendliche 13 – 17 Jahre, Schüler, Azubis 1,80 €, Feierabend 1 €, 10er-Karte 15 €, Saisonkarte 57 €, Familien 4,50 € (1 Erw, 2 Kinder) oder 6 € (2 Erw, 1 Kind).

▶ Das klassische Sportbad hat ein kombiniertes Schwimmer- und Nichtschwimmerbecken mit 50-m-Bahnen, die Massagedüsen und Breitschwallduschen befinden sich im Nichtschwimmerbereich. Es gibt 1- und 3-m-Bretter, einen 5-m-Turm am separaten Sprungbecken sowie einen kleinen Spielbereich mit Rutschbahn. Hungrige Sportler können sich im Bistro stärken, eine Kegelbahn ist auch vorhanden.

Letzte April- bis 1. Maiwoche, Burbacher Saarterrassen: **Maifest,** größtes Volksfest im Saarland.

Dudweiler Freibad

St. Ingberter Straße 141, 66125 Saarbrücken-Dudweiler. ℂ 06897/972383 (Gemeinde). www.saarbruecken.de. **Bahn/Bus:** Ab Innenstadt Bus 103, 104 Richtung Elversberg bis Dudoplatz, Bus 160 Richtung Schwimmbad. **Auto:** A623 Ausfahrt 5 Dudweiler, am Dudoplatz geradeaus, nach ca. 200 m rechts. **Zeiten:** Mai – Ende Aug bzw. Anfang Sep (wetterabhängig) täglich 9 – 20 Uhr. **Preise:** 3 €, Feierabend 2 €, 10er-Karte 25 €, Saison 43 €; Kinder 6 – 12 Jahre 1,20 €, Feierabend 0,80 €, 10er-Karte 10 €, Saison 17 €; Jugendliche 13 – 17 Jahre, Schüler, Azubis, Studenten 1,80 €, Feierabend 1 €, 10er-Karte 15 €, Saison 26 €, Familien 4,50 € (1 Erw, 2 Kinder) oder 6 € (2 Erw, 1 Kind).

▶ Im Dudweiler Freibad könnt ihr auf den 50-m-Bahnen des Schwimmbeckens trainieren. Eine Riesenrutsche schlängelt sich 65 m lang ins Nichtschwim-

Ende Juni bzw. Anfang Juli: Dudweiler **Altstadtfest** mit Kinderveranstaltungen.

merbecken. Für kleinere Kinder gibt es ein Plantsch-becken und einen Spielplatz. Für Abwechslung sorgen 2 Tischtennisplatten.

Vopeliusbad Sulzbach

Quierschieder Weg, 66280 Sulzbach/Saar. ✆ 06897/575-200. www.stadtwerke-sulzbach.de. **Bahn/Bus:** RB Saarbrücken – Türkismühle bis Sulzbach Bhf, Bus 103 Richtung Elversberg bis Stadtwerke, 15 Min Fußweg. **Auto:** A623 Ausfahrt 4 Sulzbach, Richtung Sportzentrum. **Zeiten:** Di – Fr 7 – 21 Uhr, Sa 7 – 19 Uhr, So 8 – 12 Uhr, in den ersten 3 Ferienwochen geschlossen. **Preise:** 2,20 €; Kinder 2 – 14 Jahre 1 €; Jugendliche 15 – 17 Jahre, Schüler, Studenten, Auszubildende 1,60 €. **Infos:** Behindertengerechte Ausstattung.

▶ Das Hallenbad besitzt ein Schwimmerbecken mit 25-m-Bahnen, ein Nichtschwimmerbecken mit Massagedüsen sowie ein Plantschbecken mit Elefantenrutsche. Das Bistro hat ein reichhaltiges Angebot, bei schönem Wetter könnt ihr euch auf den Liegen im Außenbereich entspannen.

Erlebnisfreibad Köllerbachtal

Stadionstraße, 66333 Völklingen. ✆ 06898/280670 (Gemeinde). www.voelklingen.de. **Bahn/Bus:** ↗ Völklingen Bhf, Bus 187 Richtung Auf Großscheid bis Kleinscheid, 5 Min Fußweg. **Auto:** ↗ Völklingen, Richtung Püttlingen, Stadion. **Rad:** Saar-Radweg. **Zeiten:** Mai – Sep täglich 9 – 20, bei schlechtem Wetter bis 18 Uhr. **Preise:** 3 €, 12er-Karte 30 €, 50er-Karte 105 €, Saisonkarte 70 €, ab 18 Uhr 1,50 €; Kinder 7 – 15 Jahre 1,50 €, 12er-Karte 15 €, 50er-Karte 50 €, Saisonkarte 35 €, ab 18 Uhr 0,75 €; Schüler, Studenten, Azubis, Wehr- oder Zivildienstleistende, Behinderte 2 €, 12er-Karte 20 €, 50er-Karte 75 €, Saisonkarte 53 €, ab 18 Uhr 1 €, Familien 6 € für 2 Erw zzgl. 0,50 € pro Kind.

▶ Nicht nur die schöne Waldlage macht das Völklinger Freibad für Familien so attraktiv. Auch die fast 100 m langen Rutsche, die Gegenstromanlage, der

Wasserpilz und die Sprudelplatte bringen viel Spaß. Außerdem gibt es ein separates Schwimmerbecken und ein Kleinkinderbecken mit Minirutsche und Wasserpilz. Auf dem Spielplatz und den 2 Beachvolleyballfeldern könnt ihr euch ebenfalls austoben.

Boot fahren

Bootsverleih Saarlagune

Saarwiesen am Staatstheater, 66111 Saarbrücken. ✆ 06898/180866, Handy 0178/9318722. www.saarlagune.de. **Bahn/Bus:** Ab Hbf Bus 174 Richtung Landwehrplatz bis Staatstheater. **Auto:** A620 Ausfahrt 17, am Schloßberg parken, Fußweg über die Alte Brücke, rechts am Saarufer. **Rad:** Saar-Radweg. **Zeiten:** Mai – Sep Mo – Fr 15 – 17, Sa, So 11 – 20 Uhr. **Preise:** 9 € pro Boot/Std, Motorboot 20 € inkl. Schwimmwesten.

▶ Wer eine Bootstour auf der *Saar* unternehmen möchte, kann beim Bootsverleih Saarlagune zwischen verschiedenen Booten wählen. Vermietet werden Kanus, Ruder- und Tretboote sowie Motorboote. Maximal können 4 Personen in einem Boot mitfahren und es wird kein Führerschein benötigt. Für Kinder ist das Tragen von Rettungswesten Pflicht!

Radeltouren & Draisinen

Radeln am Saarkanal

Länge: Saargemünd – Saarbrücken, ca. 18 km einfache Strecke. **Bahn/Bus:** ↗ Sarreguemines Bhf, an der Tourist-Information vorbei zum Saarufer. **Rad:** Saar-Radweg, Glan-Blies-Weg (Saar-Brücke überqueren).

▶ Der Radweg verläuft auf französischer Seite entlang dem Saarkanal auf dem ehemaligen **Treidelpfad.** Bevor ihr in **Saargemünd** (franz. *Sarreguemines*) am linken Saarufer gegenüber dem Casino startet, lohnt sich ein Abstecher zum ↗ *Museum für*

2. Wochenende im August: **Saarspektakel,** Veranstaltung rund ums Wasser mit Programm zum Zuschauen und Mitmachen.

NATUR SPORTLICH

Früher wurden Schiffe ohne Motor von Pferden gezogen, die auf Pfaden zu beiden Seiten des Saarufers liefen. Diese nennt man **Treidelpfade.**

Hunger & Durst

Restaurant Saarschleuse, Saarstraße 15, Güdingen. ✆ 0681/8721-71. www.saar-schleuse.de. Mi – So ab 11, Mo ab 14 Uhr. Saarländische Küche, Biergarten am Saar-Radweg, Kinderkarte.

Wusstet ihr, dass der Nikolaus aus St. Nikolaus kommt? Das ganze Jahr über könnt ihr ihm schreiben, kurz vor Weihnachten bekommt ihr eine Antwort!

Post an den Nikolaus, Nikolaus, 66352 St. Nikolaus im Warndt. www.sankt-nikolaus-warndt.de. Am 6. Dez gibt es in St. Nikolaus eine Nikolausfeier mit dem heiligen Mann.

Steingut-Technik in der Bliesmühle. Einsteigen könnt ihr in die Tour überall entlang dem Saarkanal. Ihr fahrt am linken Saarufer stets in nördliche Richtung und folgt der mit 3 Radfahrern gekennzeichneten VeloRoute SaarLorLux. Die Strecke zwischen Saargemünd und Saarbrücken ist vollständig asphaltiert und flach, sodass sie auch für Inline-Skater geeignet ist. Überall gibt es schöne Wiesen zum Picknicken, nehmt eine Decke und Verpflegung mit!

Nach etwa 10 km verlasst ihr Frankreich und befindet euch im Saarbrücker Stadtteil **Güdingen.** Ihr bleibt weiterhin auf der linken Saaruferseite, bis ihr die Alte Brücke von Saarbrücken erreicht. Diese überquert ihr und folgt der Beschilderung durch die Altstadt bis zum Bahnhof.

Radtour durch den Warndt

Länge: 41 km, sehr anspruchsvoll. **Bahn/Bus:** ↗ Völklingen Bhf, über die Saarbrücke. **Auto:** A620 Ausfahrt 7 Völklingen-Wehrden. **Rad:** Saar-Radweg. **Infos:** Fahrräder mit Mehrgangschaltung nötig.

▶ Die Tour entlang der Warndt-Schleife ist wegen der hügeligen Landschaft anspruchsvoll, längere Anstiege sind unvermeidlich. Besitzt ihr genügend Kondition, ist es eine abwechslungsreiche Tour durch eine waldreiche Gegend. Los geht es an der Schiffsanlegestelle in **Völklingen-Wehrden.** Ihr folgt der Beschilderung Saarland-Radweg durch das untere *Rosseltal* und gelangt nach **Geislautern.** Dort kommt ihr am *Bienenlehrpfad* vorbei. Schautafeln und Schaukästen informieren über die Bedeutung der Honigbienen. Nach etwa 4 km passiert ihr die ehemalige *Grube Velsen* und überquert die Grenze nach Petite-Rossel (F). Nach ca. 400 m biegt ihr am Kreisel rechts ins deutsche **Großrosseln** ab. Der gut markierte Weg führt stetig bergan bis nach **St. Nikolaus.** Entlang dem St. Nikolaus-Weiher geht es über einen Fußpfad weiter nach **Karlsbrunn.** Hier fahrt ihr durch den ↗ *Wildpark Karlsbrunn* den Steinberg hinauf und gelangt zu einer **Aussichtsplattform** an der deutsch-französischen Grenze. Ihr befindet euch an einem senkrechten Abgrund und blickt in die riesige Bergbaugrube von Freyming-Merlebach. Weiter geht es bergab nach **Lauterbach.** Ihr habt jetzt etwa die Hälfte der Strecke geschafft. Durch den Ort müsst ihr an der Hauptstraße entlangfahren! Dann geht es rechts am Warndtdom vorbei wieder bergan in Richtung Überherrn.

Nach knapp 4 km erreicht ihr den **Warndt-Weiher.** Hier verlasst ihr den Saar-Radweg und folgt rechts dem Blauen Schild mit dem Schriftzug Warndt-Schleife. Es geht erst leicht bergab durch das *Werbelner Bachtal,* dann biegt der Weg nach rechts ab. Ihr überwindet die letzte größere Steigung der Rundtour und werdet mit einer schönen Aussicht über den Warndt belohnt. Dann geht es rasant bergab nach **Ludweiler.** Von dort radelt ihr weiter nach **Geislautern** und trefft wieder auf den Saar-Radweg. Auf dem gleichen Weg fahrt ihr zurück zum Ausgangspunkt in **Wehrden.**

Strampeln auf der Fahrrad-Draisine

Warndt Express, 66352 Großrosseln. ℂ 0681/92720-19 (Saarl. Tourismuszentrale). www.warndt-express.eu. **Länge:** Etappenfahrt ca. 11 km (hin und zurück), Standardfahrt ca. 23 km (hin und zurück). **Bahn/Bus:** Ab ↗ Völklingen Bhf Bus 167 bis Großrosseln Sparkasse. **Auto:** ↗ Völklingen, Richtung Großrosseln, an der Sparkasse links zum Alten Bahnhof. **Zeiten:** April – Mitte Okt Sa, So und Fei, aktuelle Fahrzeiten ↗ Internet. **Preise:** Etappenfahrt Easy Rail (4 Pers, 2 Pedalierer) 20 €, Florentine (5 Pers, mind. 4 Pedalierer) 25 €, Club Rail (7 Pers, mind. 3 Pedalierer) 35 €, Standardfahrt Easy Rail 35 €, Florentine 50 €, Club Rail 70 €; Familien Etappenfahrt Easy Rail 15 €

Mühsame Strampelei: Nur mit vereinten Kräften kommt man gut vorwärts

Happy Birthday!

Geburtstagsfahrten für Kinder ab 10 Jahre. Kombination von Draisinenfahrt und Eseltrekking möglich.

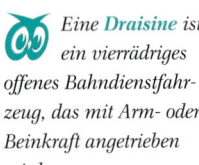

Eine Draisine ist ein vierrädriges offenes Bahndienstfahrzeug, das mit Arm- oder Beinkraft angetrieben wird.

Am **Warndt Weekend** im Juni findet das Draisinenrennen um den Warndtpokal statt.

(mind. 2 Pedalierer). **Infos:** Kombination der Draisinenfahrt mit Besuch der ↗ Völklinger Hütte, ↗ Musée La Mine, Bergwerk Velsen, Bienenlehrpfad, ↗ Wildpark Karlsbrunn oder Eseltrekking möglich.

▶ Die alte Bahnstrecke der 2006 stillgelegten **Rosseltalbahn** kann heute mit einer **Draisine** befahren werden. Dabei fahren immer 3 Schienenfahrräder in Kolonne. Ein Draisinenführer ist mit dabei und berichtet euch Interessantes über den Warndt.
Um voranzukommen, müsst ihr kräftig in die Pedale treten. Größere Kinder, die mit ihren Füßen die Pedale erreichen, müssen eine gute Kondition besitzen oder sich mit anderen abwechseln können. Kleine Kinder fahren auf den Sitzplätzen mit. Die Fahrt führt vom Alten Bahnhof durch den Wald, je nach Laune könnt ihr ein Picknick an einem versteckten Weiher einplanen. Am 2005 stillgelegten **Bergwerk Warndt** ist der Wendepunkt, alle helfen mit, die Draisinen zu drehen. Zurück rollen die Schienenfahrräder bergab. Ihr fahrt am **Bahnhof Großrosseln** vorbei Richtung Völklingen. Der folgende Streckenabschnitt ist eher flach, ihr könnt also entspannt einen Blick auf die letzten Steinkohlereserven werfen, die nach und nach zu den saarländischen Kohlekraftwerken transportiert werden.

Reiten

Reiten auf Islandpferden

Saga Reitschule Grumbachtal, Sylvia Becker, Grumbachtalweg 181a, 66121 Saarbrücken-Schafbrücke. ✆ 0681/8910-473. Handy 0171/5447368. www.saga-reitschulen.de. **Bahn/Bus:** RB Saarbrücken – Homburg bis Schafbrücke oder Bus 506 Richtung Blieskastel bis Schafbrücke, 15 Min Fußweg. **Auto:** A620 Ausfahrt 19 Ostspange, im Kreisel Richtung Schafbrücke, Industriegebiet-Ost verlassen, immer geradeaus, rechts in den Grumbachtalweg. **Zeiten:** Reitunterricht Mo – Fr 14 –

19 Uhr, Tagesreiterferien Mo – Sa 9 – 18 Uhr. **Preise:** Kinder 6 – 16 Jahre Reitunterricht 56 € im Monat, Reiterferien 240 € inkl. Mittagessen.

▶ Auf den freundlichen Islandpferden, die im weichen **Tölt** gehen, wird das Reitenlernen zum Genuss. Die Gruppengröße beträgt max. 7 Teilnehmer, sodass jeder individuell gefördert werden kann. Die Reitstunden finden in der Halle, auf dem Reitplatz oder im Gelände statt. In den Ferien werden Tageskinderferien angeboten. Neben 2 Std Reitunterricht täglich und Theorie bleibt noch viel Zeit zum Spielen auf dem Hof.

Im Gegensatz zu Trab und Galopp ist der **Tölt** *eine Spezialgangart ohne Schwebephase. Für den Reiter ist das besonders angenehm und rückenschonend. Töltende Pferde können verschiedene Geschwindigkeiten laufen ohne zu springen. Besonders geeignet sind Islandpferde.*

Spielen & Klettern

Deutsch-Französischer Garten (DFG)

Amt für Grünanlagen, Forsten und Landwirtschaften, Deutschmühlental, 66117 Saarbrücken. ✆ 0681/53437. www.saarbruecken.de. Im Südwesten der Stadt. **Bahn/Bus:** Ab Hbf Saarbahn und Bus 126 Richtung Habsterdick bis DFG Nord. **Auto:** A620 Ausfahrt 13 Messe. **Zeiten:** Frei zugänglich, Veranstaltungen zum Teil kostenpflichtig, ↗ Internet.

▶ Die schöne Parkanlage des Deutsch-Französischen Gartens mit dem *Deutschmühlenweiher* und einem Bachlauf ist eine Oase der Erholung. Die vielen Wege können gut mit dem Kinderwagen befahren werden. Lustig anzuschauen sind die Wasserorgel oder die bunten Mosaikbecken mit Wasserspielen. Nehmt einfach Decke und Leckereien mit und genießt die Sonne bei einem Picknick am Wasserlauf. Austoben könnt ihr euch auf der großen Spielwiese oder auf dem Spielplatz.

Am Weltkindertag Ende August findet ein großes UNICEF-Kinderfest mit vielen Spielen und Mitmachprogrammen statt. Oder mögt ihr es lieber gruselig? An Halloween wird der Park unheimlich geschmückt.

 Minigolfanlage im DFG Ostern – Okt 10 – 18 Uhr. 1,50 € pro Pers, ✆ 0681/52193.

Auf dem **Deutschmühlenweiher** könnt Ihr Tretboot fahren: Ostern – Mitte Okt Mi, Sa, So, Fei 13 – 18, Sommerferien Di – So 13 – 18, So, Fei bis 20 Uhr, Erw 5 € pro 30 Min für 2 Pers, jede weitere Pers 1 €; Kinder bis 12 Jahre 0,50 €.

Über den Wipfeln: Im Abenteuerpark Saar

Waldhochseilgarten

Abenteuerpark Saar, Rehtächen, 66123 Saarbrücken-St. Johann. ℘ 0681/9385440, Fax 9603862. www.abenteuerpark-saar.de. kontakt@abenteuer-park-saar.de. **Bahn/Bus:** Ab Hbf Bus 101, 111 oder 124 bis Wildpark. **Auto:** Ab Innenstadt B41 Dudweiler, rechts Richtung Uni auf Meerwiesentalweg, Parkplatz rechts, kurzer Fußweg am Wildpark vorbei. **Zeiten:** Ende März – Mitte Nov Fr 14.30 – 18.30 Uhr, Sa, So, Fei und in den Ferien täglich 9.30 – 18.30 Uhr, Gruppen nach Vereinbarung. **Preise:** 3 Std 24 €; Kinder 12 – 17 Jahre, Studenten (bis 24 Jahre) 19 € für 3 Std; Familien 50 € (2 Erw, 1 Kind), jedes weitere Kind 10 €, Gruppen ab 11 Pers 1,50 € Ermäßigung pro Pers, Schulklassen 15 € pro Pers.

▶ Der mitten im Stadtwald gelegene Hochseilgarten eignet sich für Kinder ab 12 Jahre und 1,45 m Körpergröße. Schwerpunkt der erlebnispädagogischen Arbeit ist individuelle Betreuung von Familien, Gruppen und Einzelpersonen entsprechend ihrer Bedürfnisse und Lernziele.

Alle Trainer verfügen über eine spezielle Kletterausbildung, die Sicherheit der Teilnehmer wird durch das Tragen von Klettergurt, Helm und eine doppelte Sicherung gewährleistet.

letzte Nov-Woche – 23. Dez: **Weihnachtsmarkt** auf dem St. Johanner Markt.

Kinderwelt Saarbrücken

Kreisstraße 138, 66128 Saarbrücken-Gersweiler. ℘ 0681/709609-90, www.kinderwelt-sb.de. **Bahn/**

Bus: Ab Johanneskirche Bus 103 Richtung Klarenthal bis Krughütte, 15 Minuten Fußweg. **Auto:** A620 Ausfahrt Saarbrücken-Klarenthal, zweimal links Saarbrücker Straße, Kokereistraße, Richtung Forbach Kreisstraße. **Zeiten:** Mo – Fr 14 – 19 Uhr, Sa, So, Fei 11 – 19 Uhr, in den Schulferien täglich 11 – 19 Uhr, Kindergärten und Schulklassen auf Anfrage. **Preise:** 3 €; Kinder bis 18 Jahre 7 €, Fahrt mit dem Elektro-Fun-Car 0,50 €, Kindergärten und Schulklassen auf Anfrage; Di, Do Familientag (freier Eintritt für Eltern, nicht gültig an Fei und in den Ferien).

▶ Im Indoorspielplatz könnt ihr klettern, springen, rutschen oder mit den Fun-Cars Wettrennen fahren. Für Kleinkinder bis 4 Jahre gibt es einen eigenen Bereich zum Spielen. Essen und Trinken darf mitgebracht werden, im Bistro sind aber auch kleine Gerichte, Getränke sowie Kaffee und Kuchen zu familienfreundlichen Preisen erhältlich.

Grillplätze und -hütten

BREBACH: Anmeldung und Ausgabe der Grillroste beim Amt für Ratsangelegenheiten, Rathaus Brebach, Kurt-Schumacher-Straße, ✆ 0681/905-4509:

Stadtwald Brebach-Ensheim, Grillhütte In der Grumbachhohl, Grumbachtalweg. Ausreichend Platz für Ballspiele, 30 Sitzgelegenheiten, max. 50 Gäste.

Grillhütte Im Hahnbüsch, Römerbergstraße. Viel Platz für Spiele, 15 Sitzgelegenheiten, max. 35 Gäste.

SAARBRÜCKEN: Anmeldung und Ausgabe der Grillroste bei der Städtischen Forstverwaltung, Meerwiesentalweg 140, ✆ 0681/38993-0:

Stadtwald St. Johann, Grillhütte Römerbrünnchen, Scheidter Straße, nahe Totobad. Viel Platz für Ballspiele, 30 Sitzgelegenheiten, max. 50 Gäste.

Grillhütte Schwesinger Quelle, Stuhlsatzenhausweg/Fuchstälchen, nahe Wildpark. 36 Sitzgelegenheiten, max. 56 Gäste.

Happy Birthday!
Ihr könnt hier mit euren Freunden Geburtstag feiern. Jeder darf einmal Elektro-Fun-Car fahren. 9 € pro Kind inkl. einem kleinen Gericht, ab 6 Kinder hat das Geburtstagskind freien Eintritt!

 *Die Grillstellen können kostenlos genutzt werden. Rechtzeitige Reservierung ist erforderlich. 75 € Kaution und schriftlicher Antrag an die zuständige Verwaltung erforderlich. Behindertengerecht, bis auf eine Ausnahme überdacht, mit Grill ausgestattet, keine sanitären Anlagen oder Strom.*

Grillstelle Schwarzenbergturm, Scheider Straße/ Schwarzenberg, nahe Aussichtturm. 20 Sitzgelegenheiten, max. 40 Gäste, nicht überdacht.

Stadtwald Alt-Saarbrücken, Grillstelle Am Schanzenberg, Parkplatz Messeparkplätze Schanzenberg. Grillhütte mit viel Platz für Ballspiele, 20 Sitzgelegenheiten, max. 40 Gäste.

Staatswald Rastpfuhl, Grillhütte Burbacher Waldweiher. Direkt am Weiher, 32 Sitzgelegenheiten, max. 52 Gäste.

DUDWEILER: Anmeldung bei der Bezirksverwaltung Dudweiler, ✆ 06897/797-287 oder -285, Ausgabestelle der Grillroste Bauhof Schlachthofstraße ✆ 06897/797-288:

Staatswald Sulzbach, Grillhütte In der Gehlwiese, St. Ingberter Straße, Dudweiler. Direkt am Weiher, 24 Sitzgelegenheiten, max. 50 Gäste, Parkplatz 50 m entfernt.

Staatswald Fischbach, Grillhütte Im Tierbachtal, Camphauser Straße, Grillhütte mit viel Platz für Ballspiele, 24 Sitzgelegenheiten, max. 44 Gäste, Parkplatz 50 m entfernt.

UMWELT ERFORSCHEN

Happy Birthday!

Überall im Saarland könnt ihr mit dem NAJU einen Naturgeburtstag feiern. Infos ↗ www.naturgeburtstag.de, ✆ 06881/936800.

Wälder & Pflanzen

Abenteuer im Urwald vor der Stadt

Scheune Neuhaus Zentrum für Waldkultur, 66115 Saarbrücken. ✆ 06806/1024-19, 06881/9361915 (Waldpädagogik). www.saar-urwald.de. **Auto:** A1 Ausfahrt 146 Riegelsberg, L260 Richtung Dudweiler, rechts zum Parkpatz der Scheune Neuhaus. **Zeiten:** Termine und Veranstaltungen ↗ Jahresprogramm der Scheune Neuhaus, Anmeldung und Information Mo – Do 9 – 15, Fr 9 – 13 Uhr.

▶ Der Saarbrücker *Urwald* liegt mitten im *Saarkohlewald.* Seit 1997 werden keine Bäume mehr gefällt, deshalb entstand hier eine Wildnis mit umgefallenen Stämmen, ausgewaschenen Wegen, Baummoos, Pilzen und wirren Flechten. In der **Scheune Neuhaus** erhaltet ihr eine kostenlose Karte, in der alle Wanderwege und Ziele im grünen Labyrinth verzeichnet sind. Durch den Urwald führt auch ein *Fledermauspfad,* den Rucksack mit den Utensilien zum Beobachten der Tiere könnt ihr ausleihen.

Botanischer Garten des Saarlandes

Universität des Saarlandes, Campus, Gebäude B 7.1, 66123 Saarbrücken-St. Johann. ☎ 0681/302-2864, 302-2245. www.uni-saarland.de/botanischergarten. **Bahn/Bus:** Ab Hbf Bus 101, 111, 124 bis Botanischer Garten. **Auto:** A620 Ausfahrt Bismarckbrücke, Beschilderung Universität folgen, Parkplatz P1. **Zeiten:** Mitte April – Mitte Okt Freiland täglich 10 – 20 Uhr, Gewächshäuser Mo – Do 10 – 15.30 Uhr, So, Fei 13 – 17 Uhr, Mitte Okt – Mitte April Freiland täglich 10 – 18 Uhr, Gewächshäuser Mo – Do 10 – 15.30 Uhr. **Preise:** Eintritt frei, Führungen 40 €; für Schulklassen und Kindergärten 30 €.

▶ Wisst ihr, ob Baumwolle wirklich auf Bäumen wächst? Wie sehen Kakao-, Kaffee- oder Erdnusspflanzen aus? Können fleischfressende Pflanzen Tiere fangen? Die Antworten auf solche Fragen findet ihr im Botanischen Garten, wo spannende Führungen durch die Vegetationszonen unserer Erde so manches Geheimnis lüften.

Kultur- und Lehrpfade

Kulturfährten am Brennenden Berg

66125 Saarbrücken-Dudweiler. ☎ 06897/9070-17. www.brennenderberg.de. **Länge:** Rundweg, ca. 3 km. **Bahn/Bus:** Ab ↗ Saarbrücken Johanniskirche Bus 103 Elversberg bis Sudstraße, 10 Min Fußweg. **Auto:** A623 Ausfahrt 5 Dudweiler, Neuweiler, Beschilderung Brennender Berg folgen, Parkplatz P1 am Sportplatz. **Zeiten:** Termine Führungen, Veranstaltungen ↗ Internet.

Happy Birthday!
Kindergeburtstag mit Schatzsuche 40 € zzgl. 1 € pro Pers.

Toller Rastplatz:
Am Brennenden Berg

Im Waldgebiet zwischen Dudweiler, Sulzbach und Neuweiler erwartet euch ein ungewöhnliches Naturschauspiel. Ein im 17. Jahrhundert in Brand geratenes Kohleflöz, also eine kohlehaltige Schicht der Erdkruste, schwelt im Inneren eines Berges. Früher stiegen gewaltige Rauchschwaden aus den Ritzen empor, und Einheimische berichten, der Dampf sei so heiß gewesen, dass man hier sogar Spiegeleier braten konnte … Verrückt, oder? Heute brennt der Berg nur noch ganz schwach, ein leicht schwefeliger Rauch ist zu riechen und zu sehen.

Im Winter ist das Phänomen am besten zu beobachten. Für Wanderungen ist der vom Kohleabbau geprägte Wald gut geeignet, mehrere gut markierte Erlebnispfade starten am Parkplatz P1 und führen um den **Brennenden Berg.**

Der Dichter Johann Wolfgang von Goethe beschreibt im Werk »Dichtung und Wahrheit« das zu seiner Zeit um 1800 noch viel eindrucksvollere Naturschauspiel des Brennenden Berges.

Happy Birthday!
Unvergesslicher Nachtgeburtstag mit Beobachtung der Fledermäuse, 100 € (2 Std).

Fledermauspfad Warndt
Markus Utesch, 66352 Großrosseln-Karlsbrunn.
✆ 06833/1730250, 06809/99690 (Forstverwaltung), www.fledermauspfad.de. **Bahn/Bus:** Ab ↗ Völklingen Bhf Bus 167 Richtung Naßweiler bis Karlsbrunn Festwiese. **Auto:** Parkplatz gegenüber vom Jagdschloss an der Festwiese. **Zeiten:** Mai – Sep. **Preise:** Führungen für Schulen, Kindergärten und Gruppen über 15 Pers 120 € (2,5 Std).

Die Kobolde der Nacht könnt ihr nach Anbruch der Dunkelheit auf eigene Faust beobachten. Dazu benötigt ihr den Fledermausrucksack, der bei der Forstverwaltung im Jagdschloss Karlsbrunn ausgeliehen werden kann. Im Rucksack befindet sich ein Ultraschalldetektor, mit dem ihr die Rufe der Tiere hören könnt. Die Wegbeschreibung macht euch auf Sommer- und Winterquartiere aufmerksam. Ihr begebt euch mitten in die Jagdreviere der störanfälligen Tiere, deshalb müsst ihr euch ruhig verhalten und dürft nie in die Quartiere hineinleuchten! Kindergärten

Weitere Fledermauspfade gibt es in Saarbrücken im Urwald und am Urbacher Waldweiher, in Quierschied und Rehlingen-Siersdorf.

und Schulen können Führungen buchen, die kurz vor Sonnenuntergang mit Experimenten beginnen. Der ein oder andere Schüler wird sogar in eine Fledermaus verwandelt, um die Fähigkeiten der kleinen Tiere am eigenen Leib zu spüren.

Zoos & Tiergärten

Zoologischer Garten Saarbrücken

Graf-Staufenberg-Straße, 66121 Saarbrücken-Eschberg. ℡ 0681/98044-0. www.zoo.saarbruecken.de, zoo@saarbruecken.de. **Bahn/Bus:** Ab Hbf Bus 105 Richtung Eschberg bis Zoo. **Auto:** Stadtautobahn A620 Ausfahrt 19 St. Arnual, vom Kreisel auf große Brücke Richtung St. Johann, an 2. Ampel rechts, Beschilderung Zoo folgen. **Zeiten:** März – Okt 8.30 – 18, Nov – Feb 9 – 17 Uhr. **Preise:** 6,50 €; Kinder 5 – 18 Jahre, Schüler, Studenten, Wehrpflichtige, Zivildienstleistende 3,50 €; Erw mit Sozialpass, Behinderte 3,50 €, Gruppen ab 20 Pers 5 €, Kinder ab 10 Pers 2 €, je 1 Begleitpers frei. **Infos:** So, Fei bei gutem Wetter Ponyreiten, täglich außer Do Seehundfütterung, Di, Sa Piranhafütterung.

▶ Der Zoo befindet sich auf einem ehemaligen Sandsteinbruch, der mit seinem alten Baumbestand und hügeligem Relief eine schöne Parkanlage darstellt. Zu schen gibt es 160 Tierarten. Im Afrikahaus wohnen Giraffen, Zebras und Elendantilopen, im Nachtzoo leben nachtaktiven Tiere, die ihr im künstlichen Dämmerlicht auch tagsüber beobachten könnt. Ein besonderes Erlebnis sind die Tierfütterungen, bei denen ihr nächster Nähe beobachten könnt, wie die Seehunde mit Bällen und Ringen Kunststücke vorführen, um sich danach ihre Belohnung abzuholen. Dagegen herrscht große Spannung, wenn die Piranhas ihre Futterration bekommen. Im Südamerikahaus lebt auch der Tapir Bruno, vielleicht dürft ihr ihn sogar streicheln.

Hunger & Durst

Flamingos, ℡ 0681/ 8412008. www.restaurant-am-zoo.com. Nov – Feb 11 – 23, März – Okt 10 – 24, Mo bis 18 Uhr. Terrasse mit Blick auf den Flamingoweiher.

Genusstier: Der Ziege gefallen die Streicheleinheiten offenbar

**Neugierig wie Specki:
Tapire können ihre
Riesen-Nasen in alle An-
gelegenheiten stecken**

Zoo bei Nacht für
Kinder 7 – 9
Jahre, 40 € zzgl. Eintritt,
inkl. Abendessen,
Nachtexkursion, Über-
nachtung im Forscher-
haus, Frühstück und
Morgenführung.

**Oink: Wildschwein im
Freigehege**

Unter dem Motto *Zoo was los* wird ein buntes Programm für Kinder geboten. Im Zoo gibt es ein Restaurant, einen Imbiss, mehrere überdachte Picknickplätze, 2 Grillplätze und einen Spielplatz. Die Grillplätze
sind privat nutzbar, doch sollte dies vorher im Zoo an-
gemeldet werden.

Wildfreigehege Karlsbrunn
Friedhofstraße, 66352 Großrosseln-Karlsbrunn.
☏ 06898/449-0, Fax 449-130. www.grossrosseln.de.
gemeinde@grossrosseln.de. **Bahn/Bus:** Ab ↗ Völklingen Bhf Bus 167 Richtung Naßweiler bis Karlsbrunn
Festwiese. **Rad:** Saar-Radweg. **Zeiten:** Frei zugänglich.
Info: Futter ist hier erhältlich.
▶ In den weitläufigen Gehegen im Wald leben Wild-
schweine, afrikanische Bergziegen sowie Dam- und

Sikahirsche. Auf dem Spielplatz
könnt ihr rutschen, klettern und balancieren. Wer eine größere Runde
drehen möchte, kann verschiedene
thematische **Rundwanderwege** be-
gehen.
Die Wege F1 (7 km) und F2 (6,5 km)
führen sogar über die Grenze bis
nach Frankreich. Dort befindet sich
eine Aussichtsplattform, von der ihr
auf die vielen aus dem Wald ragen-
den Fördertürme blicken könnt.

Bahnen & Betriebe

Mit der Kleinbahn durch den Deutsch-Französischen Garten

Messe- und Ausstellungsbahnen GmbH, Deutschmühlental, 66117 Saarbrücken. ✆ 0681/703132. **Bahn/Bus:** Ab ↗ Saarbrücken Hbf Saarbahn und Bus 126 Richtung Habsterdick zum DFG Nord. **Auto:** A620 Ausfahrt 13 Messe. **Zeiten:** April – Juni, Sep – 3. Okt Mi, Sa, So, Fei 13 – 18 Uhr, Juli, Aug Di – So 13 – 18 Uhr, nur bei schönem Wetter, Gruppen jederzeit nach Voranmeldung. **Preise:** Rundfahrt 2,50 €, Teilstrecke 1,50 €; Kinder 4 – 14 Jahre Rundfahrt 1,50 €, Teilstrecke 1 €; Familien (2 Erw, bis 3 Kinder) Rundfahrt 6 €.

▶ Seit 1960 dreht die Kleinbahn im Deutsch-Französischen Garten ihre Runden. Die Fahrtstrecke ist 2,1 km lang und hat 3 Bahnhöfe. Von den ursprünglich 3 Zügen sind noch 2 voll funktionsfähig und den ganzen Sommer über im Einsatz. Für Kinder ist es ein Riesenspaß, mit der roten oder der blauen Schmalspurbahn durch den Park zu fahren. Die Rundfahrt dauert ungefähr 15 Minuten, man kann auch nur ein Teilstück mitfahren.

Herrliche Aussicht: Seilbahn, Saarbrücker Seilbahn GmbH, ✆ 0681/51603. Ostern – Okt Mi, Sa, So 12 – 18, Sommerferien täglich 12 – 18 Uhr. Erw 2,50 €, Kinder 1,50 €.

Wintringer Hof

Biolandhof der Lebenshilfe Obere Saar e.V., Gabriele Allwicher, Am Wintringer Hof 7, 66271 Kleinbittersdorf. ✆ 06805/1045. Handy 0171/5744577. www.lebenshilfe-obere-saar.de. **Bahn/Bus:** S1 Saarbrücken – Sarreguemines bis Kleinbittersdorf Bhf, Bus 552 Richtung Bliesransbach bis Wintringer Hof. **Auto:** Von ↗ Saarbrücken B51 bis Kleinbittersdorf, dann Richtung Bliesransbach. **Zeiten:** Nach Absprache. **Preise:** Pro Aktion 40 € für max. 15 Pers, Grill 15 €, Holz 8 €. **Infos:** Hofbesichtigungen nur für Gruppen bis max. 15 Pers.

▶ Der Wintringer Hof ist eine Werkstatt für Menschen mit Behinderung, eingerichtet von der Lebenshilfe Obere Saar e.V. und anerkannter Biolandhof. Bei einer Besichtigung werden euch die Ställe der Kü-

Im Sitterswald gibt es einen Fledermauspfad. Den Rucksack mit Materialien zur Beobachtung der Tiere könnt ihr bei der Gemeinde Kleinbittersdorf ausleihen, ✆ 06805/2008-601.

SAARBRÜCKEN & UMGEBUNG

Hofladen,
© 06805/20730-4, Mo – Fr 15 – 19, Sa 9.30 – 12.30 Uhr. Verkauf von Bioland-Produkten.

Schulklassen können deutschsprachige Führungen buchen. Im Anschluss können die Kinder selbst kreativ werden und Keramiken verzieren.

Im Rahmen des Projektes *Gärten ohne Grenzen* wurde hier der **Garten der Keramiker** angelegt. Die bunten Pflanzen sollen an die Verzierungen der Keramiken erinnern.

he, Schweine und Hühner gezeigt. Außerdem wird die Gärtnerei mit Gewächshaus besichtigt und der Obstanbau erklärt. Zum Schluss darf jeder ein Glas Wintringer Apfelsaft probieren. Schulklassen oder Jugendgruppen können entsprechend der Jahreszeit erlebnisreiche Aktionen buchen. Viel Spaß beim Saftkeltern, bei der Kartoffelernte oder Bauen einer Strohburg! Besonderer Höhepunkt ist das **Hoffest** am Erntedanksonntag.

Historisches Handwerk & Industrie

Museum für Steingut-Technik
Musée des Techniques faienciéres, 125, avenue de la Blies, F-57200 Sarreguemines. © 0033(0)387/9893-50. www.sarreguemines-museum.com. **Bahn/Bus:** ↗ Sarreguemines Bhf, 20 Min Fußweg über die Saar und entlang der Blies. **Auto:** ↗ Sarreguemines, Richtung City, Beschilderung folgen. **Rad:** Saarland-Radweg. **Zeiten:** Mi – Mo 10 – 12, 14 – 18 Uhr. **Preise:** Juni – Mitte Okt 4 €, Mitte Okt – Mai 3 €, Kombiticket für Garten der Keramiker und Steingut-Museum 5,50 € bzw. 4,50 €; Kinder, Schüler, Studenten Eintritt frei.

▶ Die Keramikindustrie hat in Saargemünd eine lange Tradition. Die ehemalige *Wackenmühle* (Bliesmühle) nutzte die durch ein Mühlrad gewonnene Wasserkraft zur Herstellung von Steingutmasse. Auf dem Gelände der damaligen Manufaktur ist heute das Museum für Steingut-Technik untergebracht. Auf 3 Etagen sind die Produktionsschritte der Keramikherstellung mit Maschinen und Spezialwerkzeugen originalgetreu dargestellt. Im Erdgeschoss wird euch die Funktion der Mühle auf Deutsch oder Französisch erklärt. Im 1. Stock werden die Techniken der Rohmassenherstellung sowie Form- und Brennvorgänge gezeigt, im 2. Stock ist schließlich die Steingut-Verzierung Thema. Überall stehen euch Hörstationen zum besseren Verständnis der Techniken zur Verfügung.

Reise in die Welt der Kumpel

La Mine, Musée du Carreau Wendel, F-57540 Petite Roselle. ✆ 0033(0)387/870854, 0033(0)677/956939 (pädagogische Werkstätten). www.la-mine.fr. **Bahn/Bus:** Ab ↗ Völklingen Bus 167 bis Großrosseln, Fußweg über die Grenze zum Museum. **Auto:** A620 Ausfahrt 10 Völklingen, über Großrosseln nach Petite Roselle. **Zeiten:** Di – So 10 – 18 Uhr, päd. Werkstätte nach Reservierung, Di – Fr für Schulklassen, Mi und Sa nachmittags für Familien. **Preise:** 7 €; Kinder 6 – 18 Jahre, Studenten 3 €; Familien 15 €, Gruppen ab 20 Pers 4,50 € pro Pers, Schulklassen 2,50 €, Kinder bis 6 Jahre 1,50 €, 1 Begleiter und Fahrer frei. Päd. Werkstätte Schulklassen 2,50 € zzgl. 20 € für eine Führung, andere Besucher 4 € pro Kind.

▶ Der Grubenzug bringt euch zum Eingang der Mine. Dort besteigt ihr den Förderkorb und rast 1200 m tief in das Innere der Kohle – natürlich nur simuliert. Ihr steigt aus dem Aufzug aus und betretet eine andere Welt. Das laute Brummen der riesigen Maschinen wird von den Rufen der Bergleute begleitet, der dröhnende Alarm übertönt alles. Ehemalige Bergarbeiter erzählen euch von ihren Erlebnissen und der Arbeit im Bergwerk. Zwischen den vielen Gängen gibt es Räume, in denen Werkzeuge, verschiedene

Wie es wohl unter dem Förderturm aussieht? Der Grubenzug bringt euch zum Eingang der Mine

Happy Birthday!

Kindergeburtstag mit Schatzsuche, Rätselspielen, Führung im Bergwerk sowie Kaffee und Kuchen 70 € (max. 10 Kinder, jedes weitere Kind 8 €). Das Geburtstagskind erhält ein kleines Geschenk. Infos bei den pädagogischen Werkstätten.

Arbeitsweisen, Maschinen und die Gefahren des Berufs multimedial erklärt werden. Zum Abschluss setzt ihr euch eine 3D-Brille auf und erlebt einen der letzten Tage des französischen Bergbaus von 2006 in der Zeche *La Houve.* Schulklassen dürfen im Anschluss an eine einstündige Führung die pädagogischen Werkstätten besuchen. Dort treten 2 Gruppen bei einer spannenden Schatzsuche gegeneinander an.

Riesiges Abenteuer: Mit Helm ausgerüstet, kommt ihr vielen Geheimnissen auf die Schliche

Weltkulturerbe Völklinger Hütte
66333 Völklingen. ℂ 06898/91001-00. www.voelklinger-huette.org. **Bahn/Bus:** ↗ Völklingen Bhf, 5 Min Fußweg. **Auto:** ↗ Völklingen, Beschilderung folgen. **Rad:** Saar-Radweg. **Zeiten:** So vor Ostern – Okt täglich 10 – 19 Uhr, Nov – Sa vor Ostern 10 – 18 Uhr (außer 24., 25. und 31. Dez), Termine Kinderführungen ↗ Internet. **Preise:** 12 €, Jahreskarte 25 €, Führung 80 € zzgl. Gruppeneintrittspreis pro Pers; Kinder 6 – 17 Jahre 3 €, Jahreskarte 6 €, Programme für Schulklassen 100 € inkl. Eintritt (max. 30 Kinder), bei Buchung von 3

Programmen eine Führung kostenlos; Di ab 14 Uhr Eintritt frei, Gruppen ab 15 Pers 10 € pro Pers, Familien (2 Erw, 2 Kinder) 25 €, Familienjahreskarte 55 €.

▶ Der riesige Stahlkoloss Völklinger Hütte wurde 1994 als erste Industrieanlage der Welt in die Weltkulturerbeliste der UNESCO aufgenommen. Der Besuch der 1986 stillgelegten Hüttenanlage, in der Eisen und Edelstahlprodukte hergestellt wurden, ist ein großes Abenteuer. In der Windmaschine im Roheisenkanal könnt ihr verschiedene Windgeschwindigkeiten testen. Im *ScienceCenter Ferrodrom®* dreht sich alles um Stahl und die Elemente Feuer, Wasser, Erde und Luft, die zur Eisenerzeugung benötigt wurden. Ein heißer Feuertornado und eine unheimliche Nebelwand spielen dabei eine Rolle.

Wisst ihr, ob Sand flüssig werden kann? Habt ihr schon mal Eisen beim Rosten beobachtet? Verblüffende Experimente lüften diese Geheimnisse. Tüchtig anpacken könnt ihr, wenn der Transportkreislauf für Materialien und Rohstoffe in Gang gesetzt werden soll. Wer Hunger bekommt, kann an der Granulieranlage auf dem Außengelände ein Picknick machen.

Museen

Moderne Galerie im Saarlandmuseum

Stiftung Saarländischer Kulturbesitz, Friederike Koch, Bismarckstraße 11 – 15, 66111 Saarbrücken. ✆ 0681/9964-0, -279, Fax -248. www.kulturbesitz.de. koch@kulturbesitz.de. **Bahn/Bus:** Ab Hbf S1 Richtung Kleinbittersdorf bis Landwehrplatz, 10 Min Fußweg. **Auto:** A620 Ausfahrt 16 über Wilhelm-Heinrich-Brücke, 1. Straße rechts Am Stadtgraben. **Zeiten:** Di, Do – So 10 – 18 Uhr, Mi 10 – 22 Uhr, Termine für Workshops und Ferienprogramme ↗ Internet. **Preise:** 1,50 €, Ausstellungen 5 €, gebuchte Führungen 25 € (1 Std) reguläre Führungen kostenfrei; Kinder ab 6 Jahre, Schüler

Zur Saisoneröffnung am Palmsonntag findet ein großer **Familientag** mit Spielen und Führungen statt. Der Eintritt ist dann sowie am Internationalen Museumstag (17. Mai), am Tag des offenen Denkmals (13. Sep) und am Weltkindertag (20. Sep) frei.

Happy Birthday!
Kreativer Kindergeburtstag im Museum 60 € zzgl. 5 € Materialkosten pro Kind.

In den Sommerferien wird anstelle des **Workshops** ein abwechslungsreiches Kreativprogramm angeboten.

**Stadtbiblio-
thek,** Gustav-
Regler-Platz. ℅ 0681/
905-2200. Di – Fr 11 –
18 Uhr, Sa 10 – 13 Uhr.
Viele Veranstaltungen
für Kinder, Kinderbuch-
woche Mitte Nov.

1 €, Sonderausstellungen 2,50 €, Workshops für Kinder 5 – 15 Jahre 5 €, Ferienprogramme ab 10 €, Eintritt
und Führung für Schulklassen frei, Arbeit im Atelier 2 €
pro Schüler; Gruppen 1 € pro Pers, Sonderausstellungen 3,50 € pro Pers.

▶ Die kindgerechten Führungen durch die Sammlungen des Saarlandmuseums sind alles andere als
langweilig. In der **Modernen Galerie** gibt es Bilder
deutscher Expressionisten, informelle Kunst, Kunst-
werke des russischen Bildhauers *Alexander Archi-
penko* (1887 – 1964) sowie Malerei und Plastik der
Gegenwartskunst zu sehen. Schulklassen können im
Anschluss an eine lehrplanbezogene Führung im Atelier kreativ werden. Einmal im Monat findet samstags
ein **Workshop** statt. Nachdem ihr in der Modernen
Galerie oder in der **Alten Sammlung** (Am Schloss-
platz) die Spuren großer Künstler verfolgt habt, könnt
ihr selbst als Maler oder Bildhauer tätig werden.

Mit Ritter Johann durch die Burg

Historisches Museum Saar, Schlossplatz 15, 66119
Saarbrücken. ℅ 0681/506-4501 (Museumspädago-
gik). www.historisches-museum-saar.de. **Bahn/Bus:** Ab
↗ Saarbrücken Bhf Bus 108 Richtung Klinikum. **Auto:**
A620 Ausfahrt 17. **Zeiten:** Di, Mi, Fr, So 10 – 18, Do
10 – 20, Sa 12 – 18 Uhr, Ritterführung So, Fei 16.15
Uhr. **Preise:** 5 €, Sonderausstellungen 3 €, Kombikarte

Achtung!
Der Boden in den Wehr-
anlagen und Kasemat-
ten ist uneben!

Hier entlang: Ritter Graf
Johann zeigt den Weg

6,50 €, Ritterführung zzgl. 2 €; Schulkinder 6 – 17 Jahre 3 €, Sonderausstellungen 1,50 €, Ritterführung zzgl. 1 €, normale Führung 20 €, Ritterführung Schulklasse 40 €; Do 17 – 20 Uhr freier Eintritt für alle, Schulklassen und Studentengruppen Eintritt frei, Familien 9 €, für Sonderausstellungen 5 €, Familienkombikarte 12 €, Sonderausstellung 0,50 €.

▶ Die Geschichte des Saarlandes könnt ihr 14 m unter dem Saarbrücker Schlossplatz bestaunen. Die Dauerausstellung des Museums stellt die jüngere Geschichte der Grenzregion an der Saar vom Deutsch-Französischen Krieg 1870/71 bis zum späten 20. Jahrhundert anschaulich dar. Multimediale Erlebnisse erwarten euch während der Führung mit Burgherr Ritter Graf Johann durch die historischen Burgmauern, den Burggraben und die Kasematten.

Uhrmachers Haus

Saarländisches Uhrenmuseum, Engelfanger Straße 3, 66346 Püttlingen-Köllerbach. ☎ 06806/480284. www.uhrenmuseum-saar.de. info@uhrenmuseum-saar.de. **Bahn/Bus:** Ab ↗ Völklingen Bhf Bus 190 Richtung Heusweiler bis Burg Köllerbach, 5 Min Fußweg. **Auto:** A1 Ausfahrt 146 Riegelsberg Richtung Köllerbach, beschildert. **Rad:** Köllertal-Radweg. **Zeiten:** Mi, So 15 – 18 Uhr und nach Vereinbarung. **Preise:** 2,50 €; Kinder 6 – 17 Jahre, Schüler/Studenten 1,50 €, Programme für Schulklassen zzgl. Materialkosten; Rentner, Behinderte 1,50 €.

▶ Könnt ihr schon die Uhr lesen? Im Uhrmachers Haus wird es euch sicher leichtfallen, es zu lernen. Ihr erfahrt viel über die Entwicklung der Zeitmessung und seht jede Menge tolle Uhren. Sehr spannend ist die Uhrmacherwerkstatt. Hier wurden nicht nur Uhren repariert, sondern auch neue hergestellt. Kindergartengruppen oder Grundschulklassen können eine Führung zu bestimmten Themen vereinbaren. Verlegt doch euren Unterricht ins Museums, sobald das Thema Zeitmessung ansteht.

Happy Birthday!
Geburtstag in der unterirdischen Burganlage und Kreativwerkstatt für Kinder 6 – 12 Jahre, z.B. Von rätselhaften Tonscherben, Heilkräuter, Gänsespiel oder Wappenschildbau.

 In den Ferien finden Projekte wie Uhren basteln oder reparieren statt. Infos beim Kulturamt, ☎ 06898/691-156.

1. Wochenende im Juni:
Burgfest, Burgruine Bucherbach.
2. Advent, Sa, So:
Weihnachtsmarkt, Burgruine Bucherbach.

Kinderführungen

Spuk im Saarbrücker Schloss

Kulturforum Regionalverband Saarbrücken, Schloss-platz, 66119 Saarbrücken. ✆ 0681/506-1313, Fax 506-8090. www.stadtverband-saarbruecken.de, kultur@rvsbr.de. **Bahn/Bus:** Ab ➚ Saarbrücken Hbf Bus 108 Richtung Klinikum. **Auto:** A620 Ausfahrt 17 City. **Rad:** Saar-Radweg. **Zeiten:** Führung So 11 Uhr, Gruppen nach Vereinbarung. **Preise:** Führung kostenlos, Gruppen 50 €.

▶ Das 1738 von Baumeister **Friedrich Joachim Stengel** erbaute Barockschloss wurde auf den Ruinen der Burganlage von *Graf Johann IV.* errichtet. Als Vorbild diente das Schloss von Versailles. Heute wird es als Verwaltungsgebäude genutzt, doch der älteste Bewohner, das Schlossgespenst, lässt sich ein-

▶ Wer gern Kartoffeln isst, wird die saarländische Küche mögen. Die *Grumbeer,* so heißt die Knolle im Saarland, aus dem eigenen *Gäadsche* (Garten) ist die Grundlage der meisten typisch saarländischen Gerichte. Beim Nationalgericht *Dibbelabbes* handelt es sich um einen in der Pfanne gebratenen Kar-

HAUPTSACH GUDD GESS: EINFÜHRUNG IN DIE SAARLÄNDISCHE KÜCHE

toffelauflauf. Dazu gibt es Apfelmus oder Salat. *Gefüllte* sind mit Hackfleisch gefüllte Kartoffelklöße, die mit Speck-soße und Sauerkraut serviert werden. Längliche Klöße aus rohen Kartoffeln heißen *Hoorische* und *Verheiratete* sind Mehlklößchen mit Kartoffeln, die mit zerlassenem Speck oder Zwiebeln vermischt werden. Als Beilage eignensich auch hier Apfelmus oder Salat. Der berühmte *Lyoner,* ein Ring Fleischwurst, darf bei keiner Mahlzeit fehlen. Im Sommer sich trifft der Saarländer gern zum *Schwenken,*also zum Grillen. Geschwenkt werden dann natürlich nur *Schwenker.*

Die beliebtesten saarländischen Rezepte sind leicht verständlich beschrieben in *Aus Dippe & Pann* von Claudia Lehnert, Lehnert-Verlag, ISBN 978-3-926320-31-5 7,60 €.

fach nicht vertreiben. Es kennt sich sehr gut aus mit der spannende, wechselvollen Geschichte seines Zuhauses und führt alle Kinder gern darin herum.

Stadtführung durch Völklingen

↗ Tourist-Information, ✆ 06898/13-2800, www.voelklingen.de. **Bahn/Bus:** ↗ Völklingen Bhf, 5 Min Fußweg zum Alten Bahnhof. **Auto:** ↗ Völklingen, Richtung Bahnhof. **Rad:** Saar-Radweg. **Zeiten:** Nach Vereinbarung. **Preise:** 50 € pro Gruppe bis 30 Pers (ca. 1,5 – 2 Std).

▶ Eine Kinderstadtführerin erklärt euch die geschichtlichen Hintergründe von Völklingen, während ihr das Alte und Neue Rathaus, den Alten Bahnhof, Gründerzeithäuser und 2 Kirchen besichtigt. Mo – Fr könnt ihr das Dach des Neuen Rathauses besteigen.

Die Moschee kann besucht werden. Die Einhaltung der muslimischen Kleiderordnung, nämlich saubere, den Körper bedeckende Kleidung und eine Kopfbedeckung für Frauen, ist Pflicht.

Theater & Musik

Kleines Theater im Rathaus

Ratskeller Rathaus St. Johann, 66111 Saarbrücken. ✆ 0681/3904603. www.perspectives-gmbh.de. **Bahn/Bus:** ↗ Saarbrücken ab Hbf Bus 122 Richtung Schafbrücke bis Rathaus. **Auto:** ↗ Saarbrücken, Richtung Innenstadt. **Preise:** Familienprogramm 5,50 €, Abo 21 € für 5 Vorstellungen; Kinder 3,50 €, Abo 13 €. **Infos:** Programmheft erhältlich im Rathaus St. Johann.

BÜHNE, LEINWAND & AKTIONEN

SAARBRÜCKEN & UMGEBUNG

@ Programm zu allen Veranstaltungen im Stadtverband Saarbrücken unter www.saarbruecken.de.

🍎 **Zeralda Kinder- & Jugendbücher,** Frau Leinen, St. Johanner Markt 26. ℗ 0681/3907282. www.zeralda.de. Mo – Fr 10 – 19 Uhr, Sa 10 – 16 Uhr. Ausgewählte Kinder- und Jugendliteratur.

▶ Das Kleine Theater zeigt regelmäßig anspruchsvolles Figurentheater von professionellen Puppenbühnen. Die ausgewählten Stücke stammen meist aus bekannten Kinder- und Jugendbüchern.

Theater Überzwerg

Scharnhorststraße 10, 66119 Saarbrücken-St. Arnual. ℗ 0681/854021. www.ueberzwerg.de. **Bahn/Bus:** Ab ↗ Saarbrücken Hbf Bus 108, 126, 128 Richtung Wackenberg bis Schenkelberg. **Auto:** A620 Ausfahrt St. Arnual, Richtung St. Arnual, rechts auf Saargemünder Straße, Beschilderung folgen. **Preise:** Kinderstücke 6 €, Jugendstücke 10 €; Kinderstücke ab 4 Jahre 4 €, Jugendstücke für Schüler ab 13 Jahre, Studenten, Behinderte 5 €; 2plus1-Karte Familien 14 €, 2plus1-Karte 22 €, Rabatte ab 10 Pers. **Infos:** Spielplan ↗ Internet.

▶ Die Stücke des Kinder- und Jugendtheaters überzwerg sind altersgerecht und wecken Neugier und Fantasie. Im überzwerg-Jugendclub treffen sich wöchentlich interessierte Kinder und Jugendliche, um professionell Theaterspielen zu erlernen. Schulklassen können nach dem Theaterbesuch an einem Gespräch mit den Schauspielern oder einem Schnupperkurs Darstellendes Spiel teilnehmen. Nach rechtzeitiger Voranmeldung entstehen neben dem Eintrittsgeld dafür keine weiteren Kosten.

Schnarch ... Omi ist müde vom vielen Theaterspielen

© Theater Überzwerg

Die Gemeinden und Städte nordöstlich von Saarlouis gehören zum Saar-Nahe-Bergland. Der Höhenrücken westlich der Saar wird als Saargau bezeichnet. Kulturelles Zentrum an der Saarschiene ist Saarlouis, die Stadt des Sonnenkönigs Ludwig XIV. Das Stadtwappen zeigt eine aufgehende Sonne, die die Wolken zerstreut und die Erde erwärmt.

Die vielen schönen Rad- und Wanderwege besitzen einen hohen Freizeitwert. Eine Besichtigung des Kupferbergwerks Düppenweiler kann mit der Besteigung des Litermontgipfels verbunden werden. Im **Saargau** könnt ihr eine Tropfsteinhöhle besuchen und 2 Burgruinen durchstreifen. In **Wadgassen** sind das Deutsche Zeitungsmuseum, eine Glashütte der Firma Villeroy & Boch sowie ein schönes Naturbad einen Ausflug wert. In der Festungsstadt **Saarlouis** wird die französische Lebenslust in zahlreichen Straßencafés, Bistros und Restaurants mit saarländischer oder französischer Küche gelebt.

SAVOIR VIVRE!

Radwanderkarte Fahr Rad! 5 Tagestouren im Landkreis Saarlouis, kostenlos beim Tourismusverband Saarlouis erhältlich. ☎ 06831/444-449.

Frei- und Hallenbäder

Baden in der Schwimmoper

Hallenbad, Holzendorffer Straße 9, 66740 Saarlouis. ☎ 06831/443-526. www.wbs-saarlouis.de. **Bahn/Bus:** ↗ Saarlouis, Bus 401 Richtung Kleiner Markt bis Hallenbad. **Auto:** B51 Richtung Stadtpark, Schwimmbad. **Rad:** Saar-Radweg, an Gustav-Heinemann-Brücke in Holzendorffer Straße. **Zeiten.** Mo 9 – 16, Di, Mi 7 – 22, Do 7 – 14, Fr 8 – 22, Sa, So, Fei 8 – 18 Uhr. **Preise:** 3 €, 12er-Karte 30 €; Kinder 6 – 16 Jahre 1,30 €, 12er-Karte 13 €; Schüler, Studenten, Wehr- und Zivildienstleistende sowie Sozialpassinhaber 1,30 €.

▶ Durch die riesige Glasscheibe in der Schwimmhalle habt ihr einen tollen Blick auf den Stadtpark. Im Plantschbecken mit wasserspeiender Seerobbe fühlen sich die ganz Kleinen gut aufgehoben. Das separate Nichtschwimmerbecken hat Massagedüsen.

TIPPS FÜR WASSER-RATTEN

Bunter Haufen: Bei einer Kinderstadtführung könnt ihr was erleben

 **Freibad Stein-rausch,** Kurt-Schumacher-Allee 131a, ℘ 06831/4896-798, mit Riesenrutsch-bahn, Spielwiese mit Beachvolleyball, Tisch-tennis. Wetterabhängig Mai – Sep täglich 8 – 19, Mi, Fr ab 7 Uhr. Erw 3 €, Kinder 6 – 16 Jahre 1,50 €, Familien 7 €, Schüler, Studenten, Wehr-/Zivildienstleisten-de sowie Sozialpassin-haber 1,50 €.

Das Freibad Dil-lingen ist behin-dertengerecht ausge-stattet.

Hunger & Durst

Biergarten, ℘ 06834/698875, bei Badebe-trieb 11 – 22 Uhr. Fami-lienfreundliche Preise.

Im Schwimmbad kann sogar ge-grillt werden! Mit einer Autokarte für 4 € dürft ihr das Grillgut zur Grill-stelle fahren.

Schwimmer können im Sportbecken trainieren und auf den 1- und 3-m-Sprungbrettern ihre Kunstsprünge üben. Samstags 14 – 17.30 Uhr dürft ihr Wasserspielgeräte ausleihen oder eigenes Wasserspielzeug mit ins Bad nehmen!

Freibad Dillingen

Am Haienbach, 66763 Dillingen. ℘ 06831/73871, 709-0 (Gemeinde). www.dillingen-saar.de. **Bahn/Bus:** Ab ↗ Dillingen Bhf, Bus 445 Pachtener Heide. **Auto:** A8 Ausfahrt 8 Dillingen-Mitte, beschildert. **Zeiten:** Mai – Anfang Okt täglich 8 – 20 Uhr. **Preise:** 3 €; Kinder 7 – 17 Jahre, Schüler, Studenten, Auszubildende, Wehr- und Zivildienstleistende 1,50 €; freier Eintritt für Beglei-ter von Schwerbehinderten.

▸ Das solarbeheizte Freibad ist besonders bei den Kunstspringern beliebt, denn es gibt eine 10-m-Sprungplattform! Das Nichtschwimmerbecken be-sitzt 2 Rutschen. Besonders schön gestaltet ist der Kleinkinderbereich. Damit die Haut geschont wird, ist das Becken von einem Sonnensegel überspannt. Für hungrige Piraten gibt es einen Kiosk mit Restaurant.

Parkbad Wadgassen

Lindenstraße, 66787 Wadgassen. ℘ 06834/409513. www.wadgassen.de. **Bahn/Bus:** RB Saarbrücken – Trier bis Bous Bhf, 10 Min Fußweg über die Saarbrücke. **Auto:** ↗ Wadgassen, beschildert. **Rad:** Saar-Radweg, durch die Autobahnunterführung. **Zeiten:** Mai – Sep wetterbedingt täglich 10 – 21 Uhr, wetterabhängig. **Preise:** 3 €, Saison für Ortsansässige 40 €, für Auswär-tige 50 €; Kinder 6 – 17 Jahre 2 €, Saison für Ortsan-sässige 20 €, für Auswärtige 30 €.

▸ Das Naturbad in Wadgassen wird mit Quellwasser gespeist und von einer Naturfilteranlage gereinigt. Das unbeheizte Wasser ist herrlich erfrischend und ganz ohne Chemie. Zum Plantschen sind die Flach-wasserzonen besonders bei Kleinkindern beliebt. Ne-ben dem großen Naturbecken, das von einem Kiesstrand umgeben ist, befindet sich ein gechlortes Nichtschwimmerbecken mit Rutschen. Großzügige Liegewiesen, eine Beachvolleyballanlage, Bolz- und Bouleplatz sorgen für Abwechslung an Land.

Wasserspaß im Freibad Saarwellingen

Am Schwimmbad, 66793 Saarwellingen. ✆ 06838/ 2418, 9007-201 (Rathaus). www.saarwellingen.de. **Bahn/Bus:** Ab ↗ Saarlouis Bhf Bus 463 Richtung Lebach bis Freibad Saarwellingen. **Auto:** A8 Ausfahrt 13 Saarwellingen, Richtung Lebach. **Zeiten:** Täglich 8 – 20 Uhr, zu bestimmten Terminen Flutlichtschwimmen. **Preise:** 3 €, 12er-Karte 30 €, Saisonkarte 60 €, Feier- abend 1,50 € ab 18 Uhr; Kinder 7 – 17 Jahre 1,50 €, 12er-Karte 15 €, Saison 30 €, Feierabend 0,75 €; Familien 7 €, Familiensaisonkarte 99 €.

▶ Im behindertengerechten und solarbeheizten Frei- bad Saarwellingen gibt es eine knallrote Breitrut- sche, auf der ihr mit der ganzen Familie nebeneinan- der rutschen könnt! Auch über die 60-m-Großwasser- rutsche gelangt ihr ins Erlebnisbecken, wo es Wasserpilz, Feuerwehrspritzen, Massageliegen und Sprudeltreppen gibt. Im Schwimmerbecken ist der Sprungbereich abgetrennt. Der Kleinkinderbereich mit Plantschbecken und Wasserlauf ist mit einem Sonnensegel überspannt. Des Weiteren gibt es ei- nen Spielplatz und Beachvolleyballfelder, außerdem einen Kiosk mit Crépes und anderen Leckereien.

Radtouren

Mit dem Drahtesel durch Saarlouis

Gabriele Jaeck, Grünebaumstraße 1, 66740 Saarlouis. ✆ 06831/1240-77. www.gigajaeck-reisen.de. Dauer ca. 4 Std. **Bahn/Bus:** ↗ Saarlouis, Treffpunkt der Rad- tour rechts der Saar am Fahrradverleih, Treffpunkt der Radtour links der Saar am Kleinen Markt. **Rad:** ↗ Saar- louis, zum Hbf vom Saar-Radweg über die Peter-Neis-

Zur Saisoneröff- nung am 1. Mai ist der Eintritt frei!

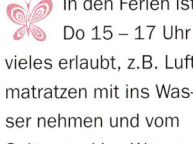

In den Ferien ist Do 15 – 17 Uhr vieles erlaubt, z.B. Luft- matratzen mit ins Was- ser nehmen und vom Seitenrand ins Wasser springen.

Rosenmontag, 14 Uhr: Traditio- neller **Faschingsumzug,** Start am Römerpark.

NATUR SPORTLICH

 Eigene Verpflegung für die Radtour nicht vergessen!

 **Fahrrad Schwarz,** Bahnhofstr. 16, 66740 Saarlouis. ✆ 06831/804-72, Mo – Fr 9 – 12, 14 – 19 Uhr, Sa 9 – 14 Uhr. Fahrradservice und -verleih.

 *Dank zahlreicher Umweltschutzmaßnahmen zählt die Nied zu den saubersten Flüssen Deutschlands.*

Hunger & Durst
Gasthaus Wackersmühle, ✆ 06833/555, Fasching – Ostern Sa, So ab 11, Ostern – Mitte Nov Mi – Mo ab 11 Uhr. Terrasse.

Idyllisch: Camping an der Nied

Brücke zur Saarlouiser Straße. **Zeiten:** Termine ↗ Internet bzw. nach Absprache. **Preise:** 95 € pro Gruppe. **Infos:** Kostenlose Radtouren im Rahmen des Sommerferienprogramms, Termine ↗ Internet.

▸ Eure Heimat einmal erradeln könnt ihr, wenn ihr euch der Stadtführerin *Gabriele Jaeck* anschließt. Es werden zwei Familientouren angeboten, entweder rechts durch Roden, Steinrausch und Fraulautern oder links durch Beaumarais, Picard, Neuforweiler und Lisdorf entlang der Saar. Ihr werdet interessante Plätze besuchen und viele Geschichten über Saarlouis und seine Bewohner hören.

Radtour durchs romantische Niedtal
Länge: gekürzt ca. 11 km, gesamt 22,6 km. **Bahn/Bus:** ↗ Rehlingen-Siersburg. **Auto:** ↗ Rehlingen-Siersburg. **Rad:** Anbindung an Saar-Radweg bei Rehlingen.

▸ Die malerische Flusslandschaft im Tal der **Nied** könnt ihr am besten mit dem Fahrrad erkunden. Die mit einem grünen L Dann mussogo markierte Rundtour startet am Parkplatz der Niedmündung. Ihr könnt aber auch in Siersburg am Campingplatz einsteigen und etwa 5,5 km bis zur **Wackersmühle** in Hemmersdorf radeln. Auf der anderen Seite der Nied geht es wieder zurück. Diese Strecke verläuft flach, sodass sie auch von kleinen Kindern gut gemeistert werden kann. Besitzt ihr genug Kondition für die ganze Strecke vom *Niedtal-Radweg,* lohnt in **Niedaltdorf** ein Abstecher zur 7000 Jahre alten ↗ **Tropfsteinhöhle,** die ihr nach 1 km erreicht. Dann erwartet euch ein 3 km langer, steiler Anstieg auf den *Saar-*

gau. Zurück rollt ihr nur bergab, bis ihr wieder die Niedaue erreicht.

Mit Speedy und Gonzales am Litermont

Alpha For(e)st Ltd., Maria Meyer, Jungenwaldstraße 37, 66701 Beckingen-Düppenweiler. ℡ 06832/800315. www.alphaforest.com. **Bahn/Bus:** Ab ↗ Dillingen Bhf Bus 424 bis Düppenweiler, 10 Min Fußweg. **Auto:** Über ↗ Beckingen nach Düppenweiler, Beschilderung Kupferbergwerk. **Zeiten:** Nach Absprache. **Preise:** 200 € ganzer Tag, 150 € halber Tag. **Info:** Geburtstagsfeier ab 150 €.

▶ Einen Tag mit vielen Überraschungen könnt ihr als Schulklasse oder Jugendgruppe mit der Biogeografin *Maria Meyer*

Gut festhalten: Auf Speedy und Gonzales hinauf zum Gipfel

und ihren **Eseln** verbringen. Nach Absprache kann zuerst das ↗ Kupferbergwerk Düppenweiler besichtigt werden. Frau Meyer vermittelt Naturkunde spielerisch, z.B. schlüpft ihr in die Rolle einer Fledermaus, eines Eichhörnchens oder einer Maus und erfahrt so viel über die Fähigkeiten der Waldbewohner. Von der Eseltrekkingtour werdet ihr begeistert sein. Zu Fuß

oder auf dem Rücken der geduldigen Esel Speedy und Gonzales erklimmt ihr den Gipfel des sagenumwobenen, 415 m hohen *Litermont*. Während der Wanderung erzählt euch Frau Meyer spannende Sagen über das Saarland, z.B. warum der wilde Jäger Maldix jeden Karfreitag am Litermont spukt.

Esel gelten als dumm und stur, doch in Wahrheit sind es gutmütige und freundliche Tiere, die sich gern streicheln und füttern lassen.

Erster! Am Gipfelkreuz des Litermont

☀ Regelmäßig treffen sich die Umweltdetektive hier, um den richtigen Umgang mit Tieren und Pflanzen zu erlernen.

☀ Fasching, 10.45 Uhr: **Saarwellinger Greesentag,** beginnt mit dem Greesenumzug der Kinder zum Rathaus am Fetten Donnerstag.

Happy Birthday!
Geburtstag bis
10 Kinder 75 €.

🦁 Alte Spielkleidung anziehen, die Flecken oder Löcher vertragen kann!

Spielen & Toben

Naherholungsgebiet Wolfsrath

Lebacher Straße, 66793 Saarwellingen. ✆ 06838/9007-201 (Rathaus). www.saarwellingen.de. **Bahn/Bus:** Ab ↗ Saarlouis Bhf Bus 463 Richtung Lebach. **Auto:** A8 Ausfahrt 13 Saarwellingen, geradeaus durch den Ort, Waldparkplatz auf der linken Seite. **Rad:** Saarlouiser Runde, Lebacher Runde.

▶ Das Naherholungsgebiet umfasst 3 kleine Weiher, viele schöne Rad- und Wanderwege, einen Spielplatz und mehrere Wildfreigehege, in denen Rot- und Damwild, Bergziegen und Mufflons leben. Im Herbst hört ihr mit etwas Glück die Rothirsche röhren oder seht sie sogar kämpfen. Dann ist Brunftzeit und ihr solltet nicht zu dicht an die Gehege herangehen. Damit die Tiere nicht krank werden, darf nur spezielles Wildfutter gefüttert werden.

Kinder- und Jugendfarm im Ellbachal

66717 Saarlouis-Roden. ✆ 06831/82170. www.kjf-saarlouis.de. **Bahn/Bus:** Ab ↗ Saarlouis Bus 438, 437 Schwimmbad. **Auto:** A8 Ausfahrt 11, zu Beginn der Saarwellinger Straße folgen, links in den Feldweg. **Rad:** Radweg an der Kurt-Schumacher-Allee, am Schwimmbad links, in den Feldweg abbiegen. **Zeiten:** Do, Fr 15 – 18 Uhr, Sa 10 – 18 Uhr (im Sommer bis 19 Uhr), Kindergärten und Schulklassen nach Absprache. **Preise:** Kinder 6 – 12 Jahre 5 € Versicherung im Jahr, Ferienprogramm für Saarlouiser Kinder 4 Tage ab 40 €, 50 € für auswärtige Kinder, Zeltfreizeit 60 € für 1 Woche.

▶ Eine Mischung aus Abenteuerspielplatz und Bauernhof erwartet euch hier. In der Natur könnt ihr ausgelassen toben, klettern, matschen und spielen. Toll ist es, selbst eine Hütte zu bauen oder am Lagerfeuer Stockbrot zu backen, Tiere zu streicheln und zu versorgen. Rücksichtnahme auf andere Kinder sowie auf die Tiere ist hier selbstverständlich und stärkt euer Verantwortungsbewusstsein.

Kids World

Saarwellinger Straße 199, 66740 Saarlouis-Steinrausch. ✆ 06831/9669945, www.kidsworld-sls.de.
Bahn/Bus: Ab ↗ Saarlouis Bhf Bus 437 Richtung Steinrausch bis Schäferberg bzw. Schwimmbad, 15 Min Fußweg. **Auto:** A8 Ausfahrt 11 Saarlouis-Steinrausch, über Henry-Ford-Straße Richtung Tennisanlage. **Zeiten:** Mo – Fr 14 – 19 Uhr, Sa, So, Fei und in den Ferien 11 – 19 Uhr, Kindergärten und Schulklassen auf Anfrage.
Preise: 3 €; Kinder bis 18 Jahre 7 €, Autoscooter 0,70 €, 10 Fahrten 5 €; Di, Do Eltern freier Eintritt (außer an Fei und in den Ferien), Kindergärten und Schulklassen auf Anfrage.

▶ Im Hallenspielpark Kids World könnt ihr Trampolin springen, Soccer oder Basketball spielen und klettern, das fördert eure Kondition. Die drehende Fun-Scheibe stärkt euren Gleichgewichtssinn. Außerdem gibt es ein sprechendes Kettenkarussel und Autoscooter, für die Kleinen stehen Hüpfburg, Ballpool, Miniriesenrad und Schaukeldino bereit. Essen und Trinken darf mitgebracht werden, ein Bistro ist ebenfalls vorhanden.

Führungen & Spaziergänge

Mit dem Ranger durchs Naturschutzgebiet Wolferskopf

Naturwacht Saarland, Frank Grütz, Haus Fischerberg, 66701 Beckingen-Saarfels. ✆ 06835/5007-56. Handy 0174/9503521. www.naturwacht-saarland.de. **Bahn/Bus:** Ab ↗ Beckingen Bhf 45 Min Fußweg der Beschilderung Fischerberghaus folgen. **Auto:** ↗ Beckingen, ab Saarfels ausgeschildert. **Zeiten:** Termine und Preise ↗ Internet, Gruppen nach Vereinbarung. **Preise:** Geführte Wanderungen 3 €; Kinder 4 – 15 Jahre 2 €.

▶ Das Naturschutzgebiet Wolferskopf bietet Lebensraum für zahlreiche vom Aussterben bedrohte Pflanzen und Tiere. Auf den Kalk- und Trockenwiesen ge-

Happy Birthday!

Geburtstagsparty mit 1 x Autoscooter fahren und Kindergericht 9 € pro Kind. Ab 6 Gäste zahlt das Geburtstagskind keinen Eintritt.

UMWELT ERFORSCHEN

Hunger & Durst

Fischerberghaus,
✆ 06835/7522. April – Aug Di – So ab 10 Uhr, Sep – März ab 16 Uhr, bitte reservieren. Überdachte Terrasse, Spielgeräte. Grillplatz kann gemietet werden.

**Pflanzenkunde:
Der Ranger erklärt euch
alles ganz genau**

deihen allein 30 verschiedene Orchideenarten.

Die Ranger der Naturwacht Saarland, die am Fischerberghaus ihren Hauptsitz haben, bieten naturkundliche Führungen durch das Gebiet an. Die Naturwacht betreut das Naturschutzgebiet und bietet ökopädagogische Programme für Kindergärten, Schul- oder Jugendgruppen an, in denen Kinder spielerisch lernen, Zusammenhänge in der Natur zu begreifen. Die Programme und Führungen werden in allen Schutzgebieten des Saarlandes veranstaltet.

Naturtropfsteinhöhle Niedaltdorf

Neunkircher Straße 10, 66780 Rehlingen-Siersburg-Niedaltdorf. ☎ 06835/508-0, -331. www.rehlingen-siersburg.de. **Bahn/Bus:** RB Dillingen – Niedaltdorf bis Niedaltdorf Bhf, kurzer Fußweg. **Auto:** Ab ↗ Rehlingen Richtung Bouzonville bis Niedaltdorf Ortsmitte. **Zeiten:** April – Okt Di – Sa 10 – 12 und 14 – 17 Uhr, So, Fei 10 – 12 und 14 – 18 Uhr, Gruppenführung nach Voranmeldung. **Preise:** 3,50 €; Kinder 5 – 14 Jahre 2,50 €.

▶ Die unter Naturschutz stehende Tropfsteinhöhle in Niedaltdorf ist eine geologische Besonderheit, da sie nicht durch Ausspülung, sondern durch Kalkablagerung entstanden ist. Wie genau das funktionierte, erfahrt ihr bei einer Führung.

Heute könnt ihr in den Gängen Stalagmiten und Stalaktiten bewundern. Im Anschluss an die Führung dürft ihr die Höhlen selbst erforschen. Keine Angst, in den 15 und 42 m langen Gängen ist es unwahrscheinlich, dass ihr euch verlauft.

Achtung!
Wegen Renovierungsarbeiten kann sich die Eröffnung 2010 etwas hinauszögern, deshalb ruft ihr am besten vorher an und erkundigt euch.

Nehmt für eure Erkundungen eine Taschenlampe mit!

Römerpark Pachten am Ökosee

Dillingen-Pachten. ✆ 06831/709-0. www.dillingen-saar.de. **Bahn/Bus:** Ab ↗ Dillingen Bhf Bus 444 bis Pachten. **Auto:** A8 Ausfahrt 8 Dillingen Mitte, 1. große Kreuzung links, danach rechts zum Römerpark. **Preise:** Frei zugänglich. **Infos:** Kinderwagentaugliche Wege.

▶ Viele schöne Wege führen um den von zahlreichen Wasservögeln bevölkerten See. Nach dem Spaziergang könnt ihr am Römerpark rasten. Der Spielplatz ist nach römischem Vorbild erbaut, ein Kastell muss erobert und ein Wasserlauf überwunden werden.

Lehrpfad

Walderlebnispfad LiterMonti

Länge: 2,5 km. **Bahn/Bus:** Ab ↗ Saarlouis Hbf Bus 401, 403 bis Nalbach. **Auto:** Ab ↗ Saarlouis B 269 bis Nalbach, Richtung Ortsmitte, über Etzelbachstraße den Berg hinauf, gebührenpflichtiger Parkplatz.

▶ Am sagenumwobenen Berg *Litermont* können Kinder dem Zeichen des Waldgeistes Monti folgen und an 24 Mitmachstationen spielen, klettern und rätseln. Für kleine Kinder gibt es Spielhäuser, eine Drachenschaukel und ein Steinlabyrinth. Große Kinder lösen verschiedene Quizspiele, balancieren auf den

Fernglas sowie Ersatzkleidung und Handtuch einpacken!

Wer sich für römische Geschichte interessiert, kann das **Museum Pachten** besuchen. Eintritt frei, So 15 – 18 Uhr, ✆ 06831/709-212 oder 78907.

Der Weg ist das Ziel: Im Wald könnt ihr prima spielen und toben

Ein Dendrophon sieht aus wie ein großes Xylophon. Die Holzlatten werden mit einem Schlägel angeschlagen und erzeugen unterschiedliche Töne.

Seilen des Kletterwaldes oder machen Musik auf dem **Dendrophon.**

Der mystische Druidenpfad

Länge: ca. 6 km. **Bahn/Bus:** RB Dillingen – Niedaltdorf bis Niedaltdorf Bhf, 10 Min Fußweg über Niedbrücke bis Keltenhaus. **Auto:** A8 Ausfahrt 7 Richtung Bouzonville, am Ortsausgang von Niedaltdorf rechts Richtung Keltenhaus bis Wanderparkplatz. **Rad:** Niedtal-Radweg.

▸ Der Druidenpfad hat keine längere Steigungen und ist deshalb gut für kleine Kinder geeignet. Die Tour beginnt am Wanderparkplatz und ist mit einem keltischen Zeichen auf grünem Hintergrund gut markiert. Zunächst führt der Weg auf einem ehemaligen Schmugglerpfad durch den Wald entlang der deutschfranzösischen Grenze. Nach knapp 2 km erreicht ihr die nachgebildete keltische Lehmhütte sowie einen Vorratsspeicher. Der Platz ist ideal für ein Picknick. Wenn ihr weitergeht, führt euch der Wanderweg wieder aus dem Wald heraus über Streuobstwiesen mit schöner Fernsicht. Am Ende schlängelt sich der Pfad durchs Dickicht zum Naturschutzgebiet am Niedbogen, bald erreicht ihr wieder den Ausgangspunkt.

HANDWERK UND GESCHICHTE

Hunger & Durst

Huthaus, ℂ 06832/ 808370, April – Ende Jan Di, Fr 16 – 22, So 14 – 19 Uhr. Uriges Blockhaus mit Museum, So Kuchenbuffet.

Betriebsbesichtigungen

Historisches Kupferbergwerk

Piesbacher Straße 67, 66701 Beckingen-Düppenweiler. ℂ 06835/55-105, www.beckingen.de. **Bahn/Bus:** Ab ↗ Dillingen Bhf Bus 424 Düppeweiler, 10 Min Fußweg. **Auto:** Über ↗ Beckingen nach Düppeweiler, beschildert. **Zeiten:** April – Ende Jan Fr – So, Fei 14 – 18 Uhr und nach Vereinbarung. **Preise:** 5 €; Kinder 3 – 5 Jahre 3 €, Schüler, Studenten 4 €; Gruppen ab 20 Pers 4 € pro Pers, Kinder, Schüler, Studenten 3 €.

▸ Im Kupferbergwerk Düppenweiler, das zwischen 1723 und 1916 in Betrieb war, könnt ihr die Untertagewelt der Bergarbeiter kennen lernen. Zuerst wer-

det ihr mit Helm, Lampe und Jacke eingekleidet, dann geht es über eine Holztreppe den Schacht hinunter. Die Führerin *Maria Meyer* erzählt viele faszinierende Geschichten über die Bergarbeiter und ihre Lebensbedingungen, während

Gut eingekleidet: Im Stollen erfahrt ihr von Frau Meyer viel Spannendes

ihr euch durch die engen Gänge tastet. Geräusche und Lichtinstallationen spiegeln den harten Alltag der Männer wieder, die wegen all der Anstrengung stolz auf ihre geleistete Arbeit waren. Im Inneren der Erde ist auch die Bergwerkskapelle, in der die Bergleute vor der Schicht gemeinsam beteten und die **Heilige Barbara** um Schutz baten, sehenswert.

Die Heilige Barbara ist die Schutzpatronin der Bergleute.

Glashütte Wadgassen

Villeroy & Boch, Saarstraße 1, 66787 Wadgassen. ℂ 06864/811020. www.villeroy-boch.com. **Bahn/Bus:** RB Saarbrücken – Trier bis Bous Bhf, 10 Min Fußweg. **Auto:** A620 Ausfahrt 5 Wadgassen, Zeitungsmuseum. **Rad:** Nahe dem Saar-Radweg. **Zeiten:** Mo – Fr 9.30 – 18 Uhr, Sa bis 15 Uhr. **Preise:** Eintritt frei, Führung für Gruppen bis 25 Pers nach Voranmeldung 65 €.

▶ Hier könnt ihr sehen, wie Glas hergestellt wird. Bei 1000 – 1500 Grad werden die Rohstoffe, haupt-

Villeroy & Boch Outlet Center, Saarstr. 20. ℂ 06834/400240, Mo – Fr 9.30 – 19 Uhr, Sa 9 – 16 Uhr.

sächlich Quarzsand, Soda und Kalk, zu einer glühenden Masse geschmolzen. Ihr seht, wie die flüssige Glasmasse Gestalt annimmt und von einem Glasbläser zu einem edlen Kristallkunstwerk geformt wird. Doch solltet ihr respektvoll Abstand halten, denn die Gläser sind auch in abgekühltem Zustand noch extrem heiß! Ein Film sowie Informationstafeln erklären euch die einzelnen Schritte der Glasherstellung.

So wird's gemacht: Glasbläser bei der Arbeit

Burgen & Ruinen

Die Siersburg

Helmut Singer, 66780 Rehlingen-Siersburg. ✆ 06835/508-331. www.rehlingen-siersburg.de. **Bahn/Bus:** ↗ Rehlingen-Siersburg. **Auto:** ↗ Rehlingen-Siersburg, in der Ortsmitte rechts, parken und zu Fuß den Berg hinauf. **Zeiten:** April – Sep 7 – 20 Uhr, Okt – März 9 – 16 Uhr, Besichtigung des Turms nur nach Absprache mit dem Burgwart. **Preise:** Ruine frei zugänglich. **Infos:** Burgwart Uta Wiltz, ✆ 06835/2663,

Nach Einbruch der Dunkelheit werden die Kobolde der Nacht aktiv. Am ↗ Fledermauspfad könnt ihr sie beobachten. Geeignete Ausstattung erhaltet ihr beim Umweltamt der Gemeinde Rehlingen-Siersburg, ✆ 06835/508-408.

▶ Die im 12. Jahrhundert erbaute **Siersburg** diente bis zur Französischen Revolution (1789 – 1799) als Gerichts- und Verwaltungssitz sowie als Kontrollpunkt der an der Saar vorbeiführenden Handelsstraßen. Die Geschichte der Burg ist beispielhaft für die ständig wechselnden Machtverhältnisse an der Saar, dauernd stritten die Kurfürsten von Trier und die lothringischen Herzöge um die Burg. Heute ist die Ruine ein schönes Ausflugsziel mit herrlicher Aussicht. Verschiedene Veranstaltungen wie das **Kino auf der Burg** finden im Sommer auf dem Burgplateau statt.

Die Ruine der Teufelsburg

Förderverein Teufelsburg e.V., 66802 Über-
herrn-Oberfelsberg. ℗ 06837/912655,
06836/909-0 (Gemeinde Überherrn).
www.teufelsburg1.de. **Bahn/Bus:** Ab
↗ Saarlouis Kleiner Markt Bus 421 Itters-
dorf bis Oberfelsberg, 30 Min Fußweg.
Auto: Ab ↗ Saarlouis-Mitte B269 nach
Oberfelsberg, 15 Min Fußweg. **Rad:** Teufelsburg-Runde. **Zeiten:** Führungen nach
Anmeldung möglich. **Preise:** Führung 2 €.

▶ Die Ruine der **Burg Neufelsberg,** auch
Teufelsburg genannt, liegt auf dem Berg-
sporn eines Ausläufers des lothringi-
schen Hügellandes. Der Name Teufelsburg stammt aus dem Volksmund: Der
Ritter von Neufelsberg hatte wegen eines
Streits mit seinem Bruder um die schöne
Alice von Forbach mit dem Teufel einen Pakt geschlossen. Er tötete seinen Bruder im Duell und
nahm Alice von Forbach zur Frau. Diese Legende sowie geschichtliche Hintergründe zur Festung sind im
Burgmuseum nachzulesen – nicht überliefert ist, was
Alice von all dem hielt. Ein schöner Weg durch den
Wald führt über eine Holzbrücke zum Burgfelsen, von
dem ihr eine tolle Aussicht über den Saargau habt.

Sagenumwoben:
Ruine Teufelsburg

Museen & Stadtführungen

Kinder erleben Stadtgeschichte

Gabriele Jaeck, Grünebaumstraße 1, 66740 Saarlouis.
℗ 06831/1240-77. www.gigajaeck-reisen.de. **Bahn/
Bus:** Ab ↗ Saarlouis Bus 402, 404, 437 Richtung Klei-
ner Markt bis Alte Saarbrücke, 5 Min Fußweg. **Auto:**
↗ Saarlouis, Richtung City, dort parken, Treffpunkt am
Rathaus. **Rad:** Saar-Radweg, an der Gustav-Heinemann-
Brücke in die Holzendorffer Straße abbiegen, über die
Brücke am Altarm geradeaus. **Zeiten:** Dauer ca. 2 Std.

Ihr müsst Rätsel und Aufgaben lösen. Habt ihr die geheimnisvollen Zeichen an der Stadtmauer entdeckt?

Im ↗ Städtischen Museum gibt es ein Modell der Festungsanlage von 1726!

Freie Kunstschule Saarlouis e.V., Picarder Weg, 66740 Saarlouis. ✆ 06831/461122. www.kunstschule-sls.de. Für kleine Künstler ab 12 Monaten.

Preise: Gruppen bis 20 Kinder 71 €; kostenlose Führungen im Rahmen der Ferienprogramme, Termine ↗ Internet. **Infos:** Geeignet für Kinder 6 – 12 Jahre.

▶ Die historisch gekleidete Marktfrau *Gabriele Jaeck* führt euch durch Saarlouis. Die Festungsstadt, die während der französischen Besatzungszeit (1680 – 1815) von dem strategisch denkenden Baumeister *Sébastien Le Prestre de Vauban* sternförmig angelegt wurde, besitzt noch heute eine besondere Ausstrahlung. Mit spannenden Geschichten zeigt euch Frau Jaeck die interessantesten Plätze wie den mediterranen Innenhof des ältesten Wohnhauses der Stadt.

Museum Haus Ludwig

Kaiser-Wilhelm-Straße 2, 66740 Saarlouis. ✆ 06831/1285-40. www.saarlouis.de. museumhausludwig@saarlouis.de **Bahn/Bus:** ↗ Saarlouis, Bus 402 Kleiner Markt bis Landratsamt, 5 Min Fußweg. **Rad:** Saar-Radweg, an der Gustav-Heinemann-Brücke in die Holzendorffer Straße, am Großen Markt rechts in die Silberherzstraße. **Zeiten:** Di – Fr 10 – 13 und 14 – 17 Uhr, Sa, So und Fei 14 – 17 Uhr. **Preise:** Eintritt frei, Workshops für Schulen und Kindergärten kostenlos.

▶ Das Museum Haus Ludwig wurde wie 20 weitere Museen auf der ganzen Welt von Irene und Peter Ludwig geführt, die vor allem moderne Kunst gesammelt und gefördert haben. Dank der Museumspädagogen ist das Haus Ludwig ein Museum zum Anfassen, in dem Führungen, Workshops und Kreativkurse für alle Alterklassen angeboten werden.

Kinderführung im Museum

Städtisches Museum und Stadtarchiv, Alte-Brauerei-Straße, 66740 Saarlouis. ✆ 06831/12889-6. www.saarlouis.de. **Bahn/Bus:** Ab ↗ Saarlouis Bus 402, 404, 437 bis Kleiner Markt, 5 Min Fußweg. **Rad:** Saar-Radweg, an der Gustav-Heinemann-Brücke in die Holzendorffer Straße abbiegen, am Großen Markt rechts. **Zeiten:** Di – Fr 10 – 13 und 14 – 17 Uhr, Sa, So und Fei

14 – 17 Uhr, Führungen nach Vereinbarung. **Preise:** Eintritt und Führung für Kindergruppen frei.

▶ Wenn ihr mehr über die Geschichte der Stadt und seine Einwohner erfahren wollt, seid ihr im Städtischen Museum genau richtig. Hier gibt es ein Modell der Festungsanlage von 1726 sowie vielseitige Materialien zum Thema Festungsstadt. Sammlungen von Steinen, Kunstwerken oder Gebrauchsgegenständen ergänzen die Ausstellungen.

Deutsches Zeitungsmuseum

Stiftung Saarländischer Kulturbesitz, Am Abteihof 1, 66787 Wadgassen. ℰ 06834/9423-0. www.deutsches-zeitungsmuseum.de. **Bahn/Bus:** RB Saarbrücken – Trier bis Bous Bhf, 10 Min Fußweg. **Auto:** ↗ Wadgassen, Museum ausgeschildert. **Rad:** Saar-Radweg, durch die Autobahnunterführung. **Zeiten:** Di – So 10 – 16 Uhr, Familienworkshops jeden 2. und 4. So im Monat 14 – 16 Uhr. **Preise:** 5 €, nur Sammlung 1,50 €; Kinder ab 6 Jahre, Schüler 3,50 €, nur Sammlung 1 €, Programme für Schulklassen 4,50 € pro Schüler inkl. Material; Workshop-Familienkarte 6 €.

▶ Welche Rolle die Zeitung in der Vergangenheit spielte und heute noch spielt, wird in der Ausstellung lebendig vermittelt. Häufig ist neugieriges Anfassen und Ausprobieren ausdrücklich erwünscht. Ein Quiz führt durch die Ausstellungsräume. Es gibt ein vielfältiges museumspädagogisches Programm, u.a. Zeitungsschöpfen für Kindergartenkinder, Linol- und Holzdruck für Grundschulkinder oder Vermittlung von Medienkompetenz für Jugendliche. Auch für Familien werden regelmäßig tolle Workshops angeboten.

Kulturzentren

Haus Saargau

Zum Scheidberg 11, 66798 Wallerfangen-Gisingen. ℰ 06837/912762. www.haussaargau.de. **Bahn/Bus:**

SAARLOUIS & UMGEBUNG

Happy Birthday!
Geburtstagsfeier für Kinder 6 – 15 Jahre mit Workshop, 70 € inkl. Material. Getränke und Essen können mitgebracht werden.

Ab ↗ Saarlouis Bhf Bus 401 Richtung Kleiner Markt bis Hallenbad, Bus 422 Richtung Düren bis Gisingen. **Auto:** A8 Ausfahrt 8 Dillingen-Mitte, über Wallerfangen nach Gisingen. **Rad:** Teufelsburg-Runde. **Zeiten:** Mo – Mi, So, Fei 14 – 17, Do, Fr 10 – 12 Uhr und nach Vereinbarung. **Preise:** Eintritt frei. **Info:** Zweigstelle der Tourist-Info des Landkreises Saarlouis, Infostelle des Naturparks Saar-Hunsrück.

▶ Das Haus Saargau ist ein restauriertes lothringisches Bauernhaus von 1735. Möbel- und Alltagsgegenstände des 18. Jahrhunderts aus Saarland, Elsass und Lothringen zeigen das bäuerliche Leben jener Zeiten. Im hübschen Bauerngarten befindet sich ein **Bienenlehrstand** auf einer Streuobstwiese. Viel Spaß haben Kindergruppen bei den Workshops zum Thema Bienen, Schmetterlinge oder Kräuter. Es finden der Jahreszeit angepasste Aktionen wie Honigschleudern oder Basteln mit Honigwachs statt.

Kulturzentrum Bettinger Mühle

Hüttendorfer Straße 29, 66839 Schmelz. ✆ 06887/888654. www.muehlenverein-schmelz.de. **Bahn/Bus:** Ab ↗ Saarlouis Hbf Bus 466 Schmelz bis Bettinger Mühle. **Auto:** Ab ↗ Saarlouis B269 Richtung Lebach, ab Körprich über B268 bis Schmelz. **Zeiten:** Mo – Fr 9 – 12 Uhr, Führungen Mai – Okt 1. So 10 Uhr (Sep 2. So) und nach Vereinbarung. **Preise:** Eintritt Kulturzentrum frei, Führung 3 €; Kinder ab 6 Jahre Führung 1 €, Kindergärten und Schulklassen 35 € (max. 25 Pers).

Mühlenbäcker Günther backt jeden 1. Sa im Monat leckere Brote, die 8 – 12 Uhr erworben werden können.

▶ Die ehemalige **Bettinger Getreidemühle** ist noch voll funktionsfähig. Deshalb könnt ihr hier die einzelnen Stationen der Mehlgewinnung von der Anlieferung des Getreides über das Reinigen, Mahlen, Sieben und Mischen bis hin zur Abfüllung miterleben. Es wird auch ein kurzer Film gezeigt. Außerdem könnt ihr das **Menonitenmuseum** besichtigen, wo euch das Leben der menonitischen Glaubensgemeinschaft, die hier früher lebte, erklärt wird. Die Außenanlage besitzt einen bäuerlichen **Lehr-** und **Schaugarten**.

Am **Deutschen Mühlentag** (Pfingstmontag) ist Tag der offenen Tür.

Der Name der Region Lothringen im Nordosten Frankreichs leitet sich vom fränkischen König Lothar II. ab, der bei der Teilung des karolingischen Mittelreiches 855 das Gebiet zwischen Schelde, Rhein, Maas und Saône als Königreich erhielt. 965 wurde es in die zwei Herzogtümer Ober-Lothringen und Nieder-Lothringen geteilt. Das südliche Herzogtum umfasste in etwa das Gebiet der heutigen Region Lothringen einschließlich Trier und Saar. Nach häufigen Gebietsstreitigkeiten kam das Land 1766 schließlich zu Frankreich.

Aus dem Mittelalter stammen die vielen Ritterburgen, die heute sehenswerte Ausflugsziele darstellen. Das Bäderzentrum Amnéville lockt mit dem Zoo und der Skihalle viele Besucher an.

BURGEN, SCHLÖSSER UND GÄRTEN

Carte Touristique Moselle: Tourenkarte des Mosellandes unter www.tourismusmoselland.com.

Baden & Kanufahren

Hallenbad Olympique

Centre Thermal et Touristique, F-57360 Amnéville-Amnéville les Thermes. ℃ 0033(0)387/711126. www.amneville.com. **Bahn/Bus:** ↗ Centre Thermal et Touristique. **Auto:** A31 Ausfahrt 37 Mondelange, erst Richtung Amnéville les Thermes, danach Centre Thermal et Touristique, P2 parken. **Zeiten:** Di – Do, So, Fei 9.30 – 11.40 und 14.30 – 17.40, Fr bis 18.40, Sa 9 – 11.40, 14.30 – 21.10, Di, Fr 20 – 22.15 Uhr. **Preise:** Di – Sa 3,30 €, So, Fei, abends ab 20 Uhr 3,90 €; Kinder, Schüler Di – Sa 2,70 €, So, Fei, abends 3 €.

▶ Das Olympique ist ein Sportbad mit 3 getrennten Becken und Liegeflächen im Freien. Die Gestaltung ist sehr nüchtern, doch das stört die meisten Kinder wenig. Im Kinderbecken plantschen sie trotzdem vergnügt. Eines der Schwimmerbecken hat **olympische Maße** und eignet sich daher hervorragend, um für Wettkämpfe zu trainieren. Seid ihr auf der Suche nach einem Nervenkitzel? Dann könnt ihr durch die beiden Riesenröhrenrutschen ins Wasser sausen.

TIPPS FÜR WASSER-RATTEN

Damit ein Becken olympische Maße hat, muss es 50 m lang, 25 m breit und 2,5 m tief sein und 10 Bahnen haben. Na, wie breit ist dann wohl eine Schwimmbahn?

Hat Appetit: Flusspferdfütterung in Amnéville

Wenn euch die Tour auf der Nied nicht wild genug war, könnt ihr den Nautic Club auch bezüglich Wildwassertouren auf anderen französischen Flüssen ansprechen.

Kanutouren auf der französischen Nied

Nautic Club Bouzonville, 3, rue du 27 Novembre, F-57320 Bouzonville. ✆ 0033(0)387/579179. www.noomba-sport.com/canoe-kayak/2901.html. **Auto:** Ab ↗ Saarlouis B404, D918 Richtung Thionville bis Bouzonville, an der Kirche die Nied überqueren, nach der 2. Brücke links (Nähe Friedhof). **Rad:** Ab Niedaltdorf 10 km bis Bouzonville. **Zeiten:** Mai – Sep nach Vereinbarung. **Preise:** 15 €; Kinder 6 – 7 Jahre 5 €, Schulklassen nach Vereinbarung. Gruppen max. 60 Pers. **Infos:** Alle Kinder müssen schwimmen können!

▶ Eine tolle Kanutour könnt ihr auf der französischen *Nied* bei Bouzonville unternehmen. Als Ausgangspunkt bietet sich der Ort **Freistroff** an. Der Nautic Club bringt euch und die benötigten Kanus von Bouzonville dorthin. Ihr werdet mit Schwimmwesten und die Kinder, falls gewünscht, auch mit Helmen ausgestattet. Eure Wertsachen werden in einer Tonne wasserdicht verschlossen. Die Tour auf der Nied beginnt ruhig, doch dann taucht vor euch das erste Stauwehr auf. Nass, aber meist unversehrt erreicht ihr wieder **Bouzonville.** Wer gute Kondition besitzt, kann bis *Filstroff* weiterpaddeln. Dort werdet ihr abgeholt und nach Bouzonville zurückgebracht.

NATUR SPORTLICH

Per Rad & Draisine

Mit dem Schienenfahrrad durchs Cannertal

Vélorail, Gare de Vigy, F-57640 Vigy. ✆ 0033(0)684/453770, 770285. www.vigy-labyrinthe.org. **Auto:** Ab ↗ Saarlouis B404, D918 Richtung Thionville bis Hombourg-Budange, links auf die D2 bis Vigy Bhf. **Zeiten:** April – Juni, Sep – Mitte Okt Sa 15 – 19, So, Fei 9 – 13 Uhr, Juli, Aug und in den Ferien Mo – Fr 10 – 12 und 13.30 – 19, Sa 15 – 19, So, Fei 9 – 13 Uhr, Reservierung empfohlen. **Preise:** Vigy – Bettelainville 14 € pro Vélorail (4 Pers), Vigy – Aboncourt 18 €.

Wanderkarte mit *Radwanderwegen Perl im Dreiländereck,* 1:25.000, 5 €.

▶ Die Tour führt durch das schöne *Cannertal*. Auf ein Vélorail passen 4 Personen, von denen immer nur 2 strampeln müssen. Somit können auch Familien mit 2 Erwachsenen und 2 kleinen Kindern mitfahren. Bei Schulklassen oder Jugendgruppen müssen genügend Kinder dabei sein, die groß genug sind, um kräftig in die Pedale treten zu können.

Radeln im Dreiländereck

Länge: Rundtour ca. 13 km. **Bahn/Bus:** ↗ Perl. **Auto:** ↗ Perl. **Rad:** Mosel-Radweg. **Infos:** Für eine Radtour moselabwärts ↗ Die Obermosel – Radeln ohne Grenzen, Saar-Mosel-Land.

▶ Mit dieser Radtour könnt ihr gleich 3 Länder auf einen Streich entdecken! Vom Bahnhof Perl fahrt ihr links auf den Mosel-Radweg. Vorbei an den französischen Dörfern Apach und Rustroff gelangt ihr ins 4 km entfernte **Sierck-les-Bains.** Von Weitem ist die Ritterburg Chateau des Duex de Lorraine zu erkennen, die hoch über der Mosel thront. Eine Besichtigung der Festungsanlage lohnt sich! Über die Altstadtgassen erreicht ihr nach 10 Minuten den Eingang der Burg. Ungefähr 1,5 km hinter Sierck geht es über die Moselbrücke nach **Contz-les-Bains.** In diesem Weindorf auf der anderen Flussseite gibt es eine Kirche mit einer sehenswerten Orgel. Im Ort haltet ihr euch rechts und radelt ca. 6 km auf einer wenig befahrenen Straße an der Mosel entlang nach **Schengen** (L). Hier wurde vor 25 Jahren das Schengener Abkommen unterzeichnet, das den Verzicht auf Personenkontrollen an den Grenzen in Europa festlegte. Das Europa-Denkmal soll an dieses historische Ereignis erinnern. Ihr überquert dann die Brücke nach Perl und erreicht wieder den Ausgangspunkt der Tour.

Wenn ihr gleich drei Länder mit dem Fahrrad erkunden wollt, müsst ihr ordentlich in die Pedale treten

© Ralf Schwarz

LOTHRINGEN

Tierparks & Gärten

Märchenhafter Tierpark

Parc Merveilleux, Route de Mondorf, L-3260 Bettembourg. ✆ 00352/511048-1. www.parc-merveilleux.lu.
Auto: A8 (D) bzw. A13 (L), Ausfahrt 9 Hellange Richtung Bettembourg, vor Ortseingang auf der rechten Seite.
Zeiten: Beginn der lux. Osterferien – Mitte Okt täglich 9.30 – 18 Uhr. **Preise:** 8 €; Kinder 3 – 14 Jahre 4 €; Senioren, Behinderte 6 €.

▶ Der Park mit verschiedenen **Themenhäusern** ist eine gelungene Kombination aus Märchenwelt, Spielplatz und Tiergarten.

Das Amazonashaus beherbergt eine Vielzahl exotischer Tiere wie Totenkopfäffchen, Nasenbären, tropische Vögel und Beulenkrokodile. Das 2009 eröffnete Madagaskarhaus zeigt die Tier- und Pflanzenwelt Westmadagaskars mit **Sukkulenten** und Pflanzen, die aussehen wie aus der Urzeit. Habt ihr schon einmal Tomatenfrösche, Grauköpfchen oder Pantherchamäleons gesehen? In einer Höhle befindet sich der Nachtbereich mit Tenreks, Nilflughunden und Makis. Was das wohl für seltsame Tiere sind? Schaut selbst nach!

Ein schöner Spazierweg führt durch den Wald, in dem sich großzügige Gehege mit asiatischen, australischen und amerikanischen Wildtieren befinden. Auch ein **Streichelzoo** ist vorhanden. Spielen und Toben könnt ihr auf dem großen **Spielplatz.** Minizug und -autos sind eine weitere Spielattraktion (kostenpflichtig).

Abenteuer im Hochseilgarten

Parc Le'h adventures, Gilles Franck, 203, rue du Parc, L-3542 Dudelange. ✆ 00352/298295-55. www.parclehadventures.com. **Auto:** A3 Ausfahrt 3 Dudelange-Centre, am Kreisverkehr 1. Ausfahrt Richtung Schwimmbad, in den Waldweg rechts zum Restaurant Parc Le'h einbiegen. **Zeiten:** April – Okt Sa, Fei 14 –

Pflanzen, die in Blättern, im Stamm oder in den Wurzeln viel Wasser speichern können, um lange Trockenphasen zu überleben, heißen Sukkulenten. Ein Beispiel ist die Agave.

Hunger & Durst
Cafeteria und Restaurant, ✆ 00352/ 529890. Selbstbedienungsrestaurant, Terrasse, neben dem Spielplatz.

19, So 10 – 19 Uhr, in den lux. Sommerferien täglich 10 – 20 Uhr, Gruppen nach Absprache, im Winter auf Anfrage. **Preise:** 1 Std 15 €, 2 Std 19 €; Kinder 2 – 8 Jahre 1 Std 8 €, 12 €, Kinder 9 – 13 Jahre 1 Std 12 €, 2 Std 16 €; Gruppen nach Absprache.

▶ Abenteuergeist, Mut und Geschicklichkeit fordert der große Hochseilgarten im Wald von Dudelange. Die Wege sind in mehrere Schwierigkeitsgrade und 6 Altersklassen eingeteilt. Kinder ab 2 Jahre können schon im Bambini-Parcours auf einer Höhe von 1 m balancieren. Schulkinder ab 9 Jahre dürfen sich im 4 m hohen Bereich an den verschiedenen Übungen probieren. Jugendlichen ab 16 Jahre stehen alle Parcours offen, insgesamt sind es 90 verschiedene Stationen, an denen ihr von Baum zu Baum klettert, rutscht oder schwingt.

Wer findet den Weg durchs Labyrinth?

Labyrinthe Végétal, F-57640 Vigy. ✆ 0033(0)632/ 255690. www.vigy-labyrinthe.org. **Auto:** Ab ↗ Saarlouis B404, D918 Richtung Thionville bis Hombourg-Budange, links auf D2 bis Vigy, hinter dem Bahnhof. **Zeiten:** Juli, Aug Mo – Sa 13 – 19, So 11 – 19 Uhr, Sep nur Sa, So. **Preise:** 3 €; Kinder bis 11 Jahre 2 €; Gruppen ab 20 Pers 2,50 € pro Pers, Kinder 1,50 €, Kombiticket mit Dieselzugfahrt 11 €, Kinder 8 €, mit Dampfzugfahrt 9 €, Kinder 6 €.

▶ Jetzt ist euer Orientierungssinn gefragt! Es ist nicht ganz einfach, den richtigen Weg durch das Maislabyrinth zu finden. Nebenbei soll auch noch ein Fragebogen mit Aufgaben gelöst werden.

Winterspaß

Skihalle Amnéville

Centre Thermal et Touristique, Rue du Bois de Coulange, F-57360 Amnéville les Thermes. ✆ 0033387/ 1515-15. www.snowhall.fr. **Bahn/Bus:** ↗ Centre Ther-

Ab 10 Kinder hat das Geburtstagskind freien Eintritt. Verpflegung könnt ihr mitbringen.

Hunger & Durst

Restaurant Parc Le'h, ✆ 00352/519990. www.parcleh.lu. täglich 11.30 – 14 und 18.30 – 21.30 Uhr, Mo Abend, Di und Sa Mittag geschlossen. französische Küche, gehobenes Preisniveau.

Hunger & Durst

Restaurant Le Chalet (Skihalle), Mo 12 – 13.30, Di – Do 12 – 13.30 und 19 – 23 Uhr, Fr, Sa 12 – 13.30 und 19 – 24, So 12 – 14 und 19 – 22 Uhr. Traditionelle Berggerichte, Blick auf die Piste.

Auch Rodeln ist in der Schneehalle möglich, Zutritt zur Rodelbahn und Schlitten 3 € pro Std.

UMWELT ERFOR- SCHEN

mal et Touristique. **Auto:** Amnéville les Thermes, dann ↗ Centre Thermal et Touristique, dort zweimal rechts. **Zeiten:** Mo 14 – 20, Di, Mi 10 – 22, Do 14 – 23, Fr, Sa 10 – 23, So 10 – 20 Uhr. **Preise:** 2 Std Mo – Fr 15,50 €, Sa, So 20,50 €, Ferien Mo – Fr 17 €, Sa, So 20,50 €; Kinder bis 12 Jahre 2 Std Mo – Fr 12 €, Sa, So 15 €, Ferien Mo – Fr 13 €, Sa, So 15 €. **Infos:** In den Ferien ist Sa, So und Fei sehr viel los.

▶ Die Vorfreude auf den ersten Schnee lässt leider oft lange auf sich warten. Wer trotzdem unabhängig vom Wetter Spaß im Schnee erleben möchte, kann die zurzeit längste Indoor-Skipiste der Welt besuchen. Skiausrüstung oder Snowboard könnt ihr entweder mitbringen oder gegen eine geringe Gebühr ausleihen. Der Schnee ist pulvrig, doch je nachdem wie viel die Piste befahren wurde, kann stellenweise der eisige Untergrund hervortreten. Passt deshalb gut auf, dass ihr euch nicht wehtut! Zur Grundausrüstung für Kinder gehört unbedingt ein Helm. Erwachsene sollten Vorbild sein und sich ebenfalls mit einem Helm schützen. Wenn ihr noch nicht oft auf den Brettern gestanden habt, empfiehlt es sich, erstmal am Anfängerhang zu üben. Mit einem Förderband gelangt ihr wieder nach oben. Wagemutige Skifahrer benutzen den Tellerlift und sausen dann die 620 m lange Piste bergab. Es werden französischsprachige Skikurse angeboten. Snowboard-Fahrer können ihre Kunststücke auf einem speziellen Parcours ausprobieren.

Tiere & Gärten

Garten der Aromen

Les Jardins Fruitiers, 4, rue Bourger et Perrin, F-57530 Laquenexy. ✆ 0033(0)387/3501-00, Fax -09. www.jardinsfruitiersdelaquenexy.com. jardins-fruitiers@cg57.fr. **Auto:** Ab Vigy D2 bis Sainte Barbe, Richtung Süden bis kurz vor Pange, ab dort ausgeschildert. **Zeiten:** Anfang

April – Ende Okt Di – So 10 – 19 Uhr. **Preise:** 5 €; Kinder 12 – 17 Jahre, Schüler, Studenten 4 €; Gruppen ab 10 Pers 4 €. **Infos:** In Vigy könnt ihr eine Fahrt mit der ↗ Historischen Eisenbahnfahrt unternehmen.

▶ Im Garten der Aromen, in dem sich vieles um verschiedene Obstsorten dreht, könnt ihr auf den Geschmack kommen. Der Rundgang beginnt in einem Labyrinth. Auf eurer Suche nach dem richtigen Weg könnt ihr ungewöhnliche und unbekannte Pflanzen entdecken. Riecht ihr den Unterschied? Einige Blüten duften gut, andere Pflanzen haben einen unangenehmen Geruch. Fühlt einmal, wie zart und weich manche Blätter sind, aber Vorsicht, andere können stachelig sein! Es wird auf Pflanzen hingewiesen, die giftig sind, von anderen wiederum dürft ihr die Blüten sogar essen. Manche Gewürzpflanzen entfalten ihr volles Aroma erst, wenn ihr die Blätter mit den Fingern zerreibt.

Zoo d'Amnéville

Centre Thermal et Touristique, 1, rue du Tigre, F-57360 Amnéville les Thermes. ✆ 0033(0)387/702560. www.zoo-amneville.com. **Bahn/Bus:** ↗ Centre Thermal et Touristique. **Auto:** Richtung Amnéville les Thermes, ↗ Centre Thermal et Touristique, am P1 parken, 3 Min Fußweg. **Zeiten:** April – Sep 9.30 – 19.30 Uhr, Okt – März 10 Uhr bis Einbruch der Dunkelheit. **Preise:** 25 €;

Kugelblüten: Nur eine von vielen Blütenformen im Garten der Aromen

 Mitte Juni: **Festival im Garten der Aromen** mit Musik und Führungen durch den Garten.

Kinder 6 – 12 Jahre erhalten am Eingang ein Quiz in französischer Sprache.

Hunger & Durst

Grill im Zoo, Lodgestil, Terrasse mit Blick auf die Afrikaebene, gehobenes Preisniveau. Außerdem im Zoo: Pizzeria, Sandwich-Laden, Picknickplätze.

Eine seltene Schönheit:
Weißer Tiger

© Sabine Schneider

Kinder 3 – 11 Jahre 20 €; Pass 2 jours: für 2 aufeinanderfolgende Tage, der 2. Tag kostet 50 %.

▶ Der Zoo d'Amnéville gehört zweifellos zu den schönsten Zoos in Europa. 1600 Tiere aus 5 Kontinenten leben in einer ihren natürlichen Lebensräumen angepassten Umgebung. Nehmt euch einen ganzen Tag Zeit, um in diese exotische Welt einzutauchen. Die aufwändig gestalteten Gehege sind so angelegt, dass auch kleine Kinder die Tiere gut sehen und beobachten können. Absolut spitze ist die Vorführung in der Seelöwenbucht oder die außergewöhnliche Flugshow. Eine echte Seltenheit sind die märchenhaft schönen **Weißen Tiger** mit ihren strahlend blauen Augen. Einige der weniger gefährlichen Tiere dürft ihr mit Popcorn, das es im Zoo zu kaufen gibt, füttern oder streicheln, aber bitte beachtet die Hinweise auf den Tafeln. Der private Zoo unterstützt Artenschutzprogramme auf der ganzen Welt.

An gemütlichen Picknickplätzen, die vor Sonne und Regen geschützt sind, könnt ihr euch mit eurem mitgebrachten Proviant stärken.

1951 entdeckten Jäger in Indien einen Tiger mit weißem Fell. Sie brachten ihn zum Maharadscha von Rewa, der ihn mit normalen Tigerweibchen paarte. Das seltene, rezessive Gen hat sich erst in der übernächsten Generation durch weiße Nachkommen bemerkbar gemacht.

Aquarium d'Amnéville

Centre Thermal et Touristique, F-57360 Amnéville les Thermes. ✆ 0033(0)387/703661, www.aquarium-amneville.com. **Bahn/Bus:** ↗ Centre Thermal et Touristique. **Auto:** Amnéville les Thermes, dann ↗ Centre Thermal et Touristique, P1 oder P2 parken, hinter dem IMAX-Kino. **Zeiten:** März – Sep Mo – Fr 10 – 18 Uhr, Sa, So, Fei 10 – 19 Uhr, Okt – Feb Mo – Fr 14 – 17 Uhr, Sa, So, Fei 10 – 12 und 13.30 – 18 Uhr. **Preise:** 11 €; Kinder bis 12 Jahre 8 €.

▶ Begebt euch auf Tauchstation und bewundert bunte und seltsame Fische in 37 Aquarien. Diese stehen in einem wie ein U-Boot gestalteten Raum und in einer südamerikanischen Tropenlandschaft. Dort sind die Wasserbecken sogar als Frachtkisten verkleidet. Die Außenanlage besitzt einige Becken, die noch nicht renoviert wurden und daher weniger schön anzusehen sind. Sehr beliebt bei den Besuchern ist ein Rochen, der gestreichelt werden darf. Allerdings solltet ihr euch überlegen, ob das dem Tier gut tut, da seine Haut sehr angegriffen aussieht. Jedes Jahr kommen neue Attraktionen hinzu, gespannt sein dürft ihr auf das neue Quallenbecken.

 Der Eintritt in die Kinderwelt **Parc pour enfants** ist kostenlos. Die Parkanlage mit zahlreichen Spielgeräten und schattigen Picknickplätzen ist Mai – Okt geöffnet.

Blubb blubb … Exotische Fische im Aquarium

© Sabine Schneider

Bahnen & Burgen

Historische Eisenbahnfahrt

Train Touristique de la Vallée de la Canner, 1, rue de la Gare, F-57640 Vigy. ✆ 0033387/779750, www.train-de-la-canner-57.over-blog.com. **Auto:** Ab ↗ Saarlouis B404, D918 Richtung Thionville bis Hombourg-Budange, links auf D2 bis Vigy Bhf. **Zeiten:** 1. So im Mai – 1. So im Okt, nur an bestimmten Wochenenden, Fahrplan ↗ Internet oder Gruppen nach Vereinbarung. **Preise:** Dieselzug 8 €, einfache Strecke 5 €, Dampfzug 10 €, einfache Strecke 7 €; Kinder 4 – 11 Jahre Dieselzug 5 €, einfache Strecke 4 €, Dampfzug 7 €, einfache Strecke 5 €; Familien Dieselzug 27 €, Dampfzug 35 €.

HANDWERK UND GESCHICHTE

LOTHRINGEN

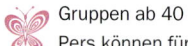

*Züge, die zwischen 1921 und 1931 hergestellt wurden, nannte man **Donnerbüchsen**. Sie bestanden ganz aus Stahl oder Eisen und machten einen Riesenlärm!*

▶ Die Bahnstrecke Metz – Vigy – Anzeling wurde 1908 eingeweiht. Später gab es auch eine Verbindung nach Dillingen und 1917 bis nach Merzig. Die Dampflokomotiven waren die »Hohenzollern« von 1900 und »Krupp« von 1927. Nachdem die Strecke stillgelegt wurde, sind heute die historische *Krupp 030 T1* bzw. der Triebwagen *Picasso,* eine Diesellok von 1910, auf der landschaftlich reizvollen Strecke durch das Cannertal von **Vigy** nach **Hombourg-Budange** zu touristischen Zwecken im Einsatz.

Château de Sainte-Sixte

F-57320 Freistroff. ☎ 0033(0)387/579666, www.chateau-freistroff.com. **Auto:** ↗ Saarlouis, B405 und D918 Richtung Bouzonville, D3 bis Freistroff. **Zeiten:** April – Sep Sa, So, Fei 15 Uhr bzw. für Gruppen nach Vereinbarung. **Preise:** 5 €; Kinder 7 – 12 Jahre 2,50 €. **Infos:** Schulklassen oder Jugendgruppen ab 40 Pers können Programme wie Märchenlesungen, Töpfern oder Schlossrallye auch in deutscher Sprache buchen.

Rommelbootzenfest (Zuckerrübenfest) am letzten So im Okt.

Gruppen ab 40 Pers können für 6 € pro Pers Märchenlesung, Schlossbesichtigung und Basteln von Rübenlaternen buchen, inkl. Kuchen und Getränk.

▶ Das unter Denkmalschutz stehende Schloss stammt aus dem 12. Jahrhundert wurde aber mehrmals baulich verändert, zuletzt im 18. Jahrhundert. Es besteht aus sechs Teilen, die um einen Hof gruppiert sind und zusammen eine ovale Form bilden. Es gibt einen Rittersaal, einen Gerichtssaal, eine ehemalige Backstube und einen Esssaal mit Holzdecke zu entdecken. Um das Château de Sainte-Sixte vor dem Verfall zu retten, wurde es von der Familie *Gehl* gekauft und ein Verein für die Restaurierung des Schlosses gegründet. Toll ist die romantische Lage an der *Nied,* an deren Ufer es sich schön picknicken lässt.

Wenn ihr einen ganzen Tag Zeit habt, könnt ihr für 10 € pro Pers die Schlossbesichtigung mit einer lustigen Radeltour mit dem **Vélorail** von *Vigy* nach *Aboncourt* verbinden. Das Château ist auch auf dem Wasserweg mit **Kanus** von *Bouzonville* oder *Gomelange* aus zu erreichen.

Château de Malbrouck

F-57480 Manderen. ✆ 0033387/350-387. www.chateau-malbrouck.com. **Auto:** A8 Ausfahrt 2 Perl B419, N153 Richtung Thionville, kurz nach Apach links, beschildert. **Zeiten:** Mitte März – April und Sep – Mitte Dez Mo 14 – 17 Uhr, Di – Fr 10 – 17 Uhr, Sa, So, Fei 10 – 18 Uhr, Mai – Aug jeweils 1 Std länger; deutschsprachige Führung Juli, Aug So, Fei 14.30 und 16.15 Uhr. **Preise:** 7 €, Saison 8 €, Rundgang 65 € für max. 40 Pers zzgl. Gruppeneintrittspreis; Kinder unter 16 Jahre frei, Schüler 5,50 €, Führung, Rundgang, Schatzsuche 43 € für max. 30 Kinder; Familien 12 €, Gruppen ab 15 Pers 4 € pro Pers. **Infos:** Termine Kulturveranstaltungen ↗ Internet.

Majestätisch:
Château de Malbrouck

Happy Birthday!
Kinder 8 – 11 Jahre können ihren Geburtstag im Schloss feiern! Rundgang, Rätselspiel und Schatzsuche, 2 Std 110 € für max. 10 Kinder und 2 Begleiter, inkl. Kuchen und Getränke.

▶ Burg Malbrouck, die früher *Meinsberg* hieß, wurde 1419 – 1434 von Ritter Arnold VI. von Sierck errichtet. Arnold VI. war außerdem Eigentümer der ↗ Burg Montclair bei Mettlach. Das gesamte Gebiet von Koblenz bis Metz unterstand damals unter seiner Führung dem Erzbistum Trier. Wer mehr über die Geschichte der Burg erfahren möchte, kann in einer 10-minütigen Einführung im Schlosshof oder aber sonn- und feiertags an einer einstündigen Führung teilnehmen. Diese sind unterhaltsam gestaltet, sodass auch Kinder die Zusammenhänge gut verstehen können. Über das Jahr verteilt finden viele kulturelle Veranstaltungen, Ausstellungen, Märchentage und Festivals statt.

Residenz der Herzöge von Lothringen

Château des Ducs de Lorraine, rue du Château, F-57480 Sierck-les-Bains. ✆ 0033(0)382/836797. www.chateau-sierck.com. **Bahn/Bus:** ↗ Sierck-les-

Anfang Aug:
Festival der Zirkuskünste und Straßentheater.

Alles im Blick: Von der Burg aus konnten Handelsleute auf der Mosel oder Angreifer beobachtet werden

Bains. **Auto:** ↗ Sierck-les-Bains. **Rad:** Mosel-Radweg. **Zeiten:** März, April, Okt, Nov Mo – Sa 10 – 16, So, Fei 10 – 17 Uhr, Mai – Sep Mo – Sa 10 – 19, So, Fei 10 – 20 Uhr. **Preise:** 4,90 €; Kinder 6 – 14 Jahre, Schüler, Studenten 3,30 €; Gruppen ab 15 Pers 3,30 € pro Pers, Schulklassen ab 15 Pers 2 € pro Schüler.

▶ Die **Burg von Sierck,** die auf einem Felsen hoch über der Mosel errichtet wurde, diente im Mittelalter als wichtiger strategischer Punkt zur Abschirmung gegen Frankreich und Burgund. Die Herren von Sierck waren sehr einflussreich. Die bekanntesten Vertreter der Familie waren *Graf Arnold VI.* (1366 – 1455), Besitzer des ↗ *Château du Malbrouck,* der Burgen ↗ *Montclair* und *Forbach* sowie sein Sohn *Jakob von Sierck* (1398 – 1456), Kurfürst und Erzbischof von Trier. 1661 mussten die Herzöge von Lothringen Burg Sierck und den Landbesitz an den König von Frankreich abtreten.

Noch heute sind die massiven Mauern, Kasematten, Wehrgänge und Türme der weitläufigen Burganlage gut erhalten. Mit einem am Eingang erhältlichen Plan könnt ihr sie auf eigene Faust erkunden. Zwei Ritterrüstungen, Waffen und einen Kerker gibt es zu sehen. Besonders schön ist die Aussicht über das Moseltal. Mehrere, zum Teil auch schattige, Picknickplätze sind vorhanden.

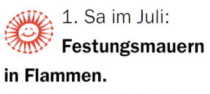 1. Sa im Juli: **Festungsmauern in Flammen.**

4. Wochenende im Aug: **Burgfest.**

In diesem Kapitel werden diese Informationsstellen zu allen größeren, im Buch vorkommenden Orten genannt, sortiert nach Griffmarken und Postleitzahl.

Die Tourist-Informationen der saarländischen Kreise, Städte und Gemeinden informieren über Unterkünfte, aktuelle Veranstaltungen sowie Sehenswertes. Ohne Auto mobil zu sein, ist manchmal nicht ganz einfach, deshalb gibt es hier alle wichtigen Infos zur Anreise mit dem Bus, Bahn und/oder Schiff.

Übergeordnete Infostellen

Office National du Tourisme

Gare centrale, L-1010 Luxembourg. ✆ 00352/428-282-20, Fax 428282-30. www.visitluxembourg.lu. info@visitluxembourg.lu. **Bahn/Bus:** IC, RE Trier Hbf – Luxembourg Gare. **Auto:** Ab Nennig E29 bis Luxembourg City. **Zeiten:** Täglich 9.15 – 12.30, 13.45 – 18, Juni – Sep Mo – Sa 8.30 – 18.30, So 9 – 12.30, 14 – 18 Uhr, 1. Jan, 1. Nov, 25. Dez geschlossen.

▶ Die Luxemburger Tourismuszentrale ist behilflich bei der Suche nach einer geeigneten Unterkunft, informiert über Veranstaltungen und unterstützt bei der Planung von Ausflügen im Herzogtum.

Entente Touristique de la Moselle Luxembourgeoise

10, route du Vin, L-6793 Grevenmacher. ✆ 00352/ 75 8-275, Fax -666. www.moselle-tourist.lu. sitg@pt.lu. **Bahn/Bus:** RB Perl – Trier bis Wellen Bhf, über die Brücke 20 Min Fußweg. **Auto:** A8 Ausfahrt Schengen, N10 an der Mosel entlang bis Grevenmacher. **Zeiten:** Mo – Fr 8 – 12, 13 – 17, im Sommer auch Sa 10 – 14 Uhr.

▶ Die Region an der luxemburgischen Mosel hat einiges zu bieten. In **Remerschen** gibt es einen *Badesee,* in **Bech-Kleinmacher** das *Museum A Possen* und in **Grevenmacher** das *Druck- und Spielkartenmuseum* und den *Schmetterlingspark.*

Die kostenlose Broschüre *Luxembourg for kids* könnt ihr beim Office National du Tourisme bestellen.

Fahrradverleih RentaBike Miselerland, www.rentabike-miselerland.lu. besitzt insgesamt 12 Stationen von Schengen bis Wasserbillig, Trekking- oder Kinderfahrrad, Anhänger für 2 Kinder 7 € pro Tag, ermäßigt 5 €.

Abgehoben: Eine Ballonfahrt ist eine tolle Fortbewegungsart

INFO & VERKEHR

Villa Fuchs, Bahnhofstraße 25, 66663 Merzig. ✆ 06861/9367-0, Fax -40. www.villa-fuchs.de, info@villa-fuchs.de. Merziger Kindersommer mit abwechslungsreichem Programm: Zauberer, Clowns und Musik.

Vielfältiges Infomaterial zur Region sowie eine kostenlose Erlebniskarte sind im Naturparkzentrum erhältlich.

Ein Schaufenster für Reiselustige ist die **SaarLorLux-Tourismusbörse.** Sie findet im März in St. Ingbert statt, der Eintritt ist frei.

Dreiländereck Touristik GmbH

Poststraße 12, 66663 Merzig. ✆ 06861/73874, Fax 73875. www.dreiländereck-touristik.de. tourismus@merzig-wadern.de. **Bahn/Bus:** RE, RB Saarbrücken – Trier bis Merzig Bhf. **Auto:** A8 Ausfahrt Merzig, über die Saarbrücke, im Kreisel 3. Ausfahrt Richtung Innenstadt. **Rad:** Saar-Radweg. **Zeiten:** Mo – Fr 9 – 18, Sa 9 – 12 Uhr, Nov – Karfreitag Mo – Fr 9 – 17 Uhr.

▶ Prospektmaterial erhaltet ihr hier kostenlos. Dank der guten Zusammenarbeit mit den Nachbarländern Frankreich und Luxemburg schließen die Tourenvorschläge die Gebiete jenseits der Grenzen mit ein.

Naturpark Saar-Hunsrück

Trierer Straße 51, 54411 Hermeskeil. ✆ 06503/9214-0, Fax 9214-14. www.naturpark.org. info@naturpark.org. **Bahn/Bus:** Bus R200 Trier – Türkismühle bis Hermeskeil. **Auto:** A1 Ausfahrt 133 Hermeskeil, Richtung Ortsmitte, Parkplatz am Neuen Markt. **Rad:** Ruwer-Hochwald-Radweg. **Zeiten:** Mo – Fr 9 – 12, Do 14 – 16 Uhr, April – Okt auch Di – Fr 14 – 17 Uhr.

▶ Die Kultur- und Naturlandschaft des Naturparks Saar-Hunsrück bietet viele Möglichkeiten der Erholung, sportlichen Betätigung und kulturellen Erlebens. Für Kinder gibt es das Programm *Junge Naturforscher unterwegs*.

St. Wendeler Land

Tourist-Information, Am Seehafen, 66625 Nohfelden-Bosen. ✆ 06852/9010-0, Fax 9010-20. www.bostalsee.de. info@bostalsee.de. **Bahn/Bus:** RB Türkismühle – Mainz, RB Saarbrücken – Türkismühle, ab Türkismühle Bus R11 zum Bostalsee. **Auto:** A62 Ausfahrt 3 Nohfelden-Türkismühle, Beschilderung folgen, gebührenpflichtiger Parkplatz. **Zeiten:** Okt – Gründonnerstag Mo – Do 8 – 12 und 13 – 16 Uhr, Fr 8 – 12.30 und 13 – 14.30 Uhr, Karfreitag – Sep Mo – Fr 8 – 12.30 und 13 – 17 Uhr, Sa 13 – 17 Uhr, So, Fei 10 – 12.30 und 13 – 17, Juni – Aug Mo – Fr 1 Std länger.

▶ Informationen zu aktuellen Veranstaltungen sowie Wissenswertes zu Freizeit und Kultur am *Bostalsee* und im St. Wendeler Land.

Landkreis Neunkirchen, Tourismus- und Kulturzentrale

Am Bergwerk Reden 10, 66578 Schiffweiler-Landsweiler-Reden. ✆ 06821/97292-0, Fax -22. www.rosenkreis.de. info@rosenkreis.de. **Bahn/Bus:** RB Saarbrücken – St. Wendel bis Landsweiler-Reden Bhf, 5 Min Fußweg. **Auto:** A8 Ausfahrt 23 Neunkirchen-City, B41 Ausfahrt Landsweiler, Beschilderung folgen. **Zeiten:** Mo – Fr 8 – 17 Uhr.

▶ Infos über den Rosenkreis erhaltet ihr hier, wie z.B. die Broschüre *Kids on Tour*. 9 Rosengärten, die Barockstadt Ottweiler, Walderlebnispfade und der Neunkircher Zoo bieten ein buntes Programm.

Saarpfalz-Touristik

Am Forum 1, 66424 Homburg. ✆ 06841/104-190, -191, Fax -195. www.saarpfalz-kreis.de. touristik@saarpfalz-kreis.de. **Bahn/Bus:** RE, RB Saarbrücken – Mannheim bis Homburg Hbf, Bus 501 Richtung Reinheim bzw. Bus 508 Richtung Bexbach bis Forum. **Auto:** A6 Ausfahrt 9 Homburg (Saar), Beschilderung Forum.

▶ Ob eine spannende Floßtour auf der *Blies*, ein Kletterkurs an den *Kirkeler Buntsandsteinfelsen* oder ein Abenteuer als Bliesgau-Cowboys beim Rinder treck, hier könnt ihr ungewöhnliche Freizeitprogramme schnell und unkompliziert buchen.

Biosphärenzweckverband Bliesgau e.V.

Zweibrücker Straße 5, 66440 Blieskastel. ✆ 06842/96009-0, Fax 96009-29. www.biosphaere-bliesgau.eu. info@biospaere-bliesgau.eu.

▶ Das UNESCO-Biosphärenreservat Bliesgau befindet sich im Saar-Pfalz-Kreis und grenzt im Süden an Frankreich und im Osten an den Pfälzer Wald. Ihm gehören die Gemeinden Gersheim, Kirkel, Kleinblitters-

Fahrradverleih StrampelLeih,
✆ 06852/9010-15, Handy 0171/4511425. www.strampelleih.de. webmaster@strampelleih.de. Am Seehafen in Bosen. 9 € pro Tag bzw. 2,50 € pro Std, Kinderfahrrad bis 24 Zoll 7 € oder 2 € pro Std.

Unter dem Motto *Kurs auf neue Ziele* werden Kurse im Schmieden (ab 10 Jahre, 29 €) und Kochen (8 – 12 Jahre, 34 €) angeboten. Info bei der Saarpfalz-Touristik, ✆ 06841/104-190.

INFO & VERKEHR

dorf, Mandelbachtal und die Städte Blieskastel und St. Ingbert sowie Teile der Stadt Homburg an. Zielsetzung ist der Schutz der Landschaft und die nachhaltige Entwicklung der Region sowie die Vermarktung regionaler landwirtschaftlicher Produkte.

 **Fahrradfach-handel Schulz & Schade,** Vorstadtstraße 45, 66117 Saarbrücken. ℃ 0681/52676. Trekkingräder 18 € pro Tag, Fr – Mo 29 €, Elektroräder 20 € pro Tag, Fr – Mo 35 €.

Tourismus Zentrale Saarland GmbH

Franz-Josef-Röder-Straße 17, 66119 Saarbrücken. ℃ 0681/927200, www.tourismus.saarland.de. info@tzs.de. **Bahn/Bus:** Ab ↗ Saarbrücken Hbf Bus 108 Richtung Klinikum bis Hardenbergstraße, 5 Min Fußweg. **Auto:** A620 Ausfahrt 17 Saarbrücken-Wilhelm-Heinrich-Brücke, Richtung Landtag. **Zeiten:** Mo – Fr 8 – 18, Sa 9 – 13 Uhr (nur telefonisch).

▶ Interessante kostenlose Broschüren zu Themen wie Radfahren, Wandern, Sehenswürdigkeiten, eine Ausflugskarte und mehr. Einmal zahlen und freien Eintritt zu 165 Attraktionen genießen könnt ihr mit der **Rheinland-Pfalz & SaarlandCARD.** Detaillierte Infos unter www.freizeitcard.info.

ORTE & ANFAHRT

 Mit dem römischen Senator Aurelius könnt ihr Konz entdecken. Jeden 1. Sa 17 Uhr, Treffpunkt am Saar-Mosel-Platz. 5 € pro Pers, Kinder 6 – 16 Jahre 3,50 €.

Saar-Mosel-Land

Saar-Obermosel-Touristik e.V.

Konz, Granastraße 22, 54329 Konz. ℃ 06501/6018-04-0, Fax 4718. www.saar-obermosel.de. info-konz@saar-obermosel.de. **Bahn/Bus:** RE, RB Trier – Saarbrücken bis Konz, 10 Min Fußweg Richtung Könen. **Auto:** A1 Dreieck Moseltal, A602 bis Trier, B51 nach Konz. **Rad:** Saar-Radweg. **Zeiten:** Nov – März Mo – Fr 9 – 17, April – Okt bis 18, Mai – Okt auch Sa 10 – 14 Uhr.

▶ Die Stadt liegt an der Mündung der Saar in die Mosel und ist damit Ausgangspunkt für Radtouren Richtung Saarburg, Trier, Perl und Luxemburg. Der römische Kaiser Valentinian I. wählte den Ort für seine Sommerresidenz und nannte ihn *Contionacum.* Die Ruinen der Kaiservilla befinden sich an der Pfarrkirche St. Nikolaus.

Saarburg, Graf-Siegfried-Straße 32, 54439 Saarburg. ℡ 06581/99598-0, Fax 99598-29. www.saar-obermosel.de. info@saar-obermosel.de. **Bahn/Bus:** RE, RB Saarbrücken – Trier bis Saarburg-Beurig, 15 Min Fußweg über die Brücke, am Kreisel links. **Auto:** B51 nach Saarburg, Beschilderung folgen. **Rad:** Saar-Radweg, VeloRoute SaarLorLux. **Zeiten:** wie Konz

 In den jeweiligen Tourist-Informationen ist für 1,50 € eine Stadtrallye für Saarburg und Konz mit interessanten Rätselspielen erhältlich.

 Romantische Flusstäler umgeben von Weinbergen, bizarre Felsformationen und Streuobstwiesen kennzeichnen die Region Saar-Obermosel und sind für Familien ein ideales Radwanderland. Saarburg besitzt mitten in der Stadt den größten innerstädtischen Wasserfall Europas. Der Greifvogelpark in Saarburg sowie das Freilichtmuseum Roscheider Hof in Konz sind attraktive Ausflugsziele.

Merzig

Tourist-Information, Poststraße 12, 66663 Merzig. ℡ 06861/85221, Fax 85175. www.merzig.de. tourist@merzig.de. **Bahn/Bus:** RE, RB Saarbrücken – Trier bis Merzig Bhf. **Auto:** A8 Ausfahrt Merzig, über die Saarbrücke, im Kreisel 3. Ausfahrt Richtung Innenstadt. **Rad:** Saar-Radweg. **Zeiten:** Ostern – Okt Mo – Fr 9 – 18, Sa 9 – 12, Nov – Karfreitag Mo – Fr 9 – 17 Uhr.

 Die Kreisstadt bietet ein buntes Kulturprogramm. Naturnahe Freizeitgestaltung findet ihr im berühmten *Wolfspark,* im *Garten der Sinne* und im Tierpark am *Blättelbornweiher.* Bei Regen sorgen ein *Spaßbad* und ein Indoor-Spielplatz für Abwechslung.

 **Fahrradverleih Radskeller Pädalo,** Propsteistraße 4. ℡ 06861/780676, 839186. Mo – Fr 9 – 12 Uhr. 9 € pro Tag.

Mettlach

Tourist-Information Saarschleife, Freiherr-vom-Stein-Straße 22, 66693 Mettlach. ℡ 06864/8907999, Fax 8329. www.tourist-info.mettlach.de. tourist@mettlach.de. **Bahn/Bus:** RB Saarbrücken – Trier bis Mettlach Bhf, 10 Min Fußweg durch die Parkanlage der Villeroy & Boch AG. **Auto:** Von Norden und Süden B51 nach Mettlach am Ortseingang links. **Rad:** Saar-Radweg. **Zeiten:** Mo – Fr 8.30 – 16.30 Uhr.

▶ Das Erholungsgebiet Saarschleife im Herzen des Dreiländerecks bietet vielfältige Möglichkeiten zum Radeln und Wandern. Außerdem gibt es die *Burg Montclair* zu entdecken. Berühmt ist Mettlach auch für seine Keramikherstellung.

Orscholz

Tourist-Information, Cloef-Atrium, Cloef-Atrium, 66693 Mettlach-Orscholz. ✆ 06865/9115-0, Fax -120. www.cloef-atrium.de. info@cloef-atrium.de. **Bahn/Bus:** Ab ↗ Mettlach Bus 207 Weiten bis Orscholz. **Auto:** Ab ↗ Mettlach B406 nach Orscholz, links Beschilderung Cloef folgen, gebührenpflichtiger Parkplatz. **Zeiten:** Ostern – Okt täglich 10 – 17, Nov – Ostern 11 – 16 Uhr.
▶ Der Aussichtspunkt *Cloef* gibt einen tollen Ausblick auf Saarlands Wahrzeichen, die Saarschleife.

Gemeine Perl

Tourist-Information, Trierer Straße 28, 66706 Perl. ✆ 06867/66-0, Fax 66-100. www.perl-mosel.de. info@perl-mosel.de. **Bahn/Bus:** RB Trier – Perl. **Auto:** A8 Ausfahrt 2 Perl. **Rad:** Mosel-Radweg. **Zeiten:** Mo – Fr 8.30 – 12, Di 13.30 – 18, Do 13.30 – 15.30 Uhr.
▶ Die im reizvollen Dreiländereck gelegene Gemeinde bietet ideale Voraussetzungen zum Radeln und Wandern. Die römische Vergangenheit wird in der rekonstruierten Römischen Villa Borg lebendig.

Hochwald-museum, Trierer Straße 49, Hermeskeil. ✆ 06503/9535-15. Mo – Fr 10 – 12 und 14 – 17, Sa 10 – 12 Uhr, Gruppen nach Anmeldung, 3 €, Kinder 6 – 14 Jahre, Schüler, Studenten, Behinderte 1,50 €. Im Gebäude der Tourist-Information. Gut inszeniert sind die Themen Landwirtschaft, Handwerk und archäologische Grabung.

Hochwald

Hermeskeil

Tourist-Information, Trierer Straße 49, 54411 Hermeskeil. ✆ 06503/9535-0, Fax 9535-21. www.hermeskeil.de. info@hermeskeil.de. **Bahn/Bus:** Bus R200 Trier – Türkismühle bis Hermeskeil. **Auto:** A1 Ausfahrt 133 Hermeskeil, Richtung Ortsmitte, Parkplatz am Neuen Markt. **Rad:** Ruwer-Hochwald-Radweg. **Zeiten:** Mo – Fr 10 – 12 und 14 – 17 Uhr, Sa 10 – 12 Uhr.

Die im Hochwald gelegene Verbandsgemeinde Hermeskeil besitzt gleich mehrere Museen, Schwimmbäder, eine Burg und ein sehr gut ausgebautes Rad- und Wanderwegenetz. Die Tourist-Information organisiert tolle Erlebnisprogramme für Kinder- und Jugendgruppen.

3. Advents-wochenende: Mittelalterlicher **Weihnachtsmarkt** mit Kinderritterturnier.

Kell am See

Tourist-Information Hochwald-Ferienland e.V., Bahnhofstraße 25, 54427 Kell am See. ✆ 06589/1044, Fax 1002. www.hochwald-ferienland.de. info@hochwald-ferienland.de. **Bahn/Bus:** Ab ↗ Hermeskeil Donatusplatz Bus 33 Richtung Trier bis Kell am See. **Auto:** B407 (Hunsrückhöhenstraße) bis Kell am See. **Rad:** Ruwer-Hochwald-Radweg. **Zeiten:** Mo – Fr 9 – 13 und 14 – 17 Uhr, Juli – Okt auch Sa 10 – 13 Uhr. **Infos:** Flyer über den Ruwer-Hochwald Radweg hier erhältlich.

Viele Sport- und Freizeitangebote wie Klettern im *Hochseilgarten,* Wandern, Schwimmen oder Radfahren auf dem *Ruwer-Hochwald-Radweg* sind im Hochwald möglich. Witterungsbedingt könnt ihr Schlittschuh laufen oder rodeln.

Wander- und Radkarte Hochwald Ferienland Kell am See, 1:35.000, ISBN 978-3-9808092-0-X. 4,80 €.

Nonnweiler

Tourist-Information, Trierer Straße 5, 66620 Nonnweiler. ✆ 06873/6600, Fax 64171. www.nonnweiler.de. tourist@nonnweiler.de. **Bahn/Bus:** RE, RB Saarbrücken – Mainz bis Türkismühle, Bus R200 Richtung Trier. **Auto:** A1 Ausfahrt 135 Nonnweiler. **Zeiten:** Mo – Mi 8.30 – 12 und 13.30 – 15.30 Uhr, Do 8.30 – 12 und 14 – 18 Uhr, Fr 8.30 – 12 Uhr.

Der *Hunnenring* in Nonnweiler ist eines der beeindruckendsten Bauwerke aus keltischer Zeit. Die abwechslungsreiche Landschaft um die Nonnweiler Talsperre bietet sich für Wanderungen und Radtouren an. Das *Planetarium* in **Braunshausen** ist beliebtes Ziel für Hobbyastronomen.

Planetenwanderweg bei der Nonnweiler Talsperre. Modelle informieren über die Planeten unseres Sonnensystems. Kinderwagentauglich.

Das Heft *Premiumwanderwege* ist für 3,50 € hier erhältlich.

Premiumwanderwege sind gut markierte und ausgezeichnete Touren. Sie sind naturbelassen und abwechslungsreich.

Mitte Sep: **Waderner Buchwoche** mit Lesenacht, Kinderkino, Bücherflohmarkt.

Im Kurpark ist ein Spielplatz, Beachvolleyball, Bouleplatz und Freiluftschach. **Minigolf** April – Okt 14.30 – 19 bzw. 20 Uhr, Fei, So auch 10 – 12 Uhr, Erw 1,50 €, Kinder 5 – 18 Jahre, ermäßigt und Gruppen ab 10 Pers 1 €, Kindergruppen 0,75 €, ✆ 06876/616.

Losheim

Tourist-Information, Zum Stausee 198, 66679 Losheim am See. ✆ 06872/90181-00, Fax -10. www.losheim.de. touristik@losheim.de. **Bahn/Bus:** Ab ↗ Merzig R1, R2 Richtung St. Wendel bis Losheim. **Auto:** Ab Trier oder ↗ Saarbrücken B268 Ausfahrt Losheim Stausee, Beschilderung folgen. **Zeiten:** Mo – Fr 8.30 – 12, Di, Do 13.30 – 15.30 Uhr. **Infos:** Der Parkplatz am See ist gebührenpflichtig.

▶ Die Gemeinde Losheim ist als Wanderhochburg des Saarlandes bekannt. Hier findet ihr auf 10 zertifizierten **Premiumwanderwegen** Naturgenuss pur.

Wadern

Tourist-Information, Marktplatz 13, 66687 Wadern. ✆ 06871/507-0, Fax -16. www.wadern.de. touristinfo@wadern.de. **Bahn/Bus:** Ab ↗ Merzig Hbf Bus R1 bis Wadern Busbahnhof, 5 Min Fußweg. **Auto:** A1 Ausfahrt 138 Nonnweiler-Primstal, in Primstal Richtung Wadern Ortsmitte. **Zeiten:** Mo – Mi 8.30 – 12, 13.30 – 15.30 Uhr, Do 8.30 – 12, 13.30 – 18 Uhr, Fr 8.30 – 12 Uhr.

▶ Die im Schwarzwälder Hochwald gelegene Stadt ist von Natur umgeben. Die Naturschutzgebiete *Bardenbacher Fels* und *Noswendeler Bruch,* die *Wadrillalm* sowie die Ruine der *Burg Dagstuhl* sind beliebte Wanderziele.

Weiskirchen

Hochwald-Touristik GmbH, Haus des Gastes, Trierer Straße 21, 66709 Weiskirchen. ✆ 06876/709-37, Fax -38. www.weiskirchen.de. hochwald-touristik@weiskirchen.de. **Bahn/Bus:** Ab ↗ Merzig Bhf Bus R1 Richtung Wadern bis Weiskirchen Ortsmitte. **Auto:** Ab ↗ Merzig über Losheimer Stausee, rechts auf die B268, 2. Ausfahrt nach Weiskirchen. **Zeiten:** Mo – Fr 8.30 – 17, März – Okt auch So 14 – 16, Mai auch Sa 14 – 16 Uhr.

▶ Im Frühjahr locken in Weiskirchen Farben und Düfte in den Kurpark und ins Naturfreibad. Im Herbst werden in den bunt gefärbten Wäldern Pilze gesammelt und im Winter könnt ihr Schlitten fahren. Weitere tolle Attraktionen sind das *Drehorgelmuseum,* der *Wildpark* und die *Schwarzrinder Seen.*

St. Wendel & Umgebung

St. Wendel

Tourist-Info, Bahnhofstraße 15, im Tui-Reise-Center, 66606 St. Wendel. ℅ 06851/7788, Fax 2676. www.sankt-wendel.de. touristinfo@holzer-gmbh.de. **Bahn/Bus:** RE, RB Saarbrücken – Frankfurt bis St. Wendel, 5 Min Fußweg. **Auto:** A1 Ausfahrt 140 Tholey, B269 nach St. Wendel Richtung Bahnhof, dann rechts. **Zeiten:** Mo – Fr 9 – 18.30, Sa 9.30 – 13 Uhr.
▶ Die im Naturpark Saar-Hunsrück liegende Stadt St. Wendel besitzt eine sehr schöne Altstadt. Gern werden hier Festivals mit namhaften Künstlern veranstaltet. Vielfältige Sport- und Freizeitbeschäftigungen bietet der *Wendelinuspark.*

 Beim **Internationalen Festival der Straßenzauberer** im Aug ziehen Künstler aus aller Welt die Zuschauer in ihren Bann.

Nohfelden

Tourist-Information, An der Burg, 66625 Nohfelden. ℅ 06852/885-117, Fax 885-125. www.nohfelden.de. info@nohfelden.de. **Bahn/Bus:** RB Saarbrücken – Mainz bis Nohfelden Bhf, 8 Min Fußweg. **Auto:** A62 Ausfahrt 4 Nohfelden, Richtung Burg. **Zeiten:** Mo – Fr 8 – 12 und Mo – Do 13.30 – 15 Uhr, jeden 2. und 4. Do im Monat 13.30 – 18 Uhr.
▶ Das Wahrzeichen der Gemeinde Nohfelden ist die Burg von 1285, von der aus ihr einen herrlichen Ausblick auf das Nahetal habt. Der *Bostalsee* lockt im Sommer viele Sonnenhungrige an die Strände in Bosen und Gonnesweiler.

3. Wochenende im Juli: **Mittelaltermarkt** auf der Burg Nohfelden.

Gemeinde Freisen

Schulstraße 60, 66629 Freisen. ℅ 06855/9743, 9744, Fax 9777. www.freisen.de. rathaus@freisen.de. **Bahn/Bus:** Ab ↗ St. Wendel Bus 603 Richtung Schwar-

Vi wik (mirk h(ell)ms

zerden bis Freisen Rathaus. **Auto:** A62 Ausfahrt 5 Freisen, am Ende der Eichenlaubstraße rechts. **Zeiten:** Mo – Mi 7.30 – 12 und 13.30 – 16 Uhr, Do 7.30 – 12 und 13.30 – 17.30 Uhr, Fr 7.30 – 12 Uhr.

▶ Freisen ist bekannt für seine Mineralienfunde. In der Hügellandschaft des Ostertals bieten sich vielfältige Möglichkeiten zum Wandern, Reiten und Erholen. Ein besonderes Erlebnis ist die Fahrt mit der historischen *Ostertalbahn*.

 2. So im Juni, Tholey-Theley: **Sportmeile** auf der Landstraße zwischen Theley und Hasborn.

Tholey

Schaumberg Touristik e.V., Rathaus, Im Kloster 1, 66636 Tholey. ✆ 06853/508-0, Fax 30178. www.tholey.de. touristik@tholey.de. **Bahn/Bus:** Ab ↗ St. Wendel ZOB Bus R4 Richtung Lebach bis Tholey, 5 Min Fußweg. **Auto:** A1 Ausfahrt 140 Tholey, in Ortsmitte Richtung Abtei. **Zeiten:** Mo, Di, Do 8.30 – 12 und 13.30 – 16 Uhr, Mi 8.30 – 12 und 13.30 – 18, Fr 8.30 – 12 Uhr.

▶ Weithin sichtbar ist das Wahrzeichen der Gemeinde Tholey, der 569 m hohe *Schaumberg*. Sowohl Freizeitvergnügen als auch interessante Kulturgüter wie das älteste Kloster Deutschlands, die *Abtei St. Mauritius,* sind in der Gemeinde Tholey anzutreffen.

 Historischer Lehrpfad 6 km durchs *Naturschutzgebiet Kasbruchtal* auf den Spuren keltischer Siedlungen.

Rosenland Neunkirchen

Neunkirchen

Rathaus, Oberer Markt 16, 66538 Neunkirchen. ✆ 06821/202-0, Fax 202-324. www.neunkirchen.de. kreisstadt@neunkirchen.de. **Bahn/Bus:** RE, RB Saarbrücken – Frankfurt a.M. bis Neunkirchen Hbf. **Auto:** A8 Ausfahrt 23 Neunkirchen City. **Zeiten:** Mo – Do 8 – 12 und 13.30 – 16 Uhr, Fr 8 – 12 Uhr.

Letztes Wochenende im Juni: **Neunkircher Stadtfest.** Ende Aug: **Neunkircher Kerb.** 2. – 4. Advent: **Weihnachtsmarkt.**

▶ Neunkirchen ist die Einkaufs- und Dienstleistungsmetropole im östlichen Saarland. Einst prägten Hüttenindustrie und Bergbau die Stadt. Heute werden die alten Industriedenkmäler nur noch zu Freizeitzwecken genutzt. Erholungsoase in der Stadt ist der *Zoo*.

Illingen

Hauptstraße 86, 66557 Illingen. ✆ 06825/409-0, Fax -109. www.illingen.de. gemeinde@illingen.de. **Bahn/Bus:** RB Saarbrücken – Lebach bis Illingen Bhf, 10 Min Fußweg. **Auto:** A1 Ausfahrt 143, am 2. Kreisel rechts. **Zeiten:** Mo 8 – 17, Di – Do 8 – 16, Fr 7 – 13 Uhr.

▶ Das Wahrzeichen der Gemeinde, die *Wasserburg Kerpen*, zeugt von einer geschichtsträchtigen Vergangenheit. Bekannt ist Illingen vor allem für sein vielseitiges Kulturprogramm im *Kulturforum Illipse*. Naturliebhaber fühlen sich wohl im renaturierten *Illtal* oder im *Bamsterwald* in Uchtelfangen.

Infos zu Veranstaltungen und Ferienprogrammen ↗ www.illingen-saar.de.

Gemeindebücherei, Kirchenstraße 12. ✆ 06825/4060-291. Di 14 – 16, Mi 10 – 12 und 14 – 16, Do 15 – 18 Uhr. Gutes Angebot an Kinder- und Jugendliteratur.

Ottweiler

Tourist-Information, Schloßhof 5, 66564 Ottweiler. ✆ 06824/3511, Fax 3513. www.ottweiler.de. tourist@ottweiler.de. **Bahn/Bus:** RE, RB Saarbrücken – St. Wendel bis Ottweiler Bhf, 10 Min Fußweg. **Auto:** A8 Ausfahrt 23 Neunkirchen, B41 Richtung St. Wendel bis Ottweiler, Beschilderung Altstadt. **Zeiten:** Di – Fr 10 – 16, Sa 10 – 13, So 10 – 15 Uhr.

▶ Die Residenzstadt Ottweiler ist die erste Station der Barockstraße SaarPfalz. Verwinkelte Gassen, handwerkliches Fachwerk und schöne Plätze geben der Stadt ihren Charme. Für Familien und Schulen sind das *Schulmuseum, Insektenmuseum* und die *Ölmühle* in Fürth interessant.

1. Advent, Sa, So: **Ottweiler Weihnachtsmarkt.**

Eppelborn

Burgerinformation, Rathausstraße 27, 66571 Eppelborn. ✆ 06881/969-100, Fax -222. www.eppelborn.de. gemeinde@eppelborn.de. **Bahn/Bus:** RB Saarbrücken – Lebach bis Eppelborn Bhf, 5 Min Fußweg. **Auto:** A1 Ausfahrt 141 Eppelborn Mitte. **Zeiten:** Mo, Mi – Fr 8.30 – 12, 14 – 15.30, Di 8.30 – 12, 14 – 18 Uhr.

▶ Die Gemeinde Eppelborn liegt in der Hügellandschaft des Saar-Nahe-Berglandes. Im Umwelt- und Freizeitzentrum *Finkenrech* können Kinder an verschiedenen Veranstaltungen rund um das Thema Na-

Bei der Tourist-Info könnt ihr eine Stadtrallye erwerben. In den Ferien werden Kinderführungen angeboten.

INFO & VERKEHR

Die Kinder- und Jugendseiten unter www.eppelborn.de informieren über Jugendzentren, Aktionen und Ferienprogramme.

Mitte März: **Figurentheatertage.**

Industriekulturelle Wanderungen für Kinder, ca. 2 – 3 Std, 20 € für 10 Pers.

tur teilnehmen. Auf der *Easter-Bo-Ranch* könnt ihr eine Kutschfahrt machen.

Schiffweiler

Rathausstraße 11, 66578 Schiffweiler. ✆ 06821/678-43, Fax -48. www.schiffweiler.de. gemeinde@schiffweiler.de. **Bahn/Bus:** RB Homburg – Illingen bis Schiffweiler Bhf, 10 Min Fußweg über Hauptstraße. **Auto:** A8 Ausfahrt 23 Neunkirchen City, B41 Ausfahrt Schiffweiler, rechts in Hauptstraße. **Zeiten:** Mo – Mi 7.30 – 12.30, 13.30 – 16, Do 7.30 – 12.30, 13.30 – 18, Fr 7.30 – 12 Uhr.

▶ Lange Zeit prägte der Bergbau die Gemeinde Schiffweiler. Die ehemalige **Grube Itzenplitz** dient heute als Naherholungsgebiet, die **Grube Reden** beherbergt das *Zentrum für Biodokumentation* und den *Urzeitenpark Gondwana – Das Praehistorium.*

Saarpfalz

St. Ingbert

Tourist-Information, Rickertstr. 30, 66386 St. Ingbert. ✆ 06894/13-0, Fax 13-240. www.st-ingbert.de. roschuff@st-ingbert.de. **Bahn/Bus:** RB Saarbrücken – Homburg bis St. Ingbert, 10 Min Fußweg. **Auto:** A6 Ausfahrt 6 St. Ingbert-Mitte bis Stadtmitte. **Zeiten:** Mo – Mi 8 – 16.30 Uhr, Do 8 – 18 Uhr, Fr 8 – 12 Uhr.

Sep: **Tag der Gören und Lausbuben.**

Anfang Dez: **Nikolausmarkt.**

▶ St. Ingbert ist das Tor zum Bliesgau und gehört zum Biosphärenreservat. Die barocke Altstadt lädt zu einem gemütlichen Einkaufsbummel ein. Das *Hallen- und Freibad* nennt sich hier passend »das blau«. Wie hart die Arbeit unter Tage früher war, könnt ihr im *Besucherbergwerk Rischbachstollen* erleben.

Homburg (Saar)

Städtisches Kultur- und Verkehrsamt, Rathaus – Am Forum 5, 66424 Homburg (Saar). ✆ 06841/101-166, -167, Fax 120899. www.homburg.de. touristik@homburg.de. **Bahn/Bus:** RE, RB Saarbrücken – Mannheim bis Homburg Hbf, Bus 501 Richtung Kleinbittersdorf bis Forum. **Auto:** A6 Ausfahrt 9 Homburg (Saar), Beschilderung folgen. **Zeiten:** Mo – Do 8.30 – 12 und 14 – 15.45 Uhr, Fr 8.30 – 13 Uhr.

▶ Namensgeber der lebensfrohen Stadt ist die Hohenburg, die im 12. Jahrhundert als Burg- und Festungsanlage auf dem Schlossberg errichtet wurde. Die größte Touristenattraktion bilden die *Schlossberghöhlen,* Europas größten Buntsandsteinhöhlen. Im Kulturzentrum Saalbau werden jedes Frühjahr und vor Weihnachten Kindertheater oder Kindermusicals gezeigt. Karten gibt es hier.

 Letztes Wochenende im Mai: **Nostalgiemarkt 1900.** Anfang Dez: **Homburger Nikolausmarkt.**

Blieskastel

Verkehrsamt, Rathaus III, Zweibrücker Straße 1, 66440 Blieskastel. ✆ 06842/926-1314, -1315, Fax -2315. www.blieskastel.de. verkehrsamt@blieskastel.de. **Bahn/Bus:** RB Saarbrücken – Pirmasens bis Blieskastel-Lautzkirchen, Bus 501 Blieskastel ZOB. **Auto:** A8 Ausfahrt 30 Einöd, B423 nach Blieskastel zum Rathaus, Eingang Rentamt. **Zeiten:** Mo – Mi 8.30 – 12, 14 – 16, Do 8.30 – 12, 14 – 18, Fr 8.30 – 13 Uhr.

▶ Das im Biosphärenreservat Bliesgau gelegene Blieskastel besitzt eine schöne Altstadt. Unter der Herrschaft von Reichsgräfin *Marianne von der Leyen* blühte die Stadt in der Barockzeit auf. Das Wahrzeichen der Stadt ist der *Gollenstein.* Der schmucklose Riesenstein gilt als der größte Menhir Mitteleuropas.

 Eine Stadtrallye ist beim Verkehrsamt kostenlos erhältlich.

 2./3. Wochenende im Juli: **Webenheimer Bauernfest,** großes Volksfest mit Pferderennen und Tierschau.
2. Adventswochenende: **Christkindlmarkt.**

Gersheim

Kultur- und Verkehrsamt, Bliesstraße 19a, 66453 Gersheim. ✆ 06843/801-0, Fax 801-38. www.gersheim.de. kulturamt@gersheim.de. **Bahn/Bus:** Ab ↗ Blieskastel ZOB Bus 501 Richtung Kleinbittersdorf bis Gersheim ZOB, 5 Min Fußweg. **Auto:** A8 Ausfahrt 30 Einöd, Richtung Blieskastel, dann L105 bis Gersheim Rathaus. **Rad:** Bliestal-Freizeitweg. **Zeiten:** Mo – Fr 8 – 12 Uhr, Mo, Di 14 – 16 Uhr, Do 14 – 18 Uhr.

 Im Gersheimer Orchideengebiet seht ihr Mai – Juli 25 Orchideenarten. Infos bei der Gemeinde Gersheim.

▶ Die Gemeinde liegt direkt an der französischen Grenze. Der *Bliestalfreizeitweg* bietet ideale Bedingungen zum Radeln und Skaten. Spannend aufgearbeitete Spuren der Kelten und Römer findet ihr im *Europäischen Kulturpark Bliesbruck-Reinheim.*

Gemeinde Kirkel

Amt für Kultur, Sport und Tourismus, Hauptstraße 10, 66459 Kirkel-Limbach. ✆ 06841/8098-0, Fax -10. www.kirkel.de. gemeinde@kirkel.de. **Bahn/Bus:** RB Saarbrücken – Homburg bis Kirkel-Limbach, 10 Min Fußweg. **Auto:** A8 Ausfahrt 28 Limbach, links über Bahnschienen. **Zeiten:** Mo – Fr 8 – 12, 13.30 – 16 Uhr.
▶ Wenn ihr kleine Ritter seid, dann müsst ihr im Sommer nach Kirkel zu den Ritterspiele auf der Burg kommen! Ihr könnt auch in den Schwimmbädern plantschen oder im Kirkeler Wald mit seinen imposanten Buntsandsteinfelsen wandern und klettern.

Zweibrücken

Kultur- und Verkehrsamt, Herzogstraße 1, 66482 Zweibrücken. ✆ 06332/871-451, -471, Fax -460. tourist@zweibruecken.de. www.zweibruecken.de. **Bahn/Bus:** RB Saarbrücken – Pirmasens bis Zweibrücken Hbf, 10 Min Fußweg. **Auto:** A8 Ausfahrt 32 Zweibrücken Stadtmitte. **Zeiten:** Mo, Mi 8 – 12 und 14 – 16 Uhr, Di, Do 8 – 18, Fr 8 – 12 Uhr.
▶ Zweibrücken ist die Stadt der Rosen. Stadtleben und Erholung hat die Barockstadt zu bieten: Da gibt es den Kulturpark *Europas Rosengarten,* ein Residenzschloss, ein traditionelles Pferdegestüt, zwei Schwimmbäder, die Ice Arena und eine Kletterhalle.

Saarbrücken & Umgebung

Sarreguemines (Saargemünd)

Office de Tourisme, 11, rue du Maire Massing, F-57203 Sarreguemines. ✆ 0033(0)387/988081, Fax

Die 25 km lange Adebar-Radtour und führt an einem Storchennest vorbei. Infos ↗ www.saarpfalz-kreis.de, ✆ 06841/104-190.

Mai: **Straßentheaterspektakel.**
Aug: **Zweibrücker Pferdetage.**
Okt: **Goldener Herbst.**

982577. www.ot-sarreguemines.fr. information@ot-sarreguemines.fr. **Bahn/Bus:** RE, Saarbahn Saarbrücken – Sarreguemines, 10 Min Fußweg durch die Altstadt. **Auto:** Ab ⤴ Saarbrücken B51 bis Sarreguemines City, Beschilderung folgen. **Rad:** Saarland-Radweg. **Zeiten:** Mo – Fr 9.30 – 18, Sa, So 10 – 17 Uhr, Okt – April So 10 – 13 Uhr. **Info:** Radwanderkarte Radtouren zwischen Saar und Blies hier kostenlos erhältlich.

▶ Die Stadt Sarreguemines (Saargemünd) war im 20. Jahrhundert das Zentrum der Steingutmanufaktur Europas. Die idyllische Lage am Zusammenfluss der Grenzflüsse *Saar* und *Blies* lockt Familien mit Fahrrädern, Booten oder zu Fuß in die grüne Stadt. An der Saarpromenade befindet sich neben dem wunderschönem Casino ein toller Spielplatz.

Saarbrücken

Tourist-Information, Rathaus St. Johann, 66111 Saarbrücken. ✆ 0681/93809-16, Fax 93809-39. www.saarbruecken.de. info@kontour.de. **Bahn/Bus:** RE, RB Saarbrücken – Trier, ICE, IC, RE Saarbrücken – Mannheim. **Auto:** A620 Ausfahrt 16 Saarbrücken-Luisenbrücke. **Zeiten:** Mo – Fr 9 – 18, Sa 10 – 16.30 Uhr. **Infos:** Kinderstadtplan Alt-Saarbrücken hier und beim Stadtteilbüro Alt-Saarbrücken kostenlos erhältlich.

▶ In der Tourist-Information ist Infomaterial zu Unterkünften, Kulturangeboten und Freizeitmöglichkeiten in der Region Saarbrücken und Umgebung erhältlich.

Völklingen

Tourist-Information, Im Alten Bahnhof, Rathausstraße 57, 66333 Völklingen. ✆ 06898/13-2800, Fax 13-862800. www.voelklingen.de. tourist-info@voelklingen.de. **Bahn/Bus:** RB Saarbrücken – Trier bis Völklingen Bhf, 3 Min Fußweg. **Auto:** A620 Ausfahrt 9 Völklingen, Richtung Bahnhof. **Rad:** Saar-Radweg. **Zeiten:** Mo – Fr 9.30 – 15.30 Uhr.

▶ Das Stadtbild von Völklingen wird dominiert vom Stahlkoloss der *Völklinger Hütte*. Nachdem über ein

 Fahrradverleih Office de Tourisme, Mai – Sep Do – So 10 – 18 Uhr. Familien (2 Erw, 2 Kinder) 15 € pro Tag. Auch einzeln und für 4 Std mietbar.

 Ende Aug: Grenzüberschreitendes **Fahrradfest** an Blies und Saar.
1. Advent – 24. Dez: **Weihnachtsdorf.**

 Kinderstadtführung, max. 30 Kinder, 62 € (ca. 2 Std). Geschichtliche und architektonische Hintergründe zu Saarbrücken.

 1. Advent, Sa, So: traditioneller **Alt-Saarbrücker Weihnachtsmarkt** rund ums Schloss, mit Mitmachtheater.

 Stadt-Rad, Rathausstraße 53, Mo – Fr 10 – 16, Sa, So 10 – 14 Uhr. Nordring 69, Mo – Do 8 – 16, Fr 8 – 14.30 Uhr.

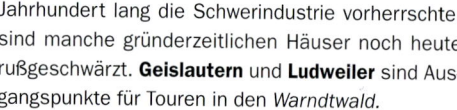 Mitte Juni: **Saarfest** mit Drachenbootrennen.

Jahrhundert lang die Schwerindustrie vorherrschte, sind manche gründerzeitlichen Häuser noch heute rußgeschwärzt. **Geislautern** und **Ludweiler** sind Ausgangspunkte für Touren in den *Warndtwald*.

Gemeinde Großrosseln

 Ortsplan und Wanderkarte der Gemeinde Großrosseln sind hier kostenlos erhältlich.

Klosterplatz 2 – 3, 66352 Großrosseln. ✆ 06898/449-0, 449-112, Fax 449-130. www.grossrosseln.de. gemeinde@grossrosseln.de. **Bahn/Bus:** Ab ↗ Völklingen Bus 167 bis Großrosseln. **Auto:** A620 Ausfahrt 10 Klarenthal Richtung Großrosseln. **Zeiten:** Mo – Do 8.30 – 12 und 14 – 15.30 Uhr, Fr 8.30 – 12 und 14 – 15 Uhr.

▶ Die waldreiche Gemeinde Großrosseln im Warndt ist vom Bergbau geprägt. Hier gibt es die Fahrraddraisine *Warndt-Express* sowie schöne Rad- und Wanderwege. Ausflugsziele sind der *Wildpark Karlsbrunn* oder der Garten des *Jagdschlosses Karlsbrunn,* in dem manchmal Heidschnucken grasen.

Saarlouis & Umgebung

Beckingen

Bergstraße 48, 66701 Beckingen. ✆ 06835/55-0. www.beckingen.de. rathaus@beckingen.de. **Bahn/Bus:** RE, RB Saarbrücken – Trier bis Beckingen Bhf. **Auto:** A8 Ausfahrt 7 Rehlingen bis Beckingen. **Rad:** Saar-Radweg. **Zeiten:** Mo – Do 8.30 – 12, 13.30 – 15.15, Di auch 13.30 – 18, Fr 8 – 12.30 Uhr.

▶ Die Gemeinde Beckingen liegt in einem Seitental der unteren Saar. Wälder und zum Teil unberührte Natur prägen die Landschaft. Sehenswert ist das *Historische Kupferbergwerk.* Im Rahmen des Projektes *Garten ohne Grenzen* wurde 2009 der Saargarten angelegt, wo ihr picknicken oder grillen könnt.

Die neue Ausgabe des Kinderstadtplans ist bei der Stadt Saarlouis kostenlos erhältlich.

Saarlouis

Stadt-Info, Großer Markt 1, 66740 Saarlouis. ✆ 06831/443-263, Fax 443-602. www.saarlouis.de.

stadtinfo@saarlouis.de. **Bahn/Bus:** RE, RB Saarbrücken – Trier bis Saarlouis Bhf, Bus 402, 404, 437 Richtung Kleiner Markt bis Alte Saarbrücke, 7 Min Fußweg. **Auto:** A620 Ausfahrt 3 Richtung City, Parkplatz am Großen Markt. **Rad:** Saar-Radweg, an der Gustav-Heinemann-Brücke in die Holzendorffer-Straße abbiegen, über die Brücke am Altarm geradeaus. **Zeiten:** Mo – Mi 7.30 – 17.30, Do 7.30 – 18, Fr 7.30 – 13 Uhr.

▶ Die sternförmig angelegte Festungsstadt wurde 1680 auf Anordnung des Sonnenkönigs Ludwig XIV. vom Baumeister Vauban errichtet. Heute noch spürbar ist das savoir-vivre, die französische Lebenslust, die sich in den vielen Festen widerspiegelt.

Dillingen (Saar)

Merziger Straße 51, 66763 Dillingen (Saar). ✆ 06831/709-0, Fax -228. www.dillingen-saar.de. presse@dillingen-saar.de. **Bahn/Bus:** RE Saarbrücken – Trier bis Dillingen Bhf. **Auto:** A8 Ausfahrt 8 Dillingen-Mitte. **Zeiten:** Mo – Do 8 – 12, Di, Do 14 – 16, Fr 7.30 – 13.30 Uhr.

▶ Die Industriestadt Dillingen blickt auf eine 2000-jährige Geschichte zurück. Es sind Spuren der Römer, der Barockzeit und des Industriezeitalters zu finden. Die Stadt besitzt ein vielfältiges Angebot an Sporteinrichtungen wie eine Eiskunsthalle, ein Hallen- und Freibad sowie Rad- und Wanderwege.

Rehlingen-Siersburg

Bouzonviller Platz, 66780 Rehlingen-Siersburg. ✆ 06835/508-0, Fax -119. www.rehlingen-siersburg.de. info@rehlingen-siersburg.de. **Bahn/Bus:** RB Dillingen – Niedaltdorf bis Siersburg Bhf. **Auto:** A8 Ausfahrt 7 Rehlingen. **Rad:** Saar-Radweg, Anbindung an Niedtal-Radweg. **Zeiten:** Mo – Do 8 – 12, Di 14 – 15.30, Do 14 – 18, Fr 8 – 14 Uhr.

▶ Rehlingen-Siersburg im Niedtal lässt sich sehr gut mit dem Fahrrad oder zu Fuß erkunden. Namensgeber der Gemeinde ist die *Siersburg*. Sogar eine *Naturtropfsteinhöhle* gibt es in Niedaltdorf.

 Letzter Schultag vor den Sommerferien: Freizeitzentrum Hellwies, **Kinderfest.**
1. Wochenende im Okt: **Honzrather Pferderennen** auf der Naturrennbahn der Honzrather Heide.

 Ende Mai: **Kinder-, Jugend- und Familientag.**
Ende Mai, Anfang Juni: **Saarlouiser Emmes** mit Feuerwerk.
Ende Nov – 30. Dez: **Weihnachtsmarkt** am Kleinen Markt.

Wadgassen

Lindenstraße 114, 66787 Wadgassen. ☏ 06834/944-0, Fax -127. www.wadgassen.de. info@wadgassen.de. **Bahn/Bus:** RB Saarbrücken – Trier bis Bous Bhf, Bus 406 Richtung Schaffhausen. **Auto:** A620 Ausfahrt 5 Wadgassen. **Rad:** Saar-Radweg. **Zeiten:** Mo – Fr 8 – 12, Di, Do auch 14 – 15.30 Uhr.

▶ In der waldreichen Gemeinde Wadgassen könnt ihr in der Glashütte der Manufaktur *Villeroy & Boch* dem Glasbläser bei der Arbeit zuschauen. In Wadgassen befindet sich auch das *Deutsche Zeitungsmuseum* und ein Parkbad mit Naturwasser.

Lothringen

Amnéville

Office de Tourisme, Centre Thermal et Touristique, F-57360 Amnéville-Amnéville les Thermes. ☏ 0033-387/701040, Fax 719094. www.amneville.com. office@amneville.com. **Bahn/Bus:** RE Saarbrücken Hbf – Metz Bhf, TGV, RE bis Hagondage Bhf, Bus Richtung Amnéville bis Centre Thermal et Touristique. **Auto:** A31 Ausfahrt 37 Mondelange, zuerst Richtung Amnéville les Thermes, danach Centre Thermal et Touristique, am P2 parken, am Casino vorbei. **Zeiten:** Mo – Fr 9 – 12.30 und 13.30 – 17, Sa, So, Fei 10 – 12 und 14 – 17 Uhr.

▶ In einem Waldstück etwas außerhalb des Stadtzentrums erwartet euch eine eigene Welt, die ausschließlich zu Erholungszwecken dient. Neben mehreren exklusiven Thermalbädern gibt es zahlreiche Freizeitattraktionen wie Zoo und Skihalle.

 Hinter dem Thermalbad Villa Pompéi führt ein kurzer Fußweg zu einem kleinen See. Hier kann man April – Sep Tretboote für 10 € pro Std (6,50 € pro 30 Min) mieten.

Sierck-les-Bains

Office de Tourisme de la communauté de communes du Pays des Trois Frontières, 3, place Jean de Morbach, F-57480 Sierck-les-Bains. ☏ 0033382/837414, Fax 832210. www.otsierck.com. infos@otsierck.com. **Bahn/Bus:** Ab ↗ Perl Bhf mit dem Fahrrad oder zu Fuß

nach Apach, RB Apach – Thionville bis Sierck-les-Bains.
Auto: A8 Ausfahrt 2 Perl, B419, N153 Richtung Thionville bis Sierck-les-Bains. **Rad:** Mosel-Radweg. **Infos:**
Unter www.tourisme-lorraine.de erhaltet ihr das kostenlose Gutscheinheft Passport Lorraine mit Rabattcoupons zu vielen Sehenswürdigkeiten in Lothringen.

▶ Mit dem Fahrrad erreicht man das Siercker Land von Perl (D) oder Schengen (L) über den Mosel-Radweg. Kulturschätze sind das *Schloss Malbrouck* und die *Burg von Sierck.* Die Stadt besticht durch ihre engen Gassen und die Moselpromenade.

Hauptverbindungen auf einen Blick

▶ Knotenpunkt des Streckennetzes der **Deutschen Bahn** ist Saarbrücken. Eine Verbindung mit Regionalbahn (RB) oder Regionalexpress (RE) verläuft von Saarbrücken nach Trier. In die andere Richtung nach Mannheim über Homburg fahren auch IC, EC und ICE. EineHauptverbindung (RE, RB) verläuft von Saarbrücken über Neunkirchen, St. Wendel und Türkismühle nach Mainz bzw. Frankfurt a.M. Außerdem sind die Gemeinden Eppelborn und Lebach in der Mitte des Saarlandes, die rheinland-pfälzische Stadt Zweibrücken und die französischen Städte Saargemünd und Metz von Saarbrücken aus mit der Bahn zu erreichen. Derzeit werden auch die Bahnstrecken Dillingen – Niedaltdorf und Perl – Trier noch von Regionalzügen befahren. Querverbindungen gibt es kaum. Die Städte und Gemeinden im Hochwald und im südlichen Bliesgau sind nicht mit dem Zug erreichbar.
Alternativ dazu wurden überregionale Busverbindungen geschaffen, die auf 14 Strecken mit **RegioPlus-Bussen** das Streckennetz der Bahn ergänzen. Die klimatisierten Niederflurbusse fahren im Halb- oder Stundentakt und sind auf das weitere Bus- und Bahnnetz im Saarland abgestimmt. Mit den Moselle-Saar-Linien MS1 – MS3 gelangt ihr von Saarlouis, Saarbrücken oder Homburg (Saar) nach Frankreich.

MOBIL OHNE AUTO

@ Auskünfte zum Streckennetz der Deutschen Bahn unter www.bahn.de oder gebührenpflichtig ✆ 01805/996633, Infohotline zur Fahrradmitnahme gebührenpflichtig ✆ 01805/151415.

INFO & VERKEHR

Verkehrsverbünde & Busgesellschaften

▶ Anlaufstelle für Bus- und Bahnverbindungen im Saarland ist der **Saarländische Verkehrsverbund saarVV.** Für Tarif- und Fahrplanauskünfte gibt es die saarVV-Hotline. Partner der saarVV sind die DB Regio Südwest sowie die regionalen Verkehrsverbünde:

@ Saarländische Verkehrsverbund saarVV, Hohenzollernstraße 8, 66333 Völklingen. ✆ 06898/500-4000 (saarVV-Hotline), Fax 500-4100. www.saarvv.de. hotline@saarvv.info.

SAAR-PFALZ-BUS, Kundenservice, Abo-Center, Postfach 102554, 66025 Saarbrücken, ✆ 0681/41623-0, Fax -23, www.saarpfalzbus.de: Mo – Fr 7.30 – 18 Uhr, Sa 9 – 14 Uhr. Westpfalz, St. Wendeler Land, RegioBus-Verbindungen im Saarland.

KVS GMBH, Kundeninformationszentrum, Zentraler Omnibusbahnhof; Kleiner Markt, 66740 Saarlouis, ✆ 0681/41623-31, www.kvs.de, info@kvs.de. Zuständig für den Landkreis Saarlouis.

Lay Reisen – on Tour GmbH, Abo-Center, Viktoriastraße 25, 66346 Püttlingen, ✆ 06898/690100, Fax 66297, www.lay.de, abo@lay.de. Omnibusbetrieb für Schulausflüge, Gruppenreisen und Aktivurlaub.

SAARBAHN & BUS, Kundenzentrum im Rathaus-Carrée, Betzenstraße 7, 66111 Saarbrücken; Abo-Center, Hohenzollernstraße 115, 66117 Saarbrücken, ✆ 0681/5003-354, -349, www.saarbahn.de, hotline@saarvv.info. Saarbahn S1 Saargemünd – Riegelsberg, Buslinien in Saarbrücken.

NVG NEUNKIRCHEN VERKEHRS-AG, Kundenzentrum, Lindenallee 2, 66538 Neunkirchen, ✆ 06821/24024-0, Fax -8, Abo-Center ✆ 0681/41623-32, www.nvg-neunkirchen.de, info@nvg-neunkirchen.de. Zuständig für den Landkreis Neunkirchen.

VVB GMBH, SaarmobilCenter, Poststraße 1, Völklingen, ✆ 06898/150-251, Abo-Center ✆ 0681/41623-33, www.swvk.de. Buslinien für Völklingen in westliche Stadtteile von Saarbrücken.

ALOYS BARON REISEN, Ziegeleistraße 16, 66352 Großrosseln-Dorf im Warndt, ✆ 06809/9944-0, Fax -26, www.baron-reisen.de, wolfgang.baron@baron-reisen.de. Zuständig für Großrosseln.

SAARFÜRST-REISEN NIKOLAUS KIRSCH GMBH, Trierer Straße 113, 66663 Merzig, Abo-Center, Bergstraße 13, 66679 Losheim am See, ✆ 06872/9228-0, Fax -28, www.kirsch-reisen.de, info@kirsch-reisen.de. Buslinien im Kreis Merzig-Wadern.

▶ Außerhalb des Saarlandes:

VRT VERKEHRSVERBUND REGION TRIER, Bahnhofsplatz 1, 54292 Trier, gebührenpflichtige Info-Hotline ✆ 01805/131619, www.vrt-info.de. Bereichsfahrplan für den Landkreis Trier-Saarburg.

VGZ VERKEHRSGESELLSCHAFT ZWEIBRÜCKEN MBH, Schlachthofstraße 12 – 14, 66482 Zweibrücken, ✆ 06332/4714-0, Fax -25, www.stadtbus-zw.de. Linienfahrplan der Stadtbusse in Zweibrücken.

MOBILITÉITS ZENTRAL, Gare centrale, L-1010 Luxembourg, ✆ 00352/24652465, www.mobiliteit.lu, Mo – Fr 7 – 19, Sa, So und Fei 10 – 18 Uhr. Verkehrsverbindungen im Großherzogtum Luxemburg.

@ Unter www.saarvv.de oder www.saarfahrplan.de findet ihr alle wichtigen Bahn- und Busverbindungen samt Tarifen innerhalb des Saarlandes.

Tarife bei Bahn & Bus

Saarland- bzw. **Rheinland-Pfalz-Ticket,** für alle Züge der DB Regio (RE, RB, S) sowie in den RegioBus-Linien im Saarland und in Rheinland-Pfalz, Tagesticket gültig Mo – Fr ab 9 Uhr oder Sa, So, Fei ganztägig bis 5 Pers 28 €, 1 Pers 20 €.

Schönes-Wochenende-Ticket, für alle Nahverkehrszügen in D, Tagesticket Sa oder So bis 5 Pers 37 €.

SaarVV-Kundenkarte, 13 € für 6 Monate.

Einzeltageskarten, 4,20 – 16 €, Gruppentageskarten bis 5 Pers 6,80 – 26 €. Anhand eines Wabenplans des saarVV könnt ihr euch die Tarife eurer Strecke errechnen. Eine Aufsichtsperson kann bis zu 3 Kinder unter 6 Jahren kostenlos mitnehmen, Kinder 6 – 14 Jahre zahlen ermäßigte Preise.

SaarVV-Ferienticket, 37 €, für alle Schüler und Azubis mit saarVV-Kundenkarte, in den Sommerferien freie Fahrt im gesamten Saarland sowie Ermäßigungen bei vielen Freizeiteinrichtungen.

Mit aktuellen Ermäßigungen, günstigen Gruppentarifen oder Ferientickets können Familien viel Geld sparen.

Mit dem Radbus unterwegs

▶ Mit den Radbussen werden eure Fahrräder Mo – Fr ab 9 Uhr und Sa, So ganztägig kostenlos befördert. Eine Reservierung ist ratsam. Ihr könnt die Busse selbstverständlich auch ohne Fahrrad nutzen.

@ VGS Verkehrsmanagement-Gesellschaft Saar mbH, Am Hauptbahnhof 6-12, Saarbrücken. ✆ 0681/94820-0, Fax -91. www.vgs-online.de. info@vgs-online.de.

www.regioplus-
bus.de oder
www.regioradler.de.

Der Radbus R1/R2 auf der Strecke Merzig – St. Wendel verkehrt Mai – Okt Sa, So und Fei und im Juli und Aug täglich. Der Radbus R200 auf der Strecke Türkismühle – Trier verkehrt April – Okt Sa, So und Fei sowie an schulfreien Tagen in Rheinland-Pfalz.

Fähren & Schiffe

Autofähre Santa Maria nach Wasserbillig (L), 54331 Oberbillig. ✆ & Fax 06501/940360. Handy 0170/7004909. www.oberbillig.de. **Bahn/Bus:** RB Perl – Trier bis Oberbillig Bhf. **Auto:** B419 bis Oberbillig. **Rad:** Mosel-Radweg. **Zeiten:** April – Sep Mo – Fr 7 – 20, Sa, So und Fei 9 – 20, Okt – März je bis 19 Uhr, Nov – Mitte März So, Fei kein Fährverkehr. **Preise:** 0,60 €, Pkw 2,20 €; Kinder 4 – 10 Jahre 0,30 €; Fahrrad 0,60 €.

▶ Von **Oberbillig** (D) gelangt ihr schnell und unkompliziert mit der Autofähre *Santa Maria* über die Mosel nach **Wasserbillig** (L). Die Überfahrt macht Spaß und erspart euch den Weg zur Brücke zwischen Wellen und Grevenmacher.

Fähre Welles an der Saarschleife, 66693 Mettlach-Dreisbach-Steinbach. ✆ 06864/8334, Fax 8329. www.tourist-info.mettlach.de/saarschleife/faehre.html. tourist@mettlach.de. **Auto:** A8 Ausfahrt 5 Merzig-Schwemlingen, durch Schwemlingen und Dreisbach bis Parkplatz Fähre. **Rad:** Saar-Radweg. **Zeiten:** April – Okt Di – So, Fei 10 – 18 Uhr, nach Feiertag Di kein Betrieb, Nov, März nur Sa, So. **Preise:** 1 €; Kinder bis 14 Jahre 0,50 €; Fahrrad 0,50 €.

▶ Die einzige Saar-Fähre hat ihre Anlegestelle in **Steinbach** unmittelbar in der Saarschleife. März – Nov können Radler und Wanderer mit der Fähre von einem Saarufer zum anderen übersetzen.

MS Princess Marie Astrid, Entente Touristique de la Moselle Luxembourgeoise A.s.b.l., 10, route du Vin,

L-6793 Grevenmacher. ℂ 00352/758-275, Fax 758-666. www.moselle-tourist.lu. sitg@pt.lu. **Bahn/Bus:** RB Perl – Trier bis Bhf Wellen, 10 Min Fußweg über Brücke. **Rad:** Mosel-Radweg. **Zeiten:** Ostern – Sep, Fahrplan ↗ Internet. **Preise:** Einfache Fahrt Grevenmacher – Remich 8 €; Kinder 6 – 12 Jahre 4 €; Fahrrad kostenlos.

▶ Das Luxusvergnügungsschiff *MS Princess Marie Astrid* verkehrt Di – So zwischen **Wasserbillig** und **Schengen** mit Zustiegsmöglichkeiten in *Grevenmacher, Wormeldange* und *Remich*. An bestimmten Terminen werden auch Fahrten nach *Sierck-les-Bains, Schweich* und *Mettlach* angeboten.

SPS Saar Personenschifffahrt GmbH und Co. KG,

Laurentiusberg 5, 54439 Saarburg. ℂ 06581/991-88. www.saarflotte.de. **Bahn/Bus:** ↗ Saarburg-Beurig. **Auto:** ↗ Saarburg. **Rad:** Saar-Radweg. **Zeiten:** Mai – Mitte Okt, Rundfahrt Di – Sa 14 Uhr, Di, Mi, Fr, 16 Uhr und So 14.30, 16 Uhr, Tagesfahrt Merzig – Saarburg Do, Sa 9 Uhr, Saarburg – Mettlach Do, Sa 9 Uhr, Saarburg – Wasserbillig Mi 11 Uhr, ausführlicher Fahrplan ↗ Internet. **Preise:** Rundfahrt ab Saarburg 75 Min 8 €, einfache Fahrt Merzig – Saarburg 16 €, Mettlach – Saarburg 10 €, Saarburg – Wasserbillig 10 €; Kinder 4 – 12 Jahre Rundfahrt 4,50 €, einfache Fahrt Merzig – Saarburg 9 €, Mettlach – Saarburg 6 €, Saarburg – Wasserbillig 6 €; Fahrradmitnahme 2 €, Kinder 1,50 €.

▶ Mit den gemütlichen Fahrgastschiffen *MS Stadt Saarburg* und *MS Saargold* könnt ihr Rund- oder Tagesfahrten unternehmen. Die landschaftlich reizvolle Strecke **Saarburg – Schleuse Serrig** führt unterhalb der Kasteler Klause vorbei. Die Saarschleifentour startet und endet in Mettlach. Zu Beginn hebt die Schleuse in Mettlach das Schiff von 156 auf 167 m an. Ihr fahrt durch das Naturschutzgebiet der 7 km langen Saarschleife. Bei den Tagesfahrten bestehen auf der Strecke **Saarburg – Merzig** Zustiegsmöglichkeiten in Mettlach und auf der Strecke **Saarburg – Wasserbillig** in *Ockfen* und *Konz*.

Die Schifffahrt durch das Naturschutzgebiet der Saarschleife ist besonders schön.

Mettlacher Personenschifffahrt GmbH, Am Ziegelberg 2, 66693 Mettlach. ℗ 06864/80220. Handy 0171/4909502. www.saar-schifffahrt.de. kontakt@saar-schifffahrt.de. **Bahn/Bus:** ↗ Mettlach Bhf, zu Fuß zur Anlegestelle. **Auto:** ↗ Mettlach. **Rad:** Saar-Radweg. **Zeiten:** Ostern – Anfang Okt Rundfahrt täglich 9.45, 12, 15 und 17 Uhr, Tagesfahrt Saarlouis – Mettlach Do, Sa, So 9, Rückfahrt 15.30 Uhr, Fahrplan ↗ Internet. **Preise:** Rundfahrt Saarschleife 10 €, Saarlouis – Mettlach hin/zurück 30 €; Rundfahrt Kinder 4 – 11 Jahre 6 €, Saarlouis – Mettlach hin/zurück 15 €; Familien-Rundfahrt Saarschleife 20 € (Eltern, eigene Kinder und Hund), Fahrrad 2,50 €.

▶ Die **Erlebnis-Rundfahrt Saarschleife** dauert etwa 1,5 Std. In Mettlach fahrt ihr durch die Schleuse, die einen Höhenunterschied von 11 m hat. Außerdem wird die Strecke **Saarlouis – Mettlach** von der *MS Saarlouis* befahren. Zusteigemöglichkeiten in *Saarlouis, Dillingen, Beckingen* und *Merzig*.

Saarbrücker Personenschiffahrt, Günter Emmer GmbH, Berliner Promenade 21, 66111 Saarbrücken. ℗ 0681/ 34084. Handy 0171/3350377. www.saarbruecker-personenschiffahrt.de. saabr.personenschiffahrt@t-online.de. **Bahn/Bus:** Ab Hbf Bus 174 Landwehrplatz bis Staatstheater. **Auto:** A620 Ausfahrt 17, am Schlossberg parken, zu Fuß über die Alte Brücke, am Saarufer. **Zeiten:** Ostern – Sep, Fahrplan ↗ Internet, Sonderfahrten auf Anfrage ganzjährig, Büro Mo – Fr 9 – 12 Uhr. **Preise:** Rundfahrten 10 €, Saarbrücken – Völklingen 9 €; Kinder 4 – 14 Jahre Rundfahrt 5 €, Saarbrücken – Völklingen 4,50 €; Familie 25 €.

▶ Die umweltfreundlichen Fahrgastschiffe *Stadt Saarbrücken* und *Frohsina* sind mit Innen- und Außendeck ausgerüstet. Es werden Rundfahrten durch die **Güdinger Schleuse** sowie Fahrten nach **Völklingen,** zur **Saarschleife** oder auf dem *Saar-Kohle-Kanal* bis Saarguemines angeboten.

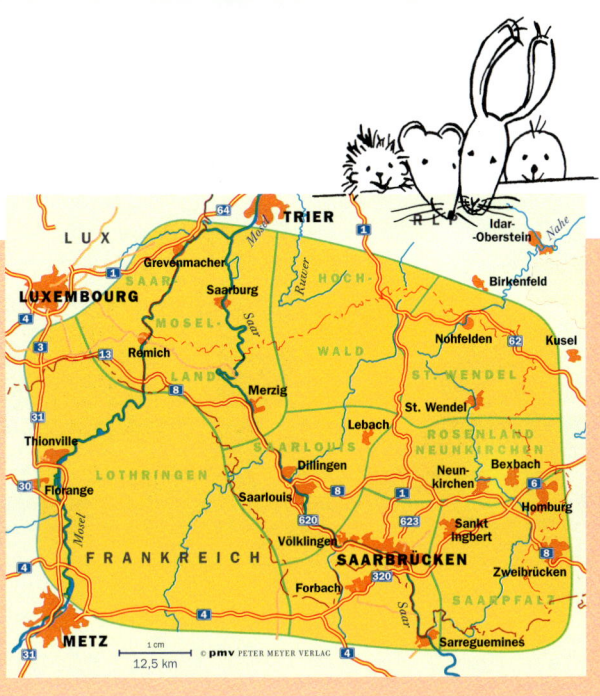

Die Auswahl an Unterkünften ist groß, es gibt familienfreundliche Hotels oder Ferienwohnungen, Ferien auf dem Bauern- oder Reiterhof, Feriendörfer und Gruppenunterkünfte.

Wer die Nächte abenteuerlich oder naturnah verbringen möchte, kann auch im Heu, in einem Baumhaus, im Wildnis-Camp oder auf dem Campingplatz übernachten.

Familienfreundliche Ferienparks und Hotels

▶ Die aufgeführten Ferienparks und Hotels liegen größtenteils in einer sehr ruhigen und idyllischen Umgebung. Rad- und Wanderwege beginnen oft direkt vor der Haustür, und auch im Haus finden Kinder genügend Beschäftigung. Durchschnittlich befinden sich die Hotels auf einem höheren Preisniveau als die Unterkunftsmöglichkeiten der anderen Rubriken.

Wir freuen uns auf eure Briefe und Erfahrungsberichte.

Saar-Mosel-Land

Ferienpark Landal Warsberg, In den Urlaub, 54439 Saarburg. ✆ 01805/700730, www.landal.de. info@landal.de. **Bahn/Bus:** ↗ Saarburg-Beurig, 15 Min Fußweg, Seilbahn. **Auto:** ↗ Saarburg, dort ausgeschildert. **Zeiten:** Dez – Okt. **Preise:** Aktuelle Preise ↗ Internet, Ferienhaus 4 Pers ab 119 € für 3 Nächte.

▶ 150 komfortable Ferienhäuser und 40 Mobilheime, familiengerecht ausgestattet, zum Teil behindertengerecht und Nichtraucher, Wohnzimmer mit Sitz- und Essecke, TV, offene Küche, Du/WC. Möblierte Terrasse, Hallenschwimmbad, Spielplätze, Minigolf.

Kinderclub für Kinder 4 – 12 Jahre mit Bollo dem Bär.

Hochwald

Ferienpark Landal Hochwald, 54427 Kell am See. ✆ 01805/700730, 06589/9147-30 (Spieleparadies), www.landal.de. info@landal.de. Direkt am See. **Bahn/Bus:** ↗ Kell am See, 30 Min zu Fuß. **Auto:** ↗ Kell am See, den Ort durchfahren, Beschilderung folgen.

DZ – Doppelzimmer
EZ – Einzelzimmer
FH – Ferienhaus
FeWo – Ferienwohnung
HP – Halbpension
JH – Jugendherberge
MBZ – Mehrbettzimmer
Ü – Übernachtung
F – Ü mit Frühstück
(jeweils pro Person)
VP – Vollpension

FERIENADRESSEN

 Das Indoor-Spielparadies kann auch von Kindern genutzt werden, die nicht im Park übernachten, Eintritt 4 €, Erw frei.

Zeiten: ganzjährig. **Preise:** Aktuelle Preise ↗ Internet, Ferienhaus 4 Pers ab 119 € für 3 Nächte.

▶ Sommer- und Winterferienziel, Ferienhäuser und Finnhütten in unterschiedlichen Kategorien und Größen, Familienhäuser mit tollen Kinderzimmern und kinderfreundlicher Ausstattung. Hallenschwimmbad, Spielplätze, Indoor-Spielparadies, Kinderclub (4 – 12 Jahre) mit Bollo dem Bär, Piraten-Bowlingbahn.

Ökodorf Losheim, 66679 Losheim am See. ✆ 06872/90181-00, Fax -10. www.losheim.de. touristik@losheim.de. **Bahn/Bus:** ↗ Losheim. **Auto:** ↗ Losheim, Beschilderung folgen. **Preise:** Ü pro Haus ab 43 €, inkl. Eintritt zum Strandbad.

▶ Idyllische Lage zwischen Stausee und Wald. 9 gemütliche Holzhäuschen für 5, 6 oder 8 Pers, ein Gemeinschaftshaus mit Küche und schönem Gruppenraum. 3 Häuser mit eigener Du/WC, 2 sind behindertengerecht und mit Miniküche ausgestattet. Grillplatz. Verpflegung kann zusätzlich gebucht werden.

Rosenland Neunkirchen

Hotel Burg Kerpen, Johannes GmbH, Tim Johannes, Burgweg 5, 66557 Illingen. ✆ 06825/94293-0, Fax 94293-29. www.burg-kerpen.de. info@burg-kerpen.de. **Bahn/Bus:** ↗ Illingen. **Auto:** ↗ Illingen. **Preise:** Ü im DZ 85 €, große Suite 120 €, Zustellbett für Kinder ab 6 Jahre 25 €.

▶ Historisches Burghotel, stilvolle DZ oder Suiten. Kinder schlafen entweder im Zustellbett oder im Zimmer neben den Eltern. Besonders schön ist die Parkanlage mit Teich und Minigolf (für Hotelgäste kostenlos).

Im Burgzimmer findet ihr sogar eine echte Ritterrüstung!

Saarpfalz

Auberge du Vieux Moulin, F-57720 Volmunster-Eschviller. ✆ 0033387/061597, Fax 068247. www.moulindeschviller.fr. aubergeduvieuxmoulin2@wanadoo.fr.

Auto: A8 Ausfahrt 33 Zweibrücken-Ixheim, B424, in Frankreich D35A, rechts nach Eschviller, Beschilderung Moulin d'Eschviller. **Rad:** Europäischer Mühlen-Radweg. **Preise:** Ü ab 40 € DZ, 33 € 3-Bett-Zimmer, 44 € 4-Bett-Zimmer, 12 € pro Pers im MBZ, Frühstück 5,50 €.

▶ Gemütliche Zimmer im lothringischen Stil. 4 DZ mit Du/WC. Für die drei 3-Bett-Zimmer, das 4-Bett-Zimmer und das 8-Bett-Zimmer Du/WCs auf dem Korridor.

Saarlouis & Umgebung

Hotel Mühlenthal, Familie Haas, Bachtalstraße 214, 66773 Schwalbach-Elm. ✆ 06834/9559-0, Fax 568511. www.hotel-muehlenthal.de. info@hotel-mueh-lenthal.de. **Bahn/Bus:** RB Saarbrücken – Trier bis Bous Bhf, Bus 425 Richtung Reisbach bis Elm. **Auto:** A8 Ausfahrt 15 Schwalbach über Schwarzenholz nach Elm, auf der linken Seite. **Rad:** Saar-Radweg, Köllertal-Radweg. **Preise:** ÜF ab 70 € DZ; Kinder bis 6 Jahre frei, 7 – 16 Jahre Ü im Elternzimmer 15 €, eigenes Zimmer 35 €.

▶ Schöne Lage, großzügige Zimmer mit WC/Bad, Kabel-TV, teilweise mit Terrasse oder Wintergarten, reichhaltiges Frühstücksbuffet. Großer Garten mit Teich, Mühlrad und vielen Tieren, z.B. 2 Pferde und eine liebenswerte Eselfamilie. Wanderreitstation, Radverleih auch von Elektro-Rädern.

Für Hotelgäste organisiert Familie Haas eine **Trekkingtour** mit den freundlichen Eseln Liesel, Lena und Alf. Eine Planwagentour ist möglich, bis 12 Pers 100 € für 1 Std, jede weitere Std 50 €.

 Jedes Jahr wird auf der **Freilichtbühne Hülzweiler** ein Stück aufgeführt. Die Rasselbande, Kinder 7 – 15 Jahre, trifft sich 1 x die Woche zur Probe. Info ✆ 06831/4878798, www.volksbuehne-huelzweiler.de

Ferienwohnungen und -häuser

▶ Ferienwohnungen (FeWo) oder Ferienhäuser (FeHs) sind in den Haupturlaubsregionen stark verbreitet. Sie sind in der Regel geräumig, besitzen neben Wohn- und Schlafräumen eine voll ausgestattete Küche, sodass sich die Gäste selbst verpflegen können.

Saar-Mosel-Land

Ferienwohnung Kremer, Familie Kremer, Kelsen 23, 54439 Merzkirchen-Kelsen. ✆ 06582/7162, Fax 993749. Handy 0170/3123054. www.urlaub-kelsen.de. info@urlaub-kelsen.de. **Auto:** A8 Ausfahrt 3 Perl-Borg Richtung Saarburg, kurz hinter Meurich links nach Kelsen. **Preise:** Ü 35 € 40-qm-Wohnung, 70 € 140-qm-Wohnung.

▶ Eine 3-Sterne- und zwei 4-Sterne-FeWo. FeWo (140 qm) bis 6 Pers, 3 DZ (eines mit Wasserbett), Küche mit Essecke, großes Wohn- und Esszimmer, Du/WC, Gäste-WC, 2 Wohnungen behindertengerecht. Spiel-, Liegewiese, Gartenmöbel, Grillhütte.

Ferienwohnung Saarleuchtturm, Marion Konz, Saarburger Straße 52, 54441 Ayl-Biebelhausen. ✆ 06581/998960, Fax 995728. www.ferienwohnung-saarleuchtturm.de.tl. marion.konz@t-online.de. **Bahn/Bus:** Ab ↗ Saarburg Schulzentrum Bus 203 Richtung Konz bis Biebelhausen. **Auto:** Von Süden B51 Richtung Trier, kurz vor Ayl rechts abbiegen. **Rad:** Saar-Radweg. **Preise:** ab 225 – 270 € pro Woche für 2 Pers, jede weitere Pers 7 €/Tag. Inkl. Endreinigung.

▶ Toller Garten mit Leuchtturm, Hängebrücke und Piratenschiff. Gemütliche Terrasse. Stilvolle 4-Sterne-FeWo, 75 qm, Schlafzimmer, Kinderzimmer mit Schlafempore für 2 Kinder und Extrabett, Wohn- und Esszimmer mit gut ausgestatteter Küche, TV, Sauna, Solarium, Fahrradkeller, behindertengerecht.

Ferienwohnungen Biringer, Familie Biringer, Franz-Altmeyer-Straße 5, 66693 Mettlach-Tünsdorf. ✆ 06868/587, Fax 1429. www.biringer.de. rbiringer@t-online.de. **Bahn/Bus:** Ab ↗ Merzig SaarLuxBus Richtung Luxemburg, Transferservice ab Merzig Bhf. **Auto:** A8 Ausfahrt 4 Merzig-Wellingen, Orscholz. **Preise:** Ü ab 30 €/Tag.

▶ Inmitten eines 4000 qm großen Wiesengrundstücks. Zwei 4-Sterne-FeWo (60 bzw. 70 qm) für 4 bzw. 6 Pers, 2 oder 3 Schlafzimmer, Wohnzimmer,

Eventschmiede Biringer, Franz-Altmeyer-Str. 5, Tünsdorf. ✆ 06868/587, Fax 1429. www.biringer.de. rbiringer@t-online.de. Nur nach Absprache. Schulklassen oder Gruppen können in der Schmiede selbst aktiv werden, Schmiedeabende.

Küche, Du/WC. Ideale Spielmöglichkeiten, Haustiere, Fahrradverleih, Sitzgelegenheit im Grünen, Grillhütte.

Hochwald

Ferienwohnung Frank Schmitt, Frank Schmitt, Im Allgäu 3a, 66679 Losheim am See-Rimlingen. ✆ 06872/9018160, Fax 3993. www.schmitt-hermann.de. info@schmitt-hermann.de. **Bahn/Bus:** Ab ↗ Merzig Bhf Bus R1 Richtung Wadern bis Rimlingen. **Auto:** ↗ Losheim, Richtung Bachem, links nach Rimlingen. **Preise:** Ü ab 35 € für 2 Pers bei 3 Nächten.

▶ FeWo ca. 50 qm für 4 Pers, Schlafempore mit Doppelbett, Wohnzimmer mit Schlafcouch, Kochnische, Du/WC, TV, Terrasse, Liegewiese, Tischtennis, Trampolin, kleiner Swimmingpool, Grillplatz.

Ferienhäuser Bellana, Familie Kulle, Prof.-Peter-Wust-Straße 51, 66679 Losheim am See-Rissenthal. ✆ 06832/1406, 06861/3085, Fax 06861/3458. www.bellana-ferien.de. info@bellana-ferien.de. Am Ortsrand. **Auto:** Ab ↗ Losheim Richtung Rissenthal, Beschilderung folgen. **Preise:** Ü ab 70 € für 3 Pers, mind. 3 Ü.

▶ 4 komfortable, ökologische 4-Sterne-FeHs für je 6 Pers. Original Indianertipi für gemütliche Abende am Lagerfeuer, Erlebnispädagogik für Kinder. 2 zertifizierte Hippolini-Reitpädagoginnen vermitteln mit Hippolini-Holiday, einem Eltern-Kind-Programm, den ersten Kontakt zu Pferden.

Happy Birthday!
Geburtstag mit einer Grundschulpädagogin. Indianerspiele, Indianerschminken, Basteln von Traumfängern, Bogenschießen, Blasrohrschießen und Schatzsuche.

St. Wendel & Umgebung

Ferienwohnung Link, Berno und Monika Link, Im Bremmer 17, 66606 St. Wendel-Niederkirchen. ✆ 06856/688, 8408, beli-ostertal@t-online.de. Im Ostertal. **Bahn/Bus:** Ab ↗ St. Wendel Bus 604 Richtung Bubach bis Niederkirchen. **Auto:** A62 Abfahrt 5 Freisen, Richtung St. Wendel bis Niederkirchen, in der Ortsmitte rechts. **Rad:** Saarland-Radweg. **Preise:** Ü ab 35 € für 2 Pers, Mindestaufenthalt 2 Nächte.

FERIENADRESSEN

▶ Modern ausgestattete FeWo (60 qm) für 4 Pers, Schlafzimmer, Wohnzimmer mit Schlafcouch, Babybett, Küche, Du/WC, TV und DVD, Terrasse, Garten mit Spielturm.

Ferienpension Mühlberghof, Bertram Weiland, Söterner Straße, 66625 Nohfelden-Gonnesweiler. ℡ 06852/82628, Fax 809410. www.muehlberghof-bostalsee.de. info@muehlberghof-bostalsee.de. 10 Gehminuten vom Bostalsee. **Bahn/Bus:** RB Saarbrücken – Mainz bis Türkismühle, 10 Min Fußweg. **Auto:** A62 Ausfahrt 3 Nohfelden-Türkismühle, Richtung Gonnesweiler. **Rad:** Nahe-Radweg. **Preise:** ÜF 30 € pro Pers; Kinder 3 – 12 Jahre im Zimmer der Eltern ab 10 €. ÜF MBZ 20 € pro Pers.

▶ 4-Sterne-Haus mit komfortablen Apartments im Landhausstil. Schulklassen oder Jugendgruppen willkommen. Übernachtung in hellen, freundlichen Mehrbettzimmern, Gemeinschaftsraum vorhanden.

Ferienwohnungen Wengler, Martin Wengler, Verduner Straße 4, 66625 Nohfelden-Neunkirchen/Nahe. ℡ 06852/921-99, Fax 921-98. www.ferienwohnung-wengler.de.vu. Martin.Wengler@t-online.de. 1,5 km vom Bostalsee. **Bahn/Bus:** RB Saarbrücken – Mainz bis Türkismühle, Bus 630 Richtung Eckelhausen bis Neunkirchen. **Auto:** A1 Ausfahrt 138 Primstal, über Selbach nach Neunkirchen/Nahe. **Rad:** Nahe-Radweg. **Preise:** Ü ab 28 € für 2 Pers, mind. 3 Übernachtungen.

▶ Ruhige Lage am Waldrand, wenige Gehminuten zum Freizeitpark. Zwei 3-Sterne-FeWo (30 qm und 50 qm) für 2 – 6 Pers, Wohnschlafraum, 1 Schlafzimmer, Küchenzeile. Großer Garten mit Gartenmöbeln, Swimmingpool, Tischtennis und Grillecke.

Ferienwohnung Scheib, Marietta Scheib, Römerstraße 36, 66640 Namborn-Furschweiler. ℡ 06857/69192, Handy 0160/8141789. www.ferien-wohnung-scheib.de. marietta-scheib@t-online.de. Ruhige Ortsrandlage, ca.

6 km von St. Wendel. **Bahn/Bus:** ↗ Freisen, Bus 603 Richtung St. Wendel bis Furschweiler Ortsmitte, 5 Min Fußweg. **Auto:** ↗ Freisen, über Reitscheid nach Furschweiler, rechts in Hofelder Straße, 1. rechts. **Rad:** Weiselberg-Radweg. **Preise:** Ü 50 €.

▶ 70-qm-FeWo über 2 Etagen für 5 Pers, DZ, 3-Bett-Zimmer, Kinderbett vorhanden, TV, Du/WC, Küche. 7500 qm Garten, Spielmöglichkeiten, Grill, gemauertem Backofen und Saunahütte. Frühstück, Waschmaschine und Trockner auf Anfrage.

Rosenland Neunkirchen

Ferienwohnung Modrewski, Renata Modrewski, Friedrich-Ebert-Straße 32, 66564 Ottweiler. ✆ 06824/5987, Fax 700140. www.ferienwohnung-ottweiler.de. SModrewski@aol.com. Ruhige Lage im Neubaugebiet Ziegelhütte. **Bahn/Bus:** Ab ↗ Ottweiler Bhf Bus 344 (Bussi) Richtung Ziegelhütte bis Mühlstraße, 10 Min Fußweg. **Auto:** ↗ Ottweiler, B41 Richtung Ziegelhütte rechts, links in die Mühlstraße, 2. rechts. **Preise:** Ü 40 € für 2 Pers.

▶ Schöne Höhenlage mit Panoramablick auf Ottweiler. 4-Sterne-FeWo für 2 – 6 Pers, 2 Schlafzimmer, Küche mit Essecke, Wohnzimmer mit Kaminecke, TV, Du/WC, überdachte Terrasse, Grillplatz.

Ferienwohnung Liebau, Monika Liebau, Gartenstraße 22, 66578 Schiffweiler-Landsweiler-Reden. Handy 0178/6935217. liebaumonika@aol.com. Ruhige Lage in einer Sackgasse. **Bahn/Bus:** ↗ Schiffweiler, 20 Min Fußweg Richtung Kreisstraße, Redener Straße bergauf. **Auto:** A8 Ausfahrt 23, B41 Ausfahrt Landsweiler, an der Ampel rechts, 5. Straße links Kohlengrubstraße, wieder links, 2. rechts. **Preise:** Ü 30 € für 2 Pers.

▶ FeWo (70 qm) für bis 6 Pers, freundlich eingerichtet, 2 Schlafzimmer, Wohnzimmer mit Schlafcouch, Kinderbett, TV, Küche, Du/WC, Waschmaschine, Terrasse, Grill.

Schwimmbad und Spielplatz sind ganz in der Nähe.

Bei Anmietung der Wohnung für 10 Nächte gibt es eine kostenlose zweistündige Spazierfahrt auf der Wagonette.

Hinter dem Biergarten Gleis 1 befindet sich eine **Crossbahn.** Das Gelände besteht aus Sandhügeln und eignet sich für BMX-Räder und geländegängige Fahrräder.

Saarpfalz

Ferienwohnung Pferdehof, Familie Hertel, Auf dem Mühlhügel 7, 66440 Blieskastel-Mimbach. ℂ 06842/2542, Fax 507127. www.fuhrhalterey-myndenbach.de. rudolf.hertel@gmx.de. **Bahn/Bus:** Ab ↗ Blieskastel ZOB Bus 501 Richtung Kleinbittersdorf bis Mimbach. **Auto:** A8 Ausfahrt 30 Einöd, B423 nach Mimbach, 1. Straße rechts. **Preise:** Ü ab 50 €, Mindestaufenthalt 2 Nächte, inkl. Endreinigung.

▶ 80 qm große Nichtraucherwohnung für Familien mit max. 3 Kindern. Großer Wohn-Essraum, TV/CD, Kachelofen und Bettsofa, Küche, Schlafzimmer mit Doppelbett, hinter Schrankwand schmales Doppelbett, Bad, Weinterrasse, Garten mit Spielgeräten.

Ferienwohnungen Bliesbrück, Familie Rabung, Rubenheimer Str., 66453 Gersheim-Herbitzheim. ℂ 06843/8000-0, Fax -30. www.bliesbruck.de. info@bliesbruck.de. Direkt am Bliestal-Freizeitweg. **Bahn/Bus:** Ab ↗ Blieskastel ZOB Bus 503 Richtung Kleinbittersdorf bis Herbitzheim. **Auto:** Von Norden B423, bei Erfweiler-Ehlingen links abbiegen bis Herbitzheim. **Rad:** Bliestal-Freizeitweg. **Preise:** 7 Ü ab 352 € für 2 Pers, jede weitere Pers 50 €, Frühstück oder HP im nur 300 m entfernten Hotel möglich; Kinder 4 – 12 Jahre 50 % Ermäßigung.

▶ 5 FeWo für 2 – 6 Pers, mit Küchenzeile, TV, Dusche/WC, Balkon oder Terrasse. Garage für Fahrräder, Trockenraum mit Waschmaschine, Streichelzoo.

Saarbrücken & Umgebung

Heidis Gästehaus, Heidi Müller, Krughütter Straße 55, 66128 Saarbrücken-Gersweiler. ℂ & Fax 0681/7020146. Handy 0172/1052804. www.heidisgaestehaus.de. heidisgaestehaus@web.de. **Bahn/Bus:** Ab ↗ Saarbrücken Hbf SaarBahn bis Johanneskirche, Bus 103 Richtung Klarenthal bis Gersweiler. **Auto:** A620 Ausfahrt 12 Gersweiler, links durch die Unterführung. **Rad:** Saarland-Radweg. **Preise:** Ü 50 € pro Tag.

▶ Das Ferienhaus liegt am Wander- und Radwegenetz, Spielplätze sind in der Nähe. FeWo 84 qm für 4 Pers, 2 Ebenen, 1 DZ, 2 EZ, Kinderbett, Wohnküche, TV, Spielsachen, Terrasse, Grillplatz, Spielgeräte.

In der Nähe der FeWo gibt es einen schönen Waldspielplatz.

Ferienwohnung Frohnhöfer, Rudolf Frohnhöfer, Peter-Gleßner-Straße 32, 66346 Püttlingen-Köllerbach. ✆ 06806/9224-24, Fax -25. Handy 0170/1649969. www.fw.frohnhoefer-online.de. fw@frohnhoefer-online.de. Ruhige Lage im Neubaugebiet, 13 km zum Stadtzentrum Saarbrücken. **Bahn/Bus:** Ab ↗ Saarbrücken Hbf SaarBahn bis Riegelsberg Süd, Bus bis Köllerbach. **Auto:** A1 Ausfahrt 146 Riegelsberg. **Rad:** Köllertal-Radweg. **Preise:** Ab 35 € für 2 Pers.
▶ 3-Sterne-FeWo, 75 qm für 4 Pers, 1 DZ, Wohnzimmer mit Küche und Schlafcouch, TV, Du/WC, Garten mit Grillmöglichkeit. Spielplatz in direkter Nähe.

Saarlouis & Umgebung
Ferienwohnung Klein, Alfred und Karin Klein, Mertener Straße 73, 66802 Überherrn-Bisten. ✆ 06836/5693, Fax 684568. Handy 0173/8579447. www.ferienwohnung-alfred-karin-klein.de. alfred.karin@t-online.de.
Bahn/Bus: Ab ↗ Saarlouis Kleiner Markt Bus 409 Richtung Überherrn bis Bisten Kirche, ca. 500 m Fußweg.
Auto: A62 Ausfahrt Saarlouis City, Richtung Überherrn.
Preise: 45 € pro Tag für 2 Pers, mind. 3 Tage.
▶ Alleinlage, Neubau neben einem Bauernhof. Hier gibt es ein Damwildgehege, einen Hund sowie ein paar Schweine im Freien. Zwei 4-Sterne-FeWo mit 4 Betten, davon 1 kombiniertes Wohn-Schlafzimmer, Kinderbett vorhanden, TV, Küche, Du/WC. Schöner Garten mit Teich und Spielgeräten.

Töpferkurse für Kinder und Geburtstage in der Töpferwerkstatt von Keramikmeisterin Monika Podzierski in Überherrn-Felsberg, ✆ 06837/74312, www.dietoepferin.de.

Ferien auf dem Bauernhof
▶ Auf einem richtigen Bauernhof mit Tieren und Äckern zu wohnen ist für viele Kinder ein spannendes Erlebnis. Oft gehören zu den Gehöften große In-

Zu manchen der Bauernhöfe gehört ein Gasthof, fast alle verkaufen hofeigene Produkte wie Milch, Eier oder Marmelade.

nenhöfe und Wiesen, wo Kinder viel Platz zum Spielen haben.

Saar-Mosel-Land

Johanneshof, Familie Johannes, Kapellenstraße 59, 66693 Mettlach-Wehingen. ✆ 06868/474, Fax 180382. www.johanneshof24.de. klausjohannes@t-online.de. Am Ortsrand. **Bahn/Bus:** Ab ↗ Merzig SaarLux-Bus Richtung Luxemburg bis Tünsdorf, ca. 3 km Fußweg. **Auto:** A8 Ausfahrt 4 Merzig-Wellingen. **Preise:** Ü ab 42 €.

▶ Insgesamt 5 FeWo für 4 – 6 Pers (60 bzw. 65 qm) mit 2 Schlafräumen, Wohnzimmer, TV, Küche, Du/WC, Waschmaschine, Balkon oder Terrasse. Spiel- und Liegewiese, viele Tiere, Mitarbeit auf dem Hof möglich.

Schlossgut Pillingen, Familie Krupp, 66706 Perl. ✆ 06867/216, 560101, Fax 560109. schlossgut-pillingen@t-online.de. **Bahn/Bus:** RB Trier – Perl, Abholservice möglich. **Auto:** A8 Ausfahrt 3 Perl Borg, Richtung Perl, Pillinger Hof ausgeschildert. **Preise:** Ü ab 40 € für 2 Erw mit Kindern, Mindestaufenthalt 3 Tage.

▶ Bauernhof mitten im Grünen, Natur erleben mit Kühen, Pferden, Damwild, Hühnern, Pfauen, Hase und Dachs. 6 FeWo für 3 – 6 Pers, 1 oder 2 DZ, Wohnzimmer, Küchenzeile oder Küche, Du/WC, TV, Spielmöglichkeiten im Garten.

Hochwald

Birkenhof, Familie Meiers, Birkenhof, 66679 Losheim am See-Rimlingen. ✆ & Fax 06872/2390. www.birkenhof-meiers.de. birkenhof.meiers@onlinehome.de. Auf einer Anhöhe zwischen Rimlingen und Losheim. **Bahn/Bus:** ↗ Losheim, Transfer möglich. **Auto:** Ab ↗ Losheim Richtung Rissenthal, Beschilderung folgen. **Preise:** Ü ab 35 € (2 Pers).

▶ Grünlandbetrieb mit Kühen, Kälbern, Ponys, Ziegen, Kaninchen, Hühnern und Katzen. Mitarbeit auf

dem Hof ist möglich. 4 geräumige FeWo (62 qm) für 5 Pers, mit 2 Schlafräumen, Wohnraum, Küchenzeile, Du/WC, sep. Eingang, TV, Waschmaschine, Balkon oder Terrasse. Liegewiese mit Spielgeräten, Grillplatz. Ponyführen möglich.

Heuhotel, Familie Becker, Zum Wildpark, 66709 Weiskirchen-Rappweiler. ✆ 06872/994545, www.waldgasthof-wildpark.de. waldgasthof-wildpark@online.de.
Bahn/Bus: ↗ Weiskirchen, 30 Min Fußweg bergan.
Auto: ↗ Weiskirchen, bis Waldparkplatz Wildpark. **Preise:** Ü/F 12 € ab 10 Pers; Kinder 8 €.
▶ Direkt über dem Gehege der Auerochsen befindet sich das Schlaflager im Heu. Es gibt weder Strom noch Licht! Abends kann die Grillhütte des Wildparks genutzt werden.

 Taschenlampe und Schlafsack mitbringen!

St. Wendel & Umgebung
Ur Laubs Hof, Christine und Klaus Laub, Urweiler Hof, 66606 St. Wendel-Urweiler. ✆ 06851/82378, Fax 869368. www.urlaubshof-saarland.de. info@urlaubshof-saarland.de. **Auto:** A62 Ausfahrt 5 Freisen, L133 Richtung Furschweiler bis Grügelborn, ab dort ausgeschildert. **Preise:** Ü ab 46 € für 2 Pers, 55 € für 4 Pers, Mindestaufenthalt 3 Nächte, in der Hauptsaison 7 Nächte.
▶ Vollbewirtschafteter Bauernhof mit Milchviehbetrieb und vielen weiteren Tieren. Fünf 4-Sterne-FeWo bis 90 qm, 1 – 3 Schlafzimmer, Kinderbett, TV, Küche, Wohn-Essraum, Du/WC, Gästeraum mit Sonnenterrasse, Kicker, Tischtennis, Spielplatz mit Schaukel, Spielhaus, Rutsche, Fußballtor und Seilbahn, Swimmingpool, Fuhrpark für Groß und Klein.

Johanneshof, Familie Seibert-Morsch, 66629 Freisen-Oberkirchen. ✆ 06855/1529, Fax 7960. www.johanneshof.net. kontakt@johanneshof.net. **Bahn/Bus:** Ab ↗ St. Wendel Bus 603 Richtung Schwarzerden. **Auto:** A62 Ausfahrt 5 Freisen, nach Oberkirchen. **Rad:** Saar-

Der 21 km lange **Fritz-Wunderlich-Radweg** führt entlang einer ehemaligen Bahntrasse von Freisen nach Kusel.

land-Radweg. **Preise:** Ü FeWo 100 qm ab 53 € bei 6 Ü, Mindestaufenthalt 2 Nächte.

▶ 6 stilvolle FeWo (20 – 100 qm) für 1 – 6 Pers mit Küche, Bad, TV, Balkon oder Terrasse. Endreinigung inklusive, Waschmaschine und Trockner gegen Aufpreis. Großer Garten mit Swimmingpool. Bauernhoftiere auf dem benachbarten Betrieb.

Saarpfalz

Lettenberghof, Franz Weber, Hauptstraße 24, 66453 Gersheim. ℅ 06843/1378, Fax 1378. **Bahn/Bus:** ↗ Gersheim. **Auto:** ↗ Gersheim. **Preise:** Ü ab 39 €.

▶ 3-Sterne-FeWo (50 qm) für max. 6 Pers. 2 Schlafzimmer, Wohn-Essküche, Kindersitz und -bett vorhanden. Spielgeräte auf dem Hof und viele Bauernhoftiere wie Kühe, Schweine, Hühner, Enten, Kaninchen.

Reiterhöfe und Reiterferien

▶ Zu Ferien auf dem Reiterhof kommen Kinder primär zum Reiten, entweder, um es überhaupt erst zu erlernen, oder um ihr Hobby zu pflegen. Sie verbringen die Ferien ohne die Eltern und leben in der Regel in Vollpension.

Saar-Mosel-Land

Ferienhof Hammes, Familie Hammes, Heidwaldhof, 66663 Merzig-Silwingen. ℅ 06869/375, Fax 1205. www.heidwaldhof.de. info@heidwaldhof.de. **Auto:** ↗ Merzig, Richtung Waldwies bis Silwingen. **Preise:** FeWo Ü ab 40 €, Ü in Mehrbettzimmern ab 10 €; Reiterferien 320 € für 6 Tage, inkl. VP.

 Regulärer Reitunterricht für Kinder ab 8 Jahre 11 € pro Std. Nach einer Prüfung in Theorie und Praxis könnt ihr das Kleine oder Große Hufeisen erwerben.

▶ 3 FeWo (60 qm) für 5 Pers, komplett eingerichtete Wohnküche mit Essecke, Wohnzimmer, TV, 2 Schlafzimmer, Dusche/WC, Liegewiese, Grillplatz. Reiterferien für Kinder ab 8 Jahre, Mo – Sa mit abwechslungsreichem Programm. Geländesichere Pferde, gut für Anfänger geeignet. Reiterspiele, Nachtwanderung, Grillabend mit Lagerfeuer.

Hochwald

Rosenhof Züsch, Familie Wenzel, Rosenhof, 54422 Züsch. ℗ 06503/980520, Fax 9819188. www.reiten-rosenhof.de. info@reiten-rosenhof.de. **Auto:** ↗ Hermeskeil, dort Richtung Birkenfeld/Züsch, in Züsch an der Kirche rechts, beschildert. **Preise:** So – Sa 320 € inkl. VP; 20 € Geschwisterrabatt, Gruppentarif 295 €/Pers.

▶ Angenehm familiäre Atmosphäre und gute Reitausbildung. Schwerpunkt bilden Geländeausritte auf Fjordpferden. Reiterferien für max. 15 Kinder. 2 x täglich Reitunterricht in Kleingruppen, Ü in MBZ.

Hof Ruwerbach, Petra und Klaus Reinert, Zum Herrengarten 2, 66709 Weiskirchen-Weierweiler. ℗ 06874/7000, Fax 182988. www.hof-ruwerbach.de. info@hof-ruwerbach.de. **Auto:** ↗ Weiskirchen, links Richtung Weierweiler. **Preise:** So – Sa 310 € inkl. VP.

▶ Maximal 12 Kinder übernachten in 3- oder 4-Bett-Zimmern. Neben klassischem Reitunterricht (2 Std pro Tag) werden der richtige Umgang mit dem Pferd sowie die Theorie vermittelt. Je nach Zusammensetzung der Gruppe finden Tagesritte mit Picknick statt.

Am letzten Tag werden Reiterspiele mit anschließender Siegerehrung durchgeführt.

St. Wendel & Umgebung

Gestüt Nahetal, Clemens Gessner, Nahetalstraße 53, 66625 Nohfelden-Gonnesweiler. ℗ 06852/92105, Fax 92107. www.gestuet-nahetal.de. gestuet-nahetal@t-online.de. **Bahn/Bus:** RB Saarbrücken – Mainz bis Türkismühle Bhf, Abholservice. **Auto:** A62 Ausfahrt 3 Türkismühle nach Gonnesweiler, Gestüt mitten im Ort. **Rad:** Nahe-Radweg. **Preise:** So – Sa ab 289 € inkl. VP.

▶ Reiterferien in familiärer Atmosphäre. Ü in Mehrbettzimmern, max. 15 Übernachtungsgäste. Neben 2 Reiteinheiten pro Tag Unternehmungen wie Schwimmen im Bostalsee, Grillparty mit Lagerfeuer, Nachtwanderung oder Ausflug mit dem Traktor.

Reiterpension Birkenhof, Irmtraud und Paul Laqua, Birkenhof 1, 66629 Freisen. ℗ 06789/9700-11, Fax

9700-10. Handy 0172/4763813. www.birkenhoffreisen.de. birkenhoffreisen@web.de. **Bahn/Bus:** Abholservice für Ferienkinder von den Bahnhöfen Neubrücke, Türkismühle oder St. Wendel. **Auto:** ↗ Freisen, Wirtschaftsweg Richtung Rohrbach. **Preise:** Reiterferien So – Fr 200 €, inkl. VP. Reiterwoche Mo – Fr 10 – 17 Uhr 110 €, ohne Übernachtung; Wanderreiter ÜF ab 8 €. Vierbeiner-Box (Heu, Stroh und Kraftfutter) 9 € oder Weide 5 € pro Tag.

▶ Hier erwartet euch ein tolles Programm mit 2 Reitstunden täglich. Geschlafen wird im Haus, im Wohnwagen oder Tipi. Wanderreitstation: wahlweise DZ, Wohnwagen, Etagenbett oder Tipi. Schlafsack bitte mitbringen.

Pferdeparadies Lindenhof, Martina Knapp, 66903 Frohnhofen. ☏ 06386/4048-65, Fax -66. Handy 0171/ 9316605. www.pferdeparadieslindenhof.de. info@pferdeparadieslindenhof.de. **Auto:** A62 Ausfahrt 7 Kusel über Konken, Herschweiler-Pettersheim, Krottelbach, zwischen Krottelbach und Frohnhofen. **Preise:** Kinder 7 – 17 Jahre So – Fr 320 € inkl. VP, ohne Ü 280 €.

▶ Erlebnisreiche Reiterferien mit guter reiterlicher Grundausbildung. Falls gewünscht mit Prüfung. Die Camps eignen sich für Anfänger und Fortgeschrittene. Es kann mit dem eigenen Pferd teilgenommen werden. Übernachtung im Kidslager oder Tipi.

Saarpfalz
Saga-Reitschule Grenzlandhof, Familie Becker, 66399 Mandelbachtal-Bebelsheim. ☏ 06804/6215, Fax 914392. www.saga-reitschulen.de. grenzlandhof@saga-reitschulen.de. **Bahn/Bus:** Ab ↗ Blieskastel Bus MS3 Richtung Saargemund bis Bebelsheim, 20 Min Fußweg. **Auto:** Ab ↗ Blieskastel B423 nach Bebelsheim, Beschilderung folgen. **Zeiten:** Termine ↗ Internet. **Preise:** FeWo 40 qm ab 30 € pro Tag, Wanderreiter 10 € pro Ü inkl. Bettwäsche; Reiterferien Kinder 8 – 15 Jahre 7 Tage 290 € (SAGA-Clubmitglieder 270 €), inkl. VP.

 Vorkenntnisse im Reiten sind hier nicht erforderlich. Täglich 2 Reitstunden, zusätzlich Ausritte und Programm mit Schwimmbadbesuch oder Nachtwanderung. Qualifiziertes Fachpersonal betreut die Reitschüler rund um die Uhr. Übernachtet wird in der rustikalen Tenne mit 5 Schlafkojen. Auch Familien können auf dem Hof Urlaub machen.

Saga-Reitschule Heilenbüscher Hof, Vanessa Hey, 66780 Rehlingen-Siersburg-Fürweiler. ✆ 06869/5102-32, Fax -64, 0170/9579318. www.saga-reitschulen.de. heilenbuescherhof@web.de. **Bahn/Bus:** Ab ↗ Dillingen Bus R462 Richtung Biringen bis Gerlfangen, 10 Min Fußweg. **Auto:** ↗ Rehlingen, L172 zwischen Gerlfangen und Oberesch. **Zeiten:** Termine ↗ Internet. **Preise:** Reitunterricht 47 € pro Monat zzgl. 8 € SAGA-Club, zweistündiger Ausritt 20 € für Clubmitglieder; Reiterferien Mo – Fr 230 € inkl. Mittagessen ohne Ü, 6 Ü mit VP (So – Sa) 300 €, 10 % Rabatt für Clubmitglieder.
▶ Auf dem Heilenbüscher Hof lernt ihr auf freundlichen Islandpferden reiten. Kinder 4 – 6 Jahre werden in der Reitvorschule mit Voltigieren langsam an den Reitunterricht herangeführt.

Saarbrücken & Umgebung

Saga-Reitschule Brunnenhof, Britta und Andreas Uherek, Brunnenhof, 66132 Saarbrücken-Bischmisheim. ✆ 0171/1434455. www.saga-reitschulen.de. brunnenhof@saga-reitschulen.de. **Bahn/Bus:** Ab ↗ Saarbrücken Hbf Saarbahn Richtung Brebach bis Römerkastell, Bus 137 Brebach bis Bischmisheim, 20 Min Fußweg. **Auto:** A620 Ausfahrt 3, Richtung Bischmisheim, im Ort ausgeschildert. **Zeiten:** Reiterferien Mo – Fr 9.30 – 17.30 Uhr, Termine ↗ Internet. **Preise:** Reiterferien für Tageskinder 7 – 15 Jahre 200 € inkl. Verpflegung; Unterricht 50 € im Monat zzgl. Clubbeitrag 8 € im Monat.
▶ Hier könnt ihr auf gut ausgebildeten Schulpferden reiten lernen. Die Reiterferien für Tageskinder sind immer ein Erlebnis. Neben 2 Stunden Reitunterricht

 Auf erfahrene Reiter wartet ein Abenteuer mit Wildwest-Romantik. Als Bliesgau-Cowboys hütet ihr eine Herde Angus-Rinder, buchbar bei der Saarpfalz-Touristik, ✆ 06841/104-195.

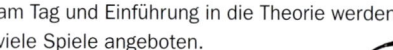

am Tag und Einführung in die Theorie werden viele Spiele angeboten.

Jugendherbergen (JH)

▶ Die JH im Saarland und Rheinland-Pfalz bieten einen hohen Qualitätsstandard und sind familienfreundlich ausgestattet. Eine Mitgliedschaft im Deutschen Jugendherbergswerk ist für die Übernachtung in einer JH obligatorisch. Sie kostet für Pers bis 27 Jahre 12,50 €, ab 27 Jahre und Familien 21 € und Organisationen 25 €.

@ Die Verfügbarkeit prüfen und online buchen könnt ihr über www.diejugendherbergen.de.

❄ Im Winter (15. Nov – 15. März) wird der Geldbeutel geschont. Wochenende ab 39 € für die ganze Familie (nur online).

Saar-Mosel-Land

JH Schengen, Sacha Jeitz, 31, Wäistrooss, L-5440 Schengen-Remerschen. ✆ 00352/2666731, Fax 2666732. www.youthhostels.lu. remerschen@youthhostels.lu. **Auto:** A8 Ausfahrt Schengen, im Kreisel 2. rechts. **Rad:** Mosel-Radweg. **Preise:** ÜF 18,20 €; Kinder 3 – 12 Jahre 50 % Ermäßigung, Eintritt zum Badeweiher inklusive. **Infos:** Wer keinen Jugendherbergsausweis besitzt, erhält für 3 € pro Tag eine Gästekarte.

▶ Die moderne JH liegt in unmittelbarer Nähe zum Badeweiher. 150 Betten in 1- bis 5-Bett-Zimmern, alle mit Du/WC, Familienzimmer mit Balkon.

Die Schlafräume im Dachgeschoss des alten Klosters eignen sich für Kindergarten- oder Jugendgruppen. Schöner Garten mit Teich und Cafeteria mit Terrasse.

JH an der Saarschleife, Jugendgästehaus Dreisbach, Monika und Friedmann Borrmann, Herbergsstraße 1, 66693 Mettlach-Dreisbach. ✆ 06866/270, www.DieJugendherbergen.de. dreisbach@diejugendherbergen.de. An der Saarschleife. **Bahn/Bus:** RE, RB Saarbrücken – Trier bis Besseringen, Bustransfer möglich. **Auto:** B51 bis Besseringen, Ausfahrt Schwemlingen-Dreisbach. **Rad:** Saar-Radweg. **Preise:** ÜF 19,90 € (25,40 € bei 2-Bett-Belegung); Kinder 3 – 14 Jahre 50 % Ermäßigung.

▶ 122 Betten in gemütlichen 1- bis 4-Bett-Zimmern mit Du/WC. 4 Aufenthaltsräume, viele Spielmöglichkeiten im Haus. Weitere Spiel- und Sportangebote bietet die Außenanlage auf der anderen Seite der Straße. Grillplatz vorhanden.

Hochwald

Hunsrück-JH, Rainer Seitz, Adolf-Kolping-Straße 4, 54411 Hermeskeil. ℐ 06503/3097. www.DieJugendherbergen.de. hermeskeil@diejugendherbergen.de. **Bahn/Bus:** ↗ Hermeskeil. **Auto:** ↗ Hermeskeil, Richtung Ortsmitte. **Rad:** Ruwer-Hochwald-Radweg. **Preise:** ÜF 18,90 € (24,40 € bei Zweibettbelegung); Kinder 3 – 14 Jahre 50 % Ermäßigung.
▶ Ruhige Lage in der Nähe der Ortsmitte. 5 Min Fußweg zum Busbahnhof und Schwimmbad. 122 Betten in hellen 2-, 4- und 6-Bett-Zimmern mit Du/WC. 5 Aufenthaltsräume, Spielzimmer. Jede Menge Freizeitmöglichkeiten, Tischtennis, Bolzplatz und Grillhütte.

Die *Raderlebniskarte Hochwald* mit Fahrplan des Regio-Radler Ruwer ist bei der Tourist-Information Hermeskeil erhältlich.

JH Weiskirchen, Georg Bahlmann, Jugendherbergsstraße 12, 66709 Weiskirchen. ℐ 06876/231, Fax 1444. www.DieJugendherbergen.de. weiskirchen@diejugendherbergen.de. **Bahn/Bus:** ↗ Weiskirchen, Transfer für Gruppen ab Merzig möglich. **Auto:** ↗ Weiskirchen. **Preise:** ÜF 16,90 € (20,90 € bei 2-Bett-Belegung); Kinder 3 – 14 Jahre 50 % Ermäßigung.
▶ Ausgangspunkt für Ausflüge im Schwarzwälder Hochwald. 126 Betten in 2-, 4-, oder Mehrbett-Zimmern mit Waschgelegenheit, teilweise mit Du/WC. 6 Aufenthaltsräume für 8 – 95 Pers. Schöne Außenanlage mit Spiel- und Bolzplatz sowie Grillmöglichkeit.

Der **Saar-Hunsrück-Steig** läuft direkt an der JH vorbei.

Wanderkarte Saar-Hunsrück-Steig, 1:25.000, ISBN 978-3-89920-496-4, 8,95 €.

St. Wendel & Umgebung

Schaumberg-JH Heike und Rolf Kaluza, Zum Erlebnispark 2, 66636 Tholey-Theley. ℐ 06853/2271, Fax 5534. www.DieJugendherbergen.de. tholey@diejugendherbergen.de. Am Fuß des Schaumberges direkt gegenüber Erlebnispark und Schwimmbad Tholey. **Bahn/Bus:**

Ihr könnt euch eine Mappe mit vielen tollen Vorschlägen zur aktiven Freizeitgestaltung ausleihen.

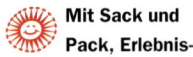 **Mit Sack und Pack, Erlebnisse & Reisen,** Sebastian Korneli, 66636 Tholey. ✆ 06507/703-381, Fax 703-397. www.mit-sack-und-pack.de. Erlebnispädagogische Programme ab 16 € pro Pers, mind. 20 Pers.

Spannende Museen auf der Burganlage: Das **Musikantenland-Museum** zeigt eine Naturkundeausstellung. Das **Urweltmuseum Geoskop** veranschaulicht die erdgeschichtliche Entwicklung der Region. April – Okt 10 – 17, Nov – März 10 – 12, 14 – 17 Uhr, ✆ 06381/8429.

Hunger & Durst
Chinesisch-Mongolisches Restaurant, Zweibrücker Straße 60, 66424 Homburg. ✆ 06841/9937078. Mo – Sa 11.30 – 15 und 16.30 – 23 , So 11.30 – 23 Uhr. Biergarten, Kindergerichte.

↗ Tholey, Bus 619 Richtung Johann-Adams-Mühle bis Schaumbergbad. **Auto:** Ab ↗ Tholey Richtung Theley, Beschilderung Schwimmbad, Jugendherberge folgen. **Preise:** ÜF ab 16,90 € (20,90 € bei 2-Bett-Belegung); Kinder 3 – 14 Jahre 50 % Ermäßigung.

▶ 138 Betten in 2- bis 6-Bett-Zimmern, im Neubau mit Du/WC. Viele Spielmöglichkeiten im Haus. Sommerbelegung auch in Blockhütten mit je 8 Betten. Großzügige Außenanlage mit Spielplatz, zahlreichen Ballspielmöglichkeiten und Grillstelle.

Musikantenland-JH Burg Lichtenberg, Torsten Graupner, 66871 Thallichtenberg. ✆ 06381/2632, Fax 80933. www.DieJugendherbergen.de. thallichtenberg@diejugenherbergen.de. **Bahn/Bus:** RB Landstuhl – Kusel, ab Kusel Bhf Bustransfer möglich. **Auto:** A62 Ausfahrt 7 Kusel, B420, kurz vor Kusel links zur Burg Lichtenberg. **Preise:** ÜF 19,90 € (25,40 € bei 2-Bett-Belegung); Kinder 3 – 14 Jahre 50 % Ermäßigung. **Infos:** Zum Teil behindertengerecht ausgestattet.

▶ Die moderne JH ist in der über 800 Jahre alten Burg Lichtenberg. 106 Betten in 1- bis 4-Bett-Zimmern, alle mit Du/WC. Aufenthaltsräume, Spielecke. Großzügige Außenanlage mit Tischtennis, Tischfußball, Spielwiese, Kinderspielplatz und Grillplatz.

Saarpfalz
Hohenburg-JH, Jugendgästehaus, Rolf Obliers, Am Mühlgraben 30, 66424 Homburg. ✆ 06841/3679, Fax 120220. www.DieJugendherbergen.de. homburg@diejugendherbergen.de. Zentrale Lage am Stadtpark. **Bahn/Bus:** ↗ Homburg, ab Bhf 300m Fußweg. **Auto:** ↗ Homburg, Richtung Stadtmitte, nach 2. Eisenbahnbrücke links, beschildert. **Preise:** ÜF 19,90 € (25,40 € bei 2-Bett-Belegung); Kinder 3 – 14 Jahre 50 % Ermäßigung.

▶ 126 Betten in gemütlichen 2- und 4-Bett-Zimmern, alle mit Du/WC. Der Essbereich, das Glas-Atrium, ähnelt einem Rittersaal. 8 Aufenthaltsräume, Spielmöglichkeiten im Innen- und Außenbereich.

Saarbrücken & Umgebung

Europa-JH, Jugendgästehaus, Meerwiesertalweg 31, 66123 Saarbrücken-St. Johann. ℂ 0681/33040. www.diejugendherbergen.de. saarbruecken@die-jugendherbergen.de. Nahe Universität, gute Anbindung an die Innenstadt. **Bahn/Bus:** Ab ⤴ Saarbrücken Hbf Bus 124 (Mo – Fr), S1 bis Rathaus, Bus 101, 102, 150 bis Prinzenweiher. **Auto:** A6 Ausfahrt St. Ingbert-West, Innenstadt. **Preise:** ÜF 19,90 € (25,40 € bei 2-Bett-Belegung); Kinder 3 – 14 Jahre 50 % Ermäßigung. **Infos:** Teils behindertengerecht ausgestattet.

▶ 192 Betten in 2- oder 4-Bett-Zimmern, alle mit Du/WC. 4 Aufenthaltsräume, verschiedene Spielmöglichkeiten im Haus. Fahrradraum.

Schlittschuhlaufen könnt ihr auf dem Prinzenweiher, im Stadtteil St. Johann in der Nähe der Jugendherberge.

Naturfreundehäuser (NFH)

▶ Wer keinen Wert auf großen Komfort legt, findet in Naturfreundehäusern eine günstige Übernachtungsmöglichkeit. Zudem liegen sie meist landschaftlich sehr schön. Die hier aufgeführten Preise gelten für Nichtmitglieder, Mitglieder zahlen etwas weniger.

Saarpfalz

NFH Kirkel, Limbacher Weg 8, 66459 Kirkel-Neuhäusel. ℂ 06849/385, Fax 991997. info@naturfreunde.de. **Bahn/Bus:** RB Saarbrücken – Homburg nach Kirkel-Neuhäusel, 15 Min Fußweg. **Rad:** Saar-Nahe-Höhen-Radweg. **Zeiten:** Übernachtung Erw 10 €. **Preise:** Kinder bis 12 Jahre 8 €, 13 – 18 Jahre 9 €.

▶ 34 Betten in einfachen 1- bis 8-Bett-Zimmern. Waschgelegenheit, Du/WC auf dem Flur. Aufenthalts- und Seminarräume, Tischfußball, Selbstkocherküche, Außenanlage mit Grillplatz.

Saarbrücken & Umgebung

NFH Kirschheck, Steinbachweg 10, 66333 Saarbrücken-Malstatt-Burbach. ℂ 0681/74777, www.kirchheck.naturfreunde-saarland.de. winfried.lorig@t-on-

 NaturFreunde Deutschland, Landesverband Saarland, Evangelisch-Kirch-Str. 8, 66111 Saarbrücken. ℂ 0681/3746-67. www.naturfreunde-saarland.de. info@naturfreunde-saarland.de.

 Am **Burbacher Waldweiher** leben Fledermäuse. Mit dem Fledermausrucksack könnt ihr sie im Schutz der Dunkelheit aufspüren! Auszuleihen beim Kultur&Lesetreff Burbach, ✆ 0681/9054748.

line.de. **Bahn/Bus:** Ab ↗ Saarbücken Hbf Saarbahn S1 bis Heinrichshaus, 500 m Fußweg. **Auto:** A1 Ausfahrt 148 Von der Heydt, beschildert. **Zeiten:** April – Okt 10 – 22 Uhr, Nov – März 11 – 21 Uhr, Montag Ruhetag.

▸ Das bewirtschaftete NFH ist das Eingangstor zum Urwald vor der Stadt. Ein Gästezimmer mit 2 Doppelstockbetten, Bad mit Du/WC auf dem Flur (Alleinbenutzung), Selbstversorgerküche, Clubraum. Außengelände mit 300-qm-Zeltplatz, Spielplatz, Grillhütte.

NFH Völklingen-Mitte, Stadionstraße 10, 66333 Völklingen. ✆ 06898/16648, 8520521, Fax 1690663. www.naturfreunde-voelklingen.de. nf-voelklingen@t-online.de. Direkt neben dem Freibad Völklingen. **Bahn/Bus:** ↗ Völklingen Bhf, 10 Min Fußweg. **Auto:** ↗ Völklingen, Richtung Freibad. **Rad:** Saar-Radweg. **Preise:** 11€; Kinder bis 14 Jahre 5 €, 15 – 18 Jahre 7,50 €.

▸ 20 Betten in 6 Zimmern, Du/WC im Untergeschoss, 2 Aufenthaltsräume, gut eingerichtete Selbstkocherküche (Benutzung 2 €), keine Bewirtschaftung, Waschmaschine. Terrasse, Tischtennis, Schaukel, große Zeltwiese, Grillplatz.

NFH Warndt, Schulstraße 51, 66333 Völklingen-Ludweiler. ✆ 06898/42171. info@naturfreunde-ludweiler.de. **Bahn/Bus:** ↗ Völklingen Bhf, Bus 185 Ludweiler. **Auto:** ↗ Völklingen, durch Geislautern nach Ludweiler. **Preise:** Ü 10 € pro Pers zzgl. Bettwäsche; Kinder bis 12 Jahre 4,50 €, 13 – 18 Jahre 7,50 €.

▸ 34 Betten in 2- bis 10-Bett-Zimmern, Du/WC auf dem Flur, Aufenthaltsraum, Küche, bewirtschaftete Großküche Mi – So ab 17 Uhr. Außengelände mit Spielplatz, Boulebahn und Grillhütte.

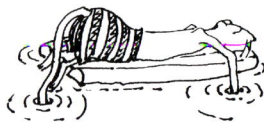 Fastnachtsonntag: traditionsreicher **Ludweiler Faasendumzug.**

Jugend- und Gruppenunterkünfte

▸ Diese Gruppenunterkünfte (Jugendfreizeithäuser, Jugendzeltplätze, Seminarhäuser und Schullandheime) liegen preislich höher als die NFHs und Wanderheime, sind aber komfortabler ausgestattet. Sie eignen sich für Klassenfahrten. Jugendzeltplätze bieten hingegen nur ein Minimum an Komfort. Oft gibt es keinen Stromanschluss, nicht immer Wasser und Toiletten. Diese Zeltplätze sind nur von organisierten Gruppen zu buchen, für manche benötigt man die Erlaubnis der Naturschutzbehörde, weil sie in einem Landschaftschutzgebiet liegen.

Einige der Unterkünfte bieten ein pädagogisches Programm und Umweltprojekte an.

Hochwald

Wildpark Weiskirchen, 66709 Weiskirchen-Rappweiler. © 06876/709-37. www.weiskirchen.de. **Bahn/Bus:** ↗ Weiskirchen, 30 Min zu Fuß bergan. **Auto:** ↗ Weiskirchen, bis Waldparkplatz Wildpark. **Zeiten:** Vermietung auf Anfrage. **Preise:** 50 € pro Gruppe.

▶ Ihr könnt eure Zelte mitten im Wildpark auf dem für diese Zwecke vorgesehenen Platz aufschlagen. Der Platz ist für ca. 50 Pers angelegt. Toilettenanlage und Grillhütte sind vorhanden.

Lauscht einmal den Geräuschen der Tiere in der Nacht und ratet, von wem sie stammen!

St. Wendel & Umgebung

BiberBurg Berschweiler, Schullandheim & Erlebniszentrum des Zweckverbandes Illrenaturierung, In der Meulwies 1, 66646 Marpingen-Berschweiler. © 06827/ 1502. www.biberburg-berschweiler.de. Am Naturschutzgebiet Täler der Ill. **Bahn/Bus:** RB Saarbrücken – Lebach bis Dirmingen Bhf, 20 Min Fußweg. **Auto:** A1 Ausfahrt Eppelborn Richtung Marpingen bis Berschweiler. **Preise:** Projektwoche 119 € pro Pers inkl. 4 Ü mit VP, pädag. Programm Mo – Fr 34 €/Tag bis 3 Nächte.

▶ Ü in Mehrbettzimmern, Gemeinschaftsduschen- und toiletten. Gesunde, regionale Verpflegung. Riesiges Freigelände mit Seilgarten, Fußballplatz, Wasserlandschaft, 2 Grillplätze, kleines Biberburg-Theater.

Jugendzeltlagerplatz Kapellenwiese, Gemeinde Oberthal, 66649 Oberthal-Gronig. © 06854/9017-27, Fax -17. www.oberthal.de. kapellenwiese@oberthal.de. **Bahn/Bus:** Ab ↗ St. Wendel Bus R2 Richtung Wadern

Für 50 € pro Nacht (ca. 10 – 14 Pers) könnt ihr das Baumhaus im Wald, mit schönem Grillplatz zzgl. 25 €, mieten. Sanitäre Einrichtungen sind etwa 80 m entfernt.

Die Benutzung des Platzes zum Grillen ohne Übernachtung kostet 30 €, für Schulklassen 15 €.

bis Oberthal-Gronig, 10 Min Fußweg. **Auto:** A1 Ausfahrt 138 Nonnweiler-Primstal, Richtung Primstal, rechts über Selbach nach Oberthal-Gronig, dort links Feldweg bis Parkplatz Kapellenwiese. **Zeiten:** Mai – Okt. **Preise:** Ü je nach Gruppengröße 20 – 150 €.

▶ Schöner Zeltplatz für max. 150 Personen. Auf dem Gelände befinden sich sanitäre Anlagen, Küchenhütte, Außenwaschstelle, Schutzhütte, Vogelschaukel und Feuerstelle.

Rosenland Neunkirchen

Robinsondorf Neunkirchen, Tannenschlag 1, 66539 Neunkirchen. ✆ 06821/31701, 202-408, www.neunkirchen.de. robinsondorf@neunkirchen.de. **Bahn/Bus:** ↗ Neunkirchen Hbf, Bus 305 Ludwigsthal zur Haltestelle Grüner Baum. **Auto:** ↗ Neunkirchen Oberstadt, Richtung Furpach. **Preise:** Ü mit VP 22,80 € pro Pers.

▶ Für Vereine, Jugendgruppen, Kindergärten und Schulen. Wenige Gehminuten zum Kombibad Lakai. Einfache Bungalows für 6 – 12 Pers mit Du/WC. Aufenthaltsräume, Werkraum. Gelände mit Ballspielmöglichkeiten und Spielplatz, überdachter Grillplatz.

Campingplätze

▶ Die Übernachtungspreise der Campingplätze variieren genauso wie die Ausstattung. Manche bieten außer sehr einfachen sanitären Anlagen gar nichts. Auf anderen dagegen existieren nicht nur hervorragende sanitäre Einrichtungen, sondern sogar Schwimmbäder, Restaurants, Lebensmittelläden, Küchen, Aufenthaltsräume, Babywickelräume, Kinderspielplätze, Minigolfplatz und Grillstellen.

Hochwald

Campingplatz Losheim am See, 66679 Losheim am See. ✆ 06872/4770, Fax 993204. www.losheim.de. WernerHarth@t-online.de. **Bahn/Bus:** ↗ Losheim. **Auto:** ↗ Losheim, Beschilderung folgen. **Preise:** Ü 3,50 €

pro Pers, Zeltplatz ab 3 € zzgl. Nebenkosten, inkl. freier Eintritt ins Strandbad; Kinder und Jugendliche 2 €, Jugendgruppen 1,50 € pro Pers.

▶ 4-Sterne-Campingplatz zwischen Waldgebiet und Seeufer. 440 Stellplätze für Wohnwagen. Jugend-, Familien- und Gruppenzeltplatz für 300 Zelte nur wenige Schritte vom See. Campingklause, mehrere Grillstellen, Spiel- und Bolzplatz.

Campingplatz Schwarzwälder Hochwald DCC-LV Saar e.V., Zum Campingplatz 10, 66709 Weiskirchen. ✆ 06876/366, Fax 377. www.camping-weiskirchen.de. anfrage@camping-weiskirchen.de. **Bahn/Bus:** ↗ Weiskirchen, 15 Min Fußweg. **Auto:** ↗ Weiskirchen, hinter dem Kurpark links. **Preise:** Ü 4 €, Zelt 5 € zzgl. Auto, Müllgebühr, Strom, Kurtaxe; Kinder 3 – 17 Jahre 2 €; Jugendgruppen 4 € pro Pers.

▶ 4-Sterne-Campingplatz, schöner Naturplatz in ruhiger Lage mit 260 Stellplätzen sowie einem Jugendzeltplatz. Moderne Sanitäreinrichtungen, Spiel und Sport.

St. Wendel & Umgebung

Campingplatz Bostalsee, 66625 Nohfelden-Bosen. ✆ 06852/923-33, Fax 923-93. www.bostalsee.de. campingplatz@bostalsee.de. 5 Gehminuten vom Bostalsee. **Bahn/Bus:** ↗ Bostalsee. **Auto:** ↗ Bostalsee. **Preise:** Caravan ab 13 €, Ü 4 € pro Pers zzgl. Stellplatz 4 €; Kinder 6 – 16 Jahre 2,50 €, Jugendgruppen 2 € pro Pers zzgl. Gruppenzelt 10 € bzw. 15 €; Familien 10,50 € zzgl. Stellplatz Familienzelt 6 €.

▶ 5-Sterne-Campingplatz, 444 Stellplätze für Wohnwagen, 3 Familien-, 2 Jugendzeltplätze und 1 Gruppenzeltplatz mit Unterstand, kleiner Hütte und Kühlschrank. Auf allen Plätzen Stromanschlüsse, Wasserzapfstellen und Grillstellen. Mietwohnwagen oder -zelte vorhanden. 2 Sanitärgebäude mit Behindertenbad, Familienbäder, Kinderwaschlandschaft, Küchen- und Funktionsräume mit Waschmaschinen so-

Camping Klause, Zum Campingplatz 10, 66709 Weiskirchen. ✆ 06876/7030087, Täglich 8 – 22 Uhr. Mit Biergarten.

FERIENADRESSEN

 Im Kinderclub Wasserfloh könnt ihr in den Ferien spielen und basteln oder Ausflüge unternehmen.

wie Trocknern und Sauna, Solarium. Mehrere Spielplätze, Mehrzweckspielfeld, Ausleihmöglichkeit von Büchern und Spielsachen.

Saarpfalz

Campingplatz Zweibrücken, Geschwister-Scholl-Allee 11, 66482 Zweibrücken. ✆ 06332/48-2984, Fax 48-1594. www.campingplatz-zw.de. info@campingplatz-zw.de. **Bahn/Bus:** Ab ↗ Zweibrücken Hbf, Bus 226 Richtung Flughafen bis Festhalle, 500 m Fußweg. **Auto:** ↗ Zweibrücken Stadtmitte, am Ende der Gestütsallee links, neben dem Freibad. **Zeiten:** April – Okt. **Preise:** Ü 6,50 € pro Pers, Zeltplatz ab 4,40 € zzgl. Nebenkosten; Kinder bis 14 Jahre 5,50 €.

▶ Kleiner Campingplatz mit ↗ Freizeitanlage. Günstige Lage in Zentrumsnähe am Schwarzbach, in unmittelbarer Nachbarschaft zum Schwimmbad. Einfache, aber saubere Sanitäreinrichtungen.

Saarlouis & Umgebung

Campingplatz Siersburg, Campingplatz 1, 66780 Rehlingen-Siersburg-Siersburg. ✆ 06835/2100, 508-415 (Gemeindeverwaltung), Fax 2247. www.campingplatz-siersburg.de. info@campingplatz-siersburg.de. **Bahn/Bus:** ↗ Siersburg Bhf, 15 Min Fußweg. **Auto:** ↗ Siersburg, ausgeschildert. **Rad:** Niedtal-Radweg. **Zeiten:** Mitte April – Okt. **Preise:** Ü 3,60 €, Stellplatz 6,15 €, Wohnwagen bzw. Zelt 3,60 €, Großraumzelt 15,40 €; Kinder unter 18 Jahre 3,10 €.

▶ Wunderschöne Lage am großen Niedbogen. 150 Dauerstellplätze, 135 Touristenstellplätze, 3 FeWo, eine davon behindertengerecht. Für Vereine etc. stehen spezielle Stellplatzflächen zur Verfügung. DLRG-Rettungsstation, Bouleplatz, Tischtennis, Ballspielplatz, Liegewiese und kleiner Kinderspielplatz.

Hunger & Durst
Restaurant zum Campingplatz, 66780 Rehlingen-Siersburg. ✆ 06835/2100. April – Okt täglich ab 10 Uhr, Nov – März ab 17 Uhr, So ab 10 Uhr. Außenterrasse mit Blick zur Nied.

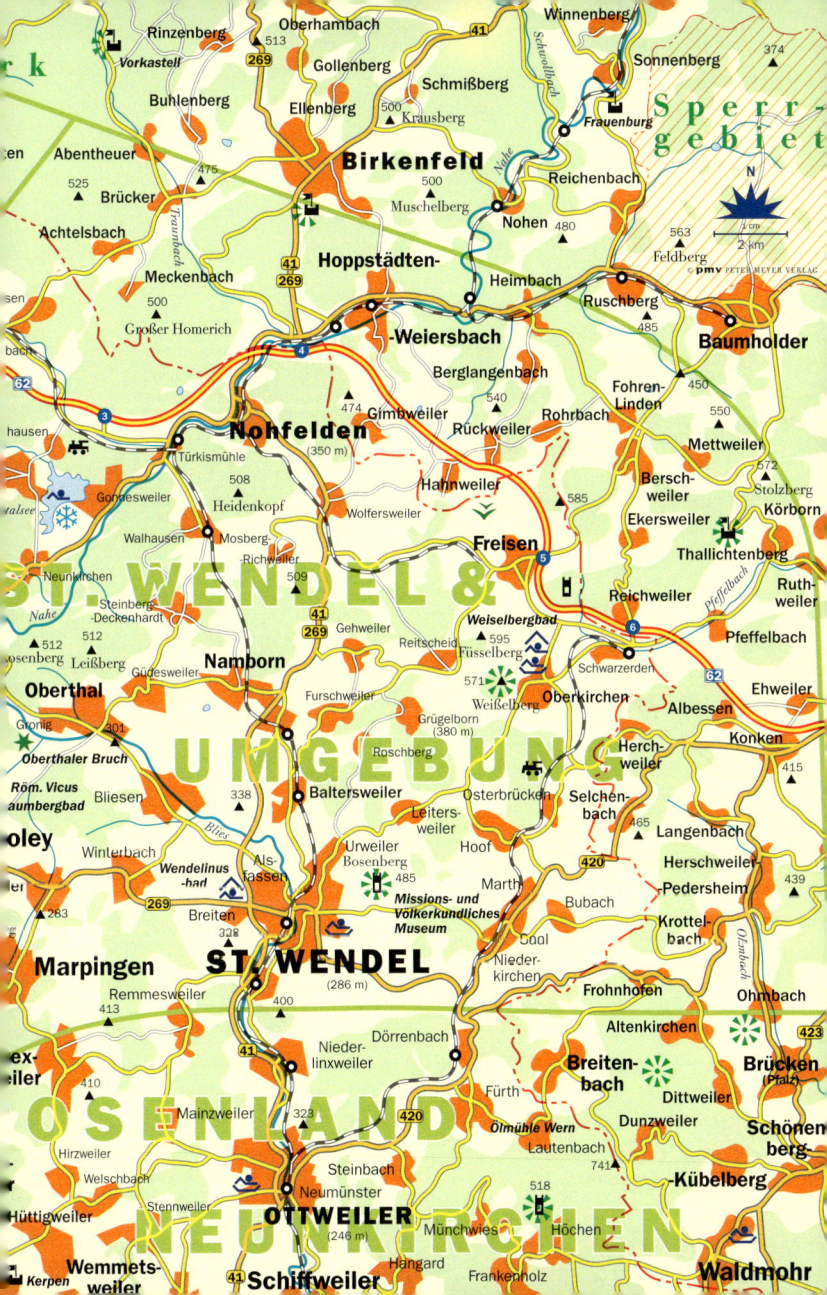

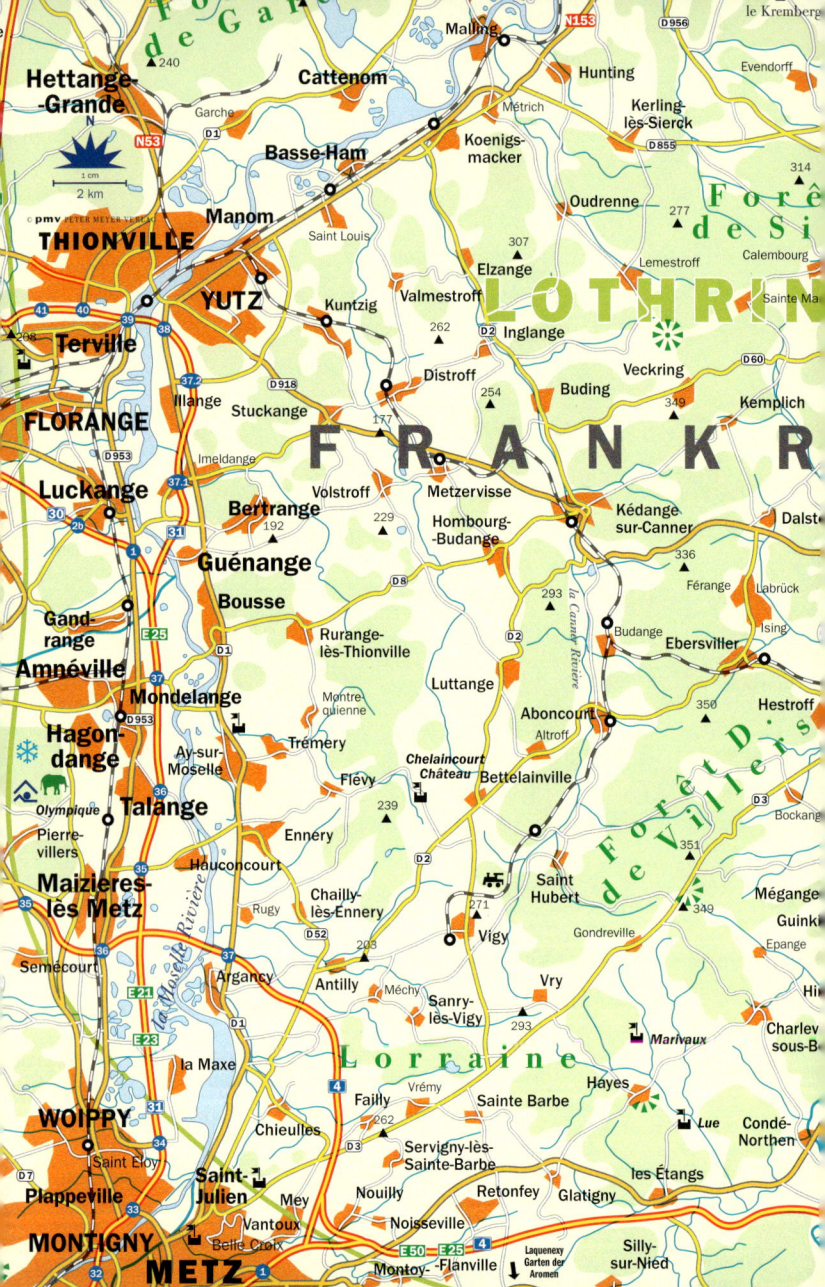

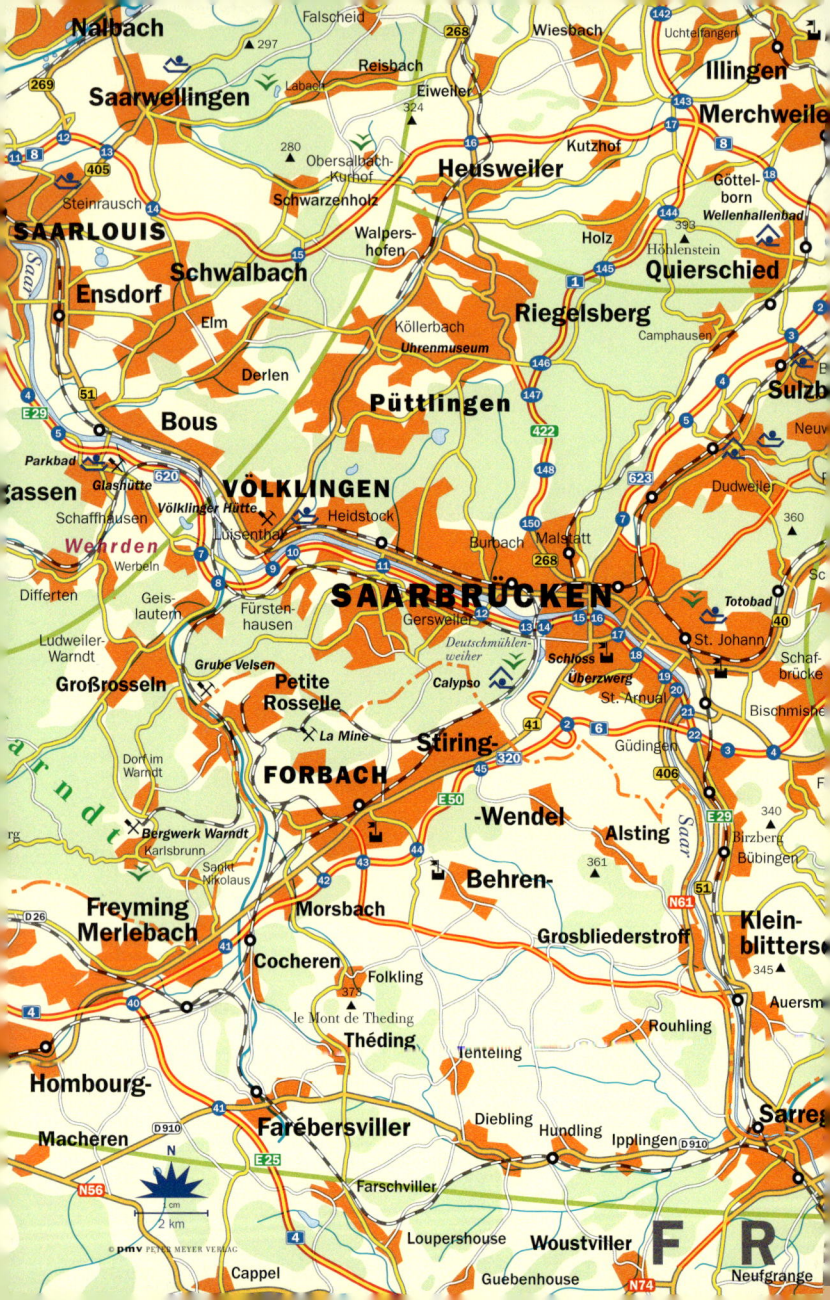

Register

IMPRESSUM

Unsere Inhalte werden ständig gepflegt, aktualisiert und erweitert. Für die Richtigkeit der Angaben übernimmt der Verlag jedoch keine Haftung. | © 1. Auflage 2010 | pmv Peter Meyer Verlag, Schopenhauerstraße 11, 60316 Frankfurt am Main | www.PeterMeyerVerlag.de, info@PeterMeyerVerlag.de | **Umschlag- und Reihenkonzept,** insbesondere die Kombination von Griffmarken und Schlagwort-System auf dem Umschlag, sowie Text, Gliederung und Layout, Karten, Tabellen, Piktogramme und Illustrationen sind urheberrechtlich geschützt. | Abdruck, auch auszugsweise, nur mit Genehmigung des Verlags. | **Druck & Bindung:** AZ Druck, Kempten; www.az-druck.de | **Umschlaggestaltung:** pmv, Agentur 42, Mainz, www.agentur42.de | **Fotos:** wenn nicht anders angegeben Carola Schulz | **Karten:** pmv Peter Meyer Verlag, Lizenzen auf Anfrage | **Zeichnungen:** Silke Schmidt | **Lektorat & Layout:** Annette Sievers, Jelena Li | **Bezug:** über Prolit, Fernwald-Annerod, oder über den Verlag, vertrieb@PeterMeyerVerlag.de

ISBN 978-3-89859-425-7

Printed in Germany with love
Klimaneutral und auf umweltfreundlich hergestelltem FSC-Papier gedruckt.
Mehr über das Umwelt-Engagement von pmv unter www.PeterMeyerVerlag.de

KARTEN & REGISTER

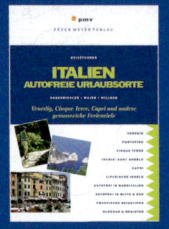

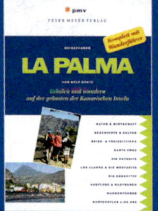